本书为2011年黑龙江省哲学社会科学规划项目（专项项目）资助（11D065 ）
黑龙江省博士后基金资助（LBH-Z12149）

两汉祭祀文化与两汉文学

张　影◎著

中国社会科学出版社

图书在版编目（CIP）数据

两汉祭祀文化与两汉文学／张影著．—北京：中国社会科学出版社，2017.5
ISBN 978－7－5203－0191－6

Ⅰ.①两…　Ⅱ.①张…　Ⅲ.①祭祀－文化研究－中国－汉代②中国文学－古典文学研究－汉代　Ⅳ.①B933②I206.2

中国版本图书馆 CIP 数据核字（2017）第 080981 号

出 版 人　赵剑英
责任编辑　曲弘梅
责任校对　朱妍洁
责任印制　戴　宽

出　　版　中国社会科学出版社
社　　址　北京鼓楼西大街甲 158 号
邮　　编　100720
网　　址　http：//www.csspw.cn
发 行 部　010－84083685
门 市 部　010－84029450
经　　销　新华书店及其他书店

印　　刷　北京明恒达印务有限公司
装　　订　廊坊市广阳区广增装订厂
版　　次　2017 年 5 月第 1 版
印　　次　2017 年 5 月第 1 次印刷

开　　本　710×1000　1/16
印　　张　16
插　　页　2
字　　数　236 千字
定　　价　69.00 元

序　言

汉代是我国历史上第一个政治统一、国祚长久、经济繁荣、文化空前发达的大帝国。由于统一和稳定，两汉时期的政治制度、经济发展以及与其前迥然不同的文化和文学成就，对当年的海内外及后代都产生了巨大的影响，以致“汉”直到今天仍然是我们这个民族的称谓。关于两汉时期的政治制度、经济形态、文化及文学成就，学界历来给予足够的关注，有着相当多的专题论述。传统的研究，基本上把汉代问题划归历史和文学两大领域：历史学者除关注两汉时期的帝位传承、历史事件、著名人物外，还对政治制度、经济形态以及风俗、文化等进行论述；文学研究者则按文体对两汉的文学作品分类，如汉赋、散文、诗歌、小说等，然后对它们进行校勘、注释，阐述其成就与社会意义，或者对重要作者的生平、际遇进行追索，探究其作品成就的原因。自20世纪末起，学界有人将汉代的文学作品与当年的政治制度、历史事件、有关人物、文化现象等结合起来，互相观照，深入阐发，往往有新的创获，使我们感到一阵学术研究的清新之风。张影博士的《两汉祭祀文化与两汉文学》就是这样一部作品。

在我国五千多年的历史中，祭祀始终是古人生活中一件极其重要的大事。“国之大事，在祀与戎”，上至最高统治者，下及底层平民，祭祀都是其生活中最重要的内容之一。就祭祀本身而言，它所包含的社会意义，除宗教意义、民俗文化意义、政治意义外，还有文学意义，许多礼神诗就是流传后世的名篇，这一点我们在《诗经》和《楚辞》里都可以看到。本书从文化的角度切入，将两汉时代的祭祀制度、现象与当年的文学作品结合起来，细密观照，深入阐发，每有新意。作者从汉代的重要思潮、汉代的祭祀文化与汉代文学的关系谈起，论述了大一统及天人感应思想、阴阳五行、谶纬以及求仙长生思想对汉代祭祀制度的影响。汉初统治者承战国时期的诸侯割据和秦汉之际的战争之后，建立起规模宏大、程序复杂的祭祀制度，这与战国末年、秦汉之际人们的自然观、社会观的发展并不合拍。值得注意的是作者对汉代祭祀活动的认识：汉代统治者的祭祀有着浓厚的政治意味，这使得祭祀不仅没有随鬼神崇拜的淡化而逐渐衰落，相反地却越来越强化了。此外，作者还论述了汉代祭祀形式与楚地风俗的关系，这也是很有启发意义的。

在本书的主体部分，作者将汉代的祭祀活动与汉代的几种主要的文学样式诗歌、汉赋、小说、散文等互相观照，阐发其深层意义和蕴含的启示。在对汉代诗歌的考察中，作者着重论述了汉代的祭祀诗《郊祀歌》和《安世房中歌》。值得注意的是，作者在研究这两篇作品时，考察了其由三言发展至四言的变化。众所周知，我国诗歌的早期典型形式是以《诗经》为代表的四言诗，至汉代已是五言诗盛行的时代。有人甚至认为，汉代已经出现了七言诗。而本书讨论的《郊祀歌》却是以三言为主的诗歌，这带给我们的启示是古人在祭祀礼神的场合格外喜欢采用古老、原始的文学形式，还是较短句式的诗歌特别适宜于礼神的场合，这也是值得我们深入思考的问题。

大赋是汉代代表性的文学样式，汉大赋的极力铺张是为了营造一种恢宏的氛围，彰显大一统的汉大帝国的气势。这和汉代统治者在规模宏大的祭祀中所营造的氛围是相通的。本书对汉赋中所描写的祭祀场景都进行了深入的探讨。

从文学作品切入，运用其中对相关问题的描写和记述探讨相关的问题是一个新的思路。本书运用汉代文学作品中有关祭祀的记述和描写，探讨了汉代的郊祀礼、封禅礼、社稷礼、藉田礼、桑蚕礼，以及求雨、止雨祭祀、灵星祭祀，用同样的方法讨论、考证了汉人对太一、伏羲、女娲、西王母的祭祀，时时带给我们一种清新的感觉。

本书的研究是历史的、文化的，同时也是文学的，这是我们可以从中获得启示的重要原因。

和其他年轻的、初入学术园地的作者的作品一样，本书还存在着一些毛糙和不成熟的地方，这是难免的，不过有一点可以断言：沿此方向继续努力下去，作者定会有一个广阔的前途。

张世超

2016年2月22日

于东北师范大学

目　录

前　言

一　研究两汉祭祀文化的学术价值

汉代文学研究，一直是学术研究的热点。对于汉代文学，传统的研究方法，一般是对汉代文学进行文体分类研究，主要是对汉诗、汉赋、汉文等分体研究。采用实证性的研究，诸如注释、校勘、考据，另一类则是赏析性的论评，包括各种诗文品评及批点、杂论等。汉代文学无论从创作实践还是从创作理论等方面来看，都显示出不同于前代文学的性质和特点，总的来看，是政治化、哲学化的文学。非文学的因素贯穿于两汉文学的始终，同时它又具有文学自觉化的倾向，在中国文学史上起着承前启后的重要作用。因此可以说两汉文学包含很多方面，各种学术文化都融在其范畴之内，不只是纯粹意义上的文学作品，与我们今天的文学还完全不同，所以研究两汉文学不要仅关注文学，更要关注文化。

古代文化包括很多方面，其中祭祀是我国重要的一种宗教礼仪文化。祭祀起源很早，古人为了祭祀求吉祥把祭祀礼仪称为吉礼，吉礼是我国古代五种重要的礼仪之一。《周礼·春官·大宗伯》将五礼分为吉礼、凶礼、军礼、宾礼、嘉礼。五礼当中最重要的是吉礼（即祭礼），《左传·成公十三年》有云：“国之大事，在祀与戎。”祭祀在古代人的生活中占有极其重要的地位。《礼记·祭统》云：“凡治人之道，莫急于礼；礼有五经，莫急于祭。”梁启超认为：“有人与神与天相接之礼，则祭礼是。故曰‘礼所以承天之道以治人之情也。’（《礼记·礼运》）诸礼之中，惟祭尤重。盖礼之所以能范围群伦，实植本于宗教思想，故祭礼又为诸礼总持焉。”①

在人类社会的早期就产生了万物有灵和灵魂不灭的观念，因而人们对死去的祖先进行祭祀，向他们祈福。有些传说中的祖先最后幻化成一个部族或国家的祖先神，由于远古人们的思想还不够发达，在万物有灵观念、图腾崇拜等观念的作用下人们对一些自然物、自然现象也进行祭祀，祭祀活动除了具有纪念意义外，从本质上说最重要的是人的功利性，就是古人把人与人之间的求酬报关系，推广到人神之间而产生的活动。对人类无法理解和无法达到的目的寻求一种心灵上的自慰和满足。所以具体的表现形式是向神献礼、致敬、祈祷。这种功利性与人们对自然界和人类社会的认识程度有关，人们往往把自身无法办到的事情寄托于神灵。随着人类社会的发展，阶级和国家的出现，祭祀与国家政权联系在一起，使其在国家社会生活的地位逐渐提高成为古代五礼之首，詹鄞鑫在《神灵与祭祀——中国传统宗教综论》一书中认为：古人之所以看重祭祀，有两方面的原因。“首先是出于对神灵所代表的自然力的崇拜。另一方面，随着文明的发展，在鬼神崇拜逐渐淡化的同时，由于神权与政权的合一，祭祀的政治意义日益显得浓厚起来。”② 祭祀与政治结合后，祭祀不仅没有随鬼神崇拜的淡化而逐渐衰落，相反地却越来越强化了。随着祭祀礼仪的发展产生了与之相关的一系列等级分明、规范严格的祭祀制度。《周礼·春官·大宗伯》中有“以吉礼祀邦国之鬼、神、亓”。将祭祀按对象分为人鬼、天神、地亓等三大类，每类下又细分为若干类。如天神，《周礼》分之为三等。第一等是昊天，或称天皇大帝，为百神之君、天神之首。第二等是日月星辰。第三等是除五纬、十二辰、二十八宿之外，凡是职有所司、有功于民的列星，如司中、司命、风伯、雨师等。对地亓的祭祀，依照主次尊卑的顺序分为三等。第一等社稷、五祀、五岳；第二等山林、川泽；第三等四方百物等。人鬼之祭主要是对祖先的祭祀。在古代祭祀是国家的头等大事，祭祀与争夺领土、树

① 梁启超：《国史研究六篇》，中华书局1947年版，第341页。

② 詹鄞鑫：《神灵与祭祀——中国传统宗教综论》，江苏古籍出版社2000年版，第181页。

立权威的战争相提并论，同时也是显现其宗法地位的主要标志。祭祀的发展在上层社会形成严格的规范，而贫民阶层则在允许的范围内形成祭祀习俗。因而祭祀行为形成了“礼”和“俗”两大支流，承传于数千年的历史洪流之中，随着时代的发展而不断地磨合，最后合二为一，成为具有中国特色的祭祀文化传统。这个传统不仅抚慰了人们心灵的空虚与不安，也维系了上层社会对人民的统治及对人民的凝聚和团结。祭祀的政治、社会、伦理三大功能得以充分体现。祭祀成为维系古代社会的主要支柱，祭祀的礼仪成为每个人共同遵守的准则。因此祭祀对古代人们生活的影响是不可低估的。同样，祭祀对两汉的文化、政治、经济、思想都产生了重要的影响。

两汉时期是宗教、谶纬、迷信猖獗，巫术、方士盛行时期，祭祀活动达到了一个高峰，祭祀活动频繁，几乎是月月有祭祀。汉代重祭祀受楚人的影响很大，楚人崇尚巫风“畏鬼”“信祀”，而且楚地也有很多关于鬼神的传说，汉代上层统治集团中帝王及一些大臣都来自楚地，对楚地的这一传统给予了继承和发扬，《风俗通义·祀典》记述“自高祖受命，郊祀祈望，世有所增，武帝尤敬鬼神，于时盛矣。至平帝时，天地六宗已下，及诸小神，凡千七百所。”汉代的各项祭祀活动，在上承古制的基础上，有了很大的发展。汉代人认为祭祀已经是生活中平常而不可缺少的一件事情，正如《后汉书·祭祀》所记载：“祭祀之道，自生民以来则有之矣。豺獭知祭祀，而况人乎。”史籍所见两汉时期的祭祀活动不仅是时人精神生活的头等大事，而且也是社会生活的重要组成部分。《论衡·祀义》曰：“世信祭祀，以为祭祀者必有福，不祭祀者必有祸。是以病作卜祟，祟得修祀，祀必意解，意解病已，执意以为祭祀之助，勉奉不绝。”[①] 两汉时期宗教、谶纬迷信猖獗，方士人数规模庞大，巫术盛行，祭祀活动频繁，遍及社会各方面。祭祀文化对两汉社会产生了重大影响，同样祭祀的兴盛对文学也产生了极大的影响，促进、丰富了文学的发展。研究两汉文

① （汉）王充著，张宗祥校注，郑绍昌标点：《论衡校注》，上海古籍出版社 2013 年版，第 504 页。

学无法回避这一重要文化现象。

二　两汉祭祀文化与文学研究回顾

（一）两汉祭祀文化及制度的研究

两汉至“五四”时期，学人对于两汉祭祀多是一些文献典章的记录如《史记》《汉书》《后汉书》等，唐代杜佑的《通典》对唐以前的祭祀制度进行了梳理，以及后来的《资治通鉴》《文献通考》《礼书》也只是从典章制度角度对两汉祭祀制度加以记录。这段时间也有一些弥足珍贵的研究比如清人秦蕙田的《五礼通考》将我国古代国家祭祀制度进行了系统的梳理，对一些重要问题进行了考证。但秦蕙田是结合清代祭祀制度对我国古代祭祀制度的一种梳理和考辨，对两汉祭祀文化未进行专题研究。当代学人对两汉祭祀文化关注比较多，可以分为以下几个方面：

1. 研究专著

对汉代祭祀文化进行专门系统的研究的专著很多，主要有陈戍国的《秦汉礼制研究》（湖南教育出版社 1993 年版），王柏中的《神灵世界秩序的构建与仪式的象征——两汉国家祭祀制度研究》（民族出版社 2005 年版），田天的《秦汉国家祭祀史稿》（生活·读书·新知三联书店 2015 年版）等。陈戍国的《秦汉礼制研究》勾勒了秦汉礼制近乎全貌的轮廓，并从礼制的角度去认识秦汉社会的政治、经济和思想文化。该书用了三章的篇幅详细地介绍了汉代的礼制。在介绍阐述汉代的礼制时首先阐述了两汉的传承制度与宗法观念，介绍的祭礼有：西汉祭天神之礼、西汉祭地祇之礼、西汉祭祖先之礼、藉田礼；东汉祭祀天神地祇之礼、东汉祭祀祖先（人鬼）之礼、藉田礼；陈先生还对新朝的若干礼仪进行了研究。

王柏中的《神灵世界秩序的构建与仪式的象征——两汉国家祭祀制度研究》借鉴了宗教学的基本原理，从历史发展的客观角度，对两汉王朝的国家祭祀制度进行了较为系统的考察。首先，考察了两汉国家祭祀的地位、构成状况，以及郊祀、宗庙与社稷等重要祭祀活动的演变特征；其次，考察了神主、乐舞、舆服等祭祀礼仪制度的具体内容；再次，从祭祀活动的组织机构、物质条件等方面考察了相应的管理机制；最后，具体考察了汉代国家祭祀所具有的社会与政治功能。通过上述考察，王先生认为：两汉国家祭祀发展、完善的历史轨迹，与郡县制基础上的皇帝集权体制以及不断加深的儒家思想影响的政治、思想背景密切相关，是西周以后，祭祀制度发展的又一个关键时期。东汉时所奠定的儒家色彩浓厚的祭祀制度，为后来历代王朝的国家祭祀制度建设提供了重要的制度借鉴。

田天的《秦汉国家祭祀史稿》从史学和历史地理学的角度对秦汉国家祭祀变迁及其与地理格局的变动、与历史背景之间的关系进行了分析。此外彭林的《中国古代礼仪文明》（中华书局 2005 年版），曹书杰师的《后稷传说与稷祀文化》（社会科学文献出版社 2006 年版）、何星亮的《中国自然崇拜》（江苏人民出版社 2008 年版），张一兵的《明堂制度研究》（中华书局 2005 年版），詹鄞鑫的《神灵与祭祀——中国传统宗教综论》（江苏古籍出版社 2000 年版）、傅亚庶的《中国上古祭祀文化》（高等教育出版社 2007 年版）、瞿明安、邓萍的《沟通人神——中国祭祀文化象征》（四川人民出版社 2005 版）、徐国康主编的《中国宗教与中国文化》（中国社会科学出版社 2005 年版）、文镛盛的《中国古代社会的巫觋》（华文出版社 1999 年版）等都对汉代一些重要的祭祀礼仪与文化进行了介绍和研究。至今对两汉祭祀还多停留在历史文献、典章制度、历史地理等角度的研究，少有学者从文化的大背景下对两汉祭祀进行系统研究，另外对地方祭祀制度和民俗以及文艺美学等其他方面学人也少有谈及。

2. 综合性研究的文章

除了专著外，关于汉代祭祀还有一些综合性的研究论文，可分为两类，一类是主要对祭祀礼仪制度及习俗的研究，如黄留珠在《秦汉祭祀综义》［《西北大学学报》（哲学社会科学版）1984 年第 4 期］中对秦汉时期的郊社礼、封禅大典、宗庙、园寝及其祭礼、山川祭祀等方面进行了简单介绍。马小晖、龙华在《汉代祭祀、丧葬礼俗及演变》（《徐州教育学院学报》1999 年第 2 期）中对汉代封禅、郊祀、祭社等及其他礼制的演变进行了梳理。李建新的《从汉画像看汉代的祭祀礼俗》（《开封大学学报》2008年第1期）一文对汉代祭祀天神、地祇、人鬼在汉画像的反映进行了介绍，画像中祭祀天神的题材，反映了汉代人们对风调雨顺、五谷丰登，以及在死后能及时羽化成仙的渴望；画像中祭祀地祇的材料，反映了汉人在“事死如事生”厚葬之风的影响下，人们追求死后能安宁、享乐的美好愿望；画像中祭祀人鬼的内容，反映了汉代“事死如事生”厚葬思想盛行的社会现实，以及祈求家族子嗣兴旺、繁荣昌盛的习俗。另一类是对汉代祭祀制度的政治意义进行研究，如王柏中《试论传统祭祀的社会功能——以两汉国家祭祀为例》（《社会科学战线》2005年第5期）一文认为汉代国家祭祀具有：敦行伦理教化、促进社会和谐、强化农本意识的功能。廖小东、丰凤在《中国古代国家祭祀的政治功能及其影响》（《求索》2008年第2期）一文中认为古代国家祭祀有利于政权合法性的建构和统治有效性的维护、有利于社会整合维护等级秩序、控制社会精英等。

3. 专题性研究

关于汉代祭祀文化专题性研究很多，现只对书中关注的一些方面进行简单介绍。

（1）郊祀：郊祀之礼是汉代祭祀中的重大祭礼之一，一些学者对两汉郊祀的研究主要集中在东汉时期的郊祀制度，如徐迎花《东汉光武帝时期郊祀制度研究》（《中共福建省委党校学报》2008年第3期）一文对光武帝时期的郊祀礼制进行了梳理研究。杨英的《东汉郊祀考》［《天津师大学报》（社会科学版）2000年第4期］主要研究了光武帝对祭祀场所和祭祀礼仪进行规范的过程，郊祀仍然逃脱不了为政治服务的目的。郊祀礼包括郊天和祀地两个部分，杨子荣在《汉武帝与汾阴后土祠》（《文物世界》2004年第4期）一文中主要介绍了汾阴后土的构成及汉武帝祭祀后土的过程。陈振民在《后土文化探论》（《运城高等专科学校学报》2002年第1期）一文中提出后土就是女娲。樊淑敏在《祀地仪式的演化与万荣后土祭祀》（《运城学院学报》2004年第1期）一文中对祀地仪式的演变进行梳理，同时认为后代民间将祀地的配神变为女性神是因为女性担负着传宗接代的使命，民间将祈求多子多福的愿望寄托于后土，所以后土的送子功能便由此产生。

（2）封禅：封禅礼是秦汉时期帝王宣扬帝统，维护其统治地位的一项重要祭祀礼仪。研究汉代封禅祭礼可分为两类：一类是封禅礼仪研究，如汪海的《汉唐封禅比较研究》（华东师范大学 2008 年硕士学位论文）从封祀主神及其封禅礼仪的变化、汉唐时期儒学对封禅的改造等方面加以比较，探讨封禅演变的规律。丁光勋在《简论秦汉时期的封禅》［《上海师范大学学报》（哲学社会科学版）1992 年第 3 期］一文中认为汉代的封禅主要是出于政治目的需要。王汇的《试论先秦两汉时期的泰山封禅活动》（郑州大学 2006 年硕士学位论文）一文在对“封禅”进行考释的同时，从地理位置、政治、经济、宗教信仰等方面探讨了泰山成为封禅圣地的原因及封禅的社会作用。从先秦至两汉时期，随着泰山封禅的不断变化，人们所信仰的原始宗教体系也发生了变化，已由自然神崇拜向人间神、世俗神崇拜转化，泰山封禅活动对王朝神话和王朝祀典的构建具有很强的政治性。

另一类是文化思潮对封禅的影响，如刘凌在《汉代封禅的文化特色》（《泰安师专学报》1998 年第 3 期）一文中认为汉代大行封禅除了政治目的外还有一定的文化特色，如尚东意识与长生思潮、炫耀与警戒的心理因素等。谢谦在《大一统宗教与汉家封禅》［《四川师范大学学报》（社会科学版）1995 年第 2 期］一文中论述了汉代大一统宗教形成的过程及封禅在大一统宗教形成中的作用。荆荣娜的《秦汉封禅研究》（山东师范大学 2007 年硕士学位论文）对汉武帝时期封禅意蕴进行了研究，认为“天人感应”“天人合一”成为巨大思潮，以董仲舒为首的儒生、方士和阴阳家鼓吹迷信鬼神的思想及武帝的追求成仙思想等因素促使了汉武帝封禅之举。这一部分还论述了儒家文化与封禅的关系问题。还研究了光武帝封禅。主要从光武帝封禅的心理动因、谶纬与光武帝封禅、马第伯《封禅仪记》与光武帝封禅三个方面论述。刘秀之所以能够在西汉末世群雄逐鹿中原的形势下走到最后，一个很重要的原因就是他能充分利用儒家文化力量——谶纬政治神话。作者认为，从最初秦朝的博士不能跟随帝王封禅，到东汉光武帝封禅时封禅仪式可以被当作游记来写，反映了封禅逐步世俗化。贾贵荣在《儒家文化与秦汉封禅》（《齐鲁学刊》2000 年第 4 期）一文中认为汉代封禅被政治利用，是推进儒家大一统政策的需要。邬可晶在《先秦西汉封禅研究》（浙江大学 2007 年硕士学位论文）一文中认为汉武帝时期的封禅活动并非是“受儒家思想影响”的“儒家礼仪”，其动机纯粹是为求个人的延年益寿、长生不死。以上学者对汉代封禅礼主要从政治角度进行研究，封禅的文化、文学研究还有很大的空间。

（3）农业祭祀：古时农业是立国之本，汉代帝王十分重视农业生产，农业祭祀是汉代祭祀中比较重要的一项活动。汉代的农业祭祀主要集中在藉田、社稷、农桑、灾害、求雨等方面。王健的《汉代祈农与籍田仪式及其重农精神》（《中国农史》2007 年第 2 期）一文认为汉代祈农与藉田仪式是“致敬鬼神”宗教意识在仪式中的功利化展现，同时也是重农精神与政策的体现。陈二峰的《论汉代的籍田礼》（《南都学坛》2009 年第 3 期）一文认为汉代藉田礼表达了统治者重农、劝农之意识。同时藉田及其仪式反映和包含了一些地方习俗，对研究汉代社会具有一定的意义。杨燕民的《中国古代籍田礼仪种种》［《内蒙古社会科学》（文史哲版）1990 年第 6 期］一文对我国古代藉田礼仪及用器等方面进行研究考察。刘文杰、余德章在《祭祀灵星舞的画像砖质疑》中认为《考古通讯》1958 年第 6 期发表的于豪亮《祭祀灵星的舞蹈的画像砖的说明》一文中提到的那块四川汉代画像砖图像所描绘的画像，不是汉代的灵星舞而是汉代四川农业生产的实况。王健在《祠灵星与两汉农事祀典的几个问题》（《中国农史》2008 年第 4 期）一文中反驳了汉人王充认为祠灵星是雩祭的观点，王健认为汉代祠灵星不是雩祭，但又是与求雨有关的农业仪典。赵逵夫在《我国古代一个以农业生产为题材的大型舞蹈——汉代〈灵星舞〉考述》［《西北师范大学学报》（社会科学版）1998 年第 3 期］一文中对灵星祭祀的舞蹈进行了考察，认为《灵星舞》产生于东汉章帝以前。阚绪良的《汉代的青蛙求雨》（《安徽广播电视大学学报》2000 年第 1 期）一文认为汉代人遇旱将五只青蛙置于池中以祈求雨水充足、五谷丰登。朱学忠的《董仲舒的“开阴”求雨与女性诱雨的人类学经验》(《学术月刊》1999年第6期)一文认为汉代求雨用呈“阴性”的人的因素——女人及其女人喻象作感发互渗的因素，从而诱引作为天之阴性的雨水，这是一种“天人相感”思想在祈雨风俗中的具体落实。李真玉的《从汉画图像看汉代农俗》(《南都学刊》2004年第5期)一文记述了汉代画像所描绘的农神祭祀、求雨、祭拜风伯、雨师、春神、北斗、灵星等农业祭祀活动。崔华、牛耕的《从汉画中的水旱神画像看我国汉代的祈雨风俗》(《中原文物》1996年第3期)一文描述了汉画中一些水旱神如虎吃女魃画像、风伯画像、雨师画像、雷神画像、虹神画像、河伯画像为研究汉代农业祭祀提供了生动的图像材料。王艳丽的《古代求雨仪式的女性主义思考》(《长春大学学报》2007年第9期)一文以女性在求雨祭祀中的作用为视角，研究了古代求雨祭祀。刘瑞明的《古代雩祭的文化内涵是生殖崇拜》一文认为：“古代的求雨、止雨祭礼的发展演变，就是生殖崇拜掩饰或取代的过程。后世的求雨、止雨繁增了政治、礼仪、宗教、迷信因素，却也是以原本生殖崇拜为核心而作同向或异向的演变。”① 高臻、贾艳红的《略论秦汉时期民间的社神信仰》一文认为：“社祭的这种春祈秋报的功能在官社中表现比较明显，而在民间，社祭与土地的关系变得日益疏远，更加向百姓日常生活靠拢，延伸至社会生活的各个领域。除了大的自然灾害如祈雨止雨、日食月食、火灾地震等官府会组织百姓统一祭祀之外，人们在生活中遇到各种困难如生病、盟约、求子，甚至加害别人时也都会祈祷社神”②。

(4) 重要祭神研究：汉代祭祀的兴盛也促进了神灵崇拜的繁荣，当今学者主要研究的有伏羲、女娲、太一、西王母等。对这些神灵的研究主要集中在原型、神话流传、形象演变过程等方面。

①伏羲、女娲

伏羲、女娲是我国古代神话传说中的重要人物，关于伏羲、女娲

---

① 刘瑞明：《古代雩祭的文化内涵是生殖崇拜》，《北京社会科学》1995年第1期。

② 高臻、贾艳红：《略论秦汉时期民间的社神信仰》，《聊城大学学报》2003年第4期。

的传说和祭祀都起源很早，伏羲、女娲研究也是近年学术界比较关注的问题。关于伏羲、女娲，学者们一般关注的是伏羲、女娲传说的原型、神格和神话传说的文化意义等。伏羲研究最具有影响的当首推闻一多，闻一多于20世纪40年代初期发表的《伏羲考》认为蛇是古代的一种图腾，是古代各种图腾中最为强大的一种，龙是由蛇演化而来的，龙蛇当为一种图腾，龙是一种大蛇的名字，伏羲由蛇演变为龙是古代社会图腾合并的结果。[①]《伏羲考》是20世纪上半叶起源研究的代表作，并对新中国成立后特别是20世纪80年代以来的起源研究产生了多方面的深远影响，具有承前启后的历史地位。常任侠的《重庆沙坪坝出土之石棺画像研究》（《民俗艺术考古论集》正中书局1943年版）一文以考古学的方法从石棺画像入手，并结合洪水遗民的故事进行分析，认为人首蛇身画像即伏羲、女娲。以顾颉刚为代表的古史辨派认为伏羲是后人五德之运的产物，此外闻一多还认为伏羲是葫芦。

研究伏羲神话传说的学者很多，如俄国李福清在《从比较神话学角度看闻一多〈伏羲考〉》一文认为："从比较神话学角度看，伏羲是典型的文化英雄，文化英雄是较原始的神话人物，他为人类取火、制造各种文化物品，确定某些社会制度、礼仪等。"[②] 孙玮、孙海洲在《伏羲考论》（《临沂师范学院学报》2002年第1期）一文中认为伏羲与太昊是一人，是远古东夷"龙"图腾部族的先祖。是人文始祖，中华文明始祖。陈晓红的《对何新有关人类起源观点的女性主义批评》［《海南师范学院学报》（社会科学版）2005年第3期］一文对何新提出的女娲是由太阳神"伏羲"分化而来的观点提出反驳，认为伏羲、女娲是我国古代神话传说的两个不同的个体。武文的《伏羲——原始生殖祖神》（《西北民族研究》1993年第1期）一文认为：伏羲的姓、名、号，以及他与女娲的交尾像，都包含着一个共同的母题趋向——生殖。李智信的《伏羲日祝说》（《青海社会科学》2006

① 闻一多：《闻一多全集》，生活·读书·新知三联书店1982年版，第26—27页。

② ［俄］Б. 李福清：《从比较神话学角度看闻一多〈伏羲考〉》，《岱宗学刊》2001年第1期。

年第6期）认为伏羲的原型是远古时期羌姜部落集团的日祝，后来演化为华夏各部落集团日祝的代表，并逐渐成为华夏文明的象征。何新的《诸神的起源——中国上古神话新探·三皇考》（《中国社会科学院研究生院学报》1985年第2期）从文字训诂入手，研究了太阳神伏羲与远古华夏民族的起源及中国上古普遍存在的太阳神崇拜等远古的文化现象。芮逸夫的《苗族的洪水故事与伏羲女娲的传说》（“中央研究院”历史语言研究所《人类学集刊》第一卷，南天书局有限公司1978年发行）一文运用人类学、民族语言学以及神话学、故事学中的母题、情节比较等方法，将苗族的洪水故事、人类起源歌与有关伏羲、女娲的汉籍记载相比较，发现苗族洪水故事中的兄妹与汉籍文献中的伏羲、女娲的名字读音相同，伏羲一词的语义为第一祖先——始祖，证明汉籍中的伏羲、女娲便是苗族洪水中的兄妹。刘雁翔的《伏羲传说事迹辨证》一文认为：“伏羲的名称没有实际含义，只是表音的符号；伏羲的诞生地是古成纪，其中大部分地区在今天水市境内；伏羲生活的年代大约在距今六千至五千年的父系氏族社会早期；人首蛇身隐喻着伏羲部族以龙为图腾的含义；伏羲和女娲的传说原型处在两个不同的社会历史阶段，他们之间不可能存在兄妹、夫妻、继承人关系。”① 李炳海的《伏羲女娲神话的地域特征及文化内涵》［《河南大学学报》（社会科学版）1992年第2期］一文认为伏羲女娲神话产生在黄河流域，伏羲女娲神话出自两个社会集团、两个地域，开始各自独立，后来随着历史的推移才融合在一起。常金仓在《伏羲女娲神话的历史考察》一文中认为：“伏羲、女娲和洪水神话是大禹治水的派生或翻版。西南少数民族关于羲娲兄妹相婚再造人类的故事并非所谓血缘婚残余，而是在道教传播中‘种民’之说的神话表述。”② 李秋香《官方祀典与民间信仰中伏羲女娲地位探微》（《洛阳师范学院学报》2002年第3期）对伏羲作为男权的代表在官方祀典中的地位远远超过女娲这一现象进行分析，并认为，这是以儒

① 刘雁翔：《伏羲传说事迹辨证》，《西北民族学院学报》1993年第2期。

② 常金仓：《伏羲女娲神话的历史考察》，《陕西师范大学学报》2002年第11期。

家思想为指导的社会现实中女性地位低下的体现。同时也对女娲作为女权的代言人在民间信仰中始终占据统治地位的现象进行分析，认为这是女娲始祖的神格在民间得到重视的结果。杨宽《楚帛书的四季神像及其创世神话》（《文学遗产》1997年第4期）一文介绍了长沙子弹库楚帛书中伏羲生四子的故事，这是我国最早的创世神话文献。

纵观女娲神话研究的历史可以看出，近现代以来，学者们主要从文化和历史两个角度进行研究，研究主要集中在女娲的原始面目、族属、与伏羲的关系、与洪水的关系等问题上。学者们从文化角度研究的有：杨利慧的《女娲的神话与信仰》（中国社会科学出版社1998年版）、《女娲溯源——女娲信仰起源地的再推测》（北京师范大学出版社2006年版）二书可以说是近年来女娲研究的总结，杨利慧运用古代文献与考古学、民族志资料相结合以及民俗学的方法，对女娲神话中的诸多问题进行了重新研究和审视。何星亮的《中国图腾文化》一书认为，“娲即蛙当无疑义，而女与雌义同，所谓女娲，其实就是‘雌蛙’。大概雌蛙原是某氏族部落的图腾，后来图腾演化为神，雌蛙也演变成女娲”[1]。叶舒宪也赞同这类观点。王贵生的《从“圭”到“鼃”：女娲信仰与蛙崇拜关系新考》一文称：“按照语义相关和文字构型原理，追溯女娲原始本相，认为‘圭’、‘鼃’等都是探究女娲原型的重要依据。女娲名称之缘起不仅与‘蛙’、‘娃’等在语音上相关，而且是与作为重要礼器的‘圭’有深厚的文化渊源——圭文化本原就是象征繁衍生育的蛙崇拜。”[2] 而郭铁娜在《“女娲蛇躯”考辨》［《山西大学学报》（哲学社会科学版）2008年第1期］一文中提出鸟形为女娲原生态形象的说法。霍志军的《女娲神话的原型研究》一文运用神话原型理论，对女娲神话传说作一一探讨，认为女娲抟土造人神话这一原型特质，是中华先民心理原型和精神原型共融共生的呈现。李建的《“女娲作笙簧”神话的文化解读》［《南通师范学院学报》（哲学社会科学版）2004年第1期］一文认为“女娲作笙

① 何星亮：《中国图腾文化》，中国社会科学出版社1992年版，第74页。

② 王贵生：《从“圭”到“鼃”：女娲信仰与蛙崇拜关系新考》，《中国文化研究》2007年第2期。

簧”神话源于远古先民的生殖崇拜，作笙簧是一种乞生巫仪，整则神话象喻性地表达了先民对两性交合方能生人的认识。齐昀在《从上古洪水神话看女娲补天的文化内涵》[《青海师范大学学报》(哲学社会科学版) 2004 年第 6 期] 一文中认为：中国上古洪水神话中女娲补天神话早于鲧禹治水神话，其所反映的社会内涵在于原始社会婚姻形态的变化——由群婚走向了对偶婚。郑先兴的《论汉代的伏羲女娲信仰》一文认为：“汉砖石画像中的伏羲女娲，在汉代作为始祖神被信仰崇拜，而其背景神像则是远古初民的走婚者，先女性，后男性，再后为西王母、东王公和铺首。蛇身交尾体现了汉代人讲究夫妻关系，包括女子的性高潮和坚贞不渝并强调外婚制。各举日月或胸含日月图像则是日月神的象征，说明伏羲女娲是连接人与天的桥梁，是构成天人合一精神的纽带。”① 吴泽的《女娲传说史实探源》一文从文献出发以史学的方法对女娲的传说进行了考察，认为传说中伏羲氏和女娲所处的时代，正是冰河结束时期，女娲时代属于伏羲氏族时代初期，正是由捕鱼生活向狩猎生活、原始群落向氏族社会转化时期，女娲神话传说正是这一时期历史现实的反映。② 许安娇的《伏羲女娲神话与阴阳哲学观》(《琼州大学学报》2003 年第 3 期) 认为：伏羲女娲神话作为一种原始先民的虚幻产物，是生殖崇拜这一文化现象的传承者和负载者，而后派生出了阴阳哲学观。林野的《女娲神话传说的历史学思考》[《漳州师范学院学报》(哲学社会科学版) 2008 年第 4 期] 一文以历史学方法审视女娲神话传说，系统地从女娲神话的史前社会特征、先秦典籍相关记载、女娲补天传说内容、神话的原始宗教属性四个方面考察女娲神话传说的历史真实性。吕振羽在《史前期中国社会研究 (外一种)》(河北教育出版社 2000 年版) 一书中运用考古学与文献学相结合的方法研究神话传说，认为“赤龙感女娲”“女娲氏与伏羲同母”和“伏羲始制嫁娶”的神话，都是古代相应的氏族制度的反映。此外，徐旭生的《中国古史的传说时代》(文物出版社

① 郑先兴：《论汉代的伏羲女娲信仰》，《宁夏师范学院学报》2008 年第 2 期。

② 吴泽：《女娲传说史实探源》，《学术月刊》1962 年第 4 期。

1985年版)，冯天瑜的《上古神话纵横谈》(上海文艺出版社1983年版)，刘城淮的《中国上古神话》(上海文艺出版社1988年版)，陶阳、牟钟秀合著的《中国创世神话》(上海人民出版社2006年版)等，都有专章或专节论述女娲神话。研究女娲的论著还有很多，但总体来看，新时期女娲研究的中心问题主要集中在神话的流传、演变、伏羲女娲的关系、女娲的族属及其原型和社会文化史的意义等方面。

关于女娲神话发源地历来有两种观点，一是南方说，二是西北或中原说。持南方说的学者主要有芮逸夫、常任侠、闻一多、徐旭生、吕思勉、胡小石、蒙文通、徐中舒、袁珂、邓少琴、刘起釪、冯天瑜、饶宗颐、萧兵、日本白川静、日本谷野典之、俄国李福清等。持西北说或中原说的学者有茅盾、张光直、王孝廉、张自修、杨利慧等。

②太一

太一是中国古代一位重要的神灵，尤其在汉代，太一是最为重要的一位神灵，近现代学者关于太一的研究有很多，主要集中在哲学、宗教两个方面。

从哲学角度研究太一的，如：韩东育的《〈郭店楚墓竹简·太一生水〉与〈老子〉的几个问题》(《社会科学》1999年第2期)肯定了“太一”说确属老子理论体系中的重要组成部分。陈碧的《“太极”相关概念之哲学内涵》(《湖南社会科学》2006年第4期)一文对“太一”的概念及哲学内涵进行了诠释。黄康斌、何江凤在《“太一”源流考——兼论〈太一生水〉中“太一”之涵义》一文认为：“‘太一’一词有三种语义内涵：一：哲学概念，指宇宙本原。二：宗教神灵，指太一神。三：星名，指北极星。当今学术界普遍认为‘太一’一词起源于宗教神话或星名，这是不符合实际的。‘太一’一词应起源于哲学概念，其演变的路向应为：哲学→神灵→星名。《太一生水》之‘太一’应为哲学概念，而与神话及星名无关。”①

① 黄康斌、何江凤：《“太一”源流考——兼论〈太一生水〉中“太一”之涵义》，《沙洋师范高等专科学校学报》2004年第6期。

从宗教学方面进行研究的也很多，如：萧兵在其《“太一生水”的神话学研究》［《华中师范大学学报》（人文社会科学版）2003 年第 6 期］一文中认为“‘太一生水’不是战国中后期突然冒出来的奇思怪想，《老子》等为它准备了充足的思想文化或文化的材料。它是有神话或民间本体文化之背景或‘基础’的。”在神学思想方面研究太一的神格和原型为学界最为关注，如：曹胜高在其《太一考》（《洛阳大学学报》2002 年第 3 期）中认为“太乙”是太一的原型写法，将太一的原型追溯为女性始祖、媒神女娲。周勋初在《九歌新考》（《周勋初文集》第 1 卷，江苏古籍出版社 2000 年版）中认为“东皇太一”是东方的上帝太一，也就是齐国的上帝太一，战国之时，习惯上用“东”“西”两个方位名词专指齐、秦两国。褚斌杰在《屈原〈九歌〉“东皇太一”解》中说：“《楚辞·九歌》是诗人屈原对当时楚国国祭的赋咏，其首篇《东皇太一》，所祭乃是楚国之保护神。‘东皇’即楚国之帝，‘东皇’是对东皇至高无上地位的尊称。”① 闻一多在《东皇太一考》（《文学遗产》1980 年第 1 期）一文中认为太一是伏羲，韩晖《东皇太一与颛顼关系臆考》一文以丰富的历史、文化、民俗等材料考证屈原《九歌》中东皇太一和楚民族祖皇颛顼的关系，认为二者实为一体。此外还有郭沫若的楚国至上神说，孙常叙的战神说等。持天神说的有：王逸的星神说，闻一多的天神说，姜亮夫的天神中至尊神说，萧兵在其《“太一生水”的神话学研究》［《华中师范大学学报》（人文社会科学版）2003 年第 6 期］一文中认为《太一生水》中的“太一”是“岁星兼日神”。龚维英在《〈九歌〉诸神本系女性神考辨》（《荆州师专学报》1995 年第 1 期）中认为东皇太一就是太阳神。各家之说都言之有据，天神说者较多。罗世平《关于汉画中的太一图像》（《美术》1998 年第 4 期）一文根据汉代典籍记载中的太一形象对汉代帛画中的太一进行了分析介绍。许富宏《汉初上帝信仰的演变及其原因》认为：“汉初上帝的信仰经历了五帝、五帝与太一并列、独尊太一的历史过程。太一最终成为上帝的

① 褚斌杰：《屈原〈九歌〉“东皇太一”解》，《荆州师范学院学报》1995 年第 1 期。

原因主要是汉初大一统现实政治的需要，同时汉初星相学说使太一完成了从哲学概念向天神身份的置换；董仲舒的‘天人合一’的思想完成了太一成为上帝的理论论证，且太一在民间有着广泛的文化认同。”① 潘中华的《汉画“太一”像——对象征图像的一次具体考察》（东南大学2005年硕士学位论文）以前人未曾注意到的墓室壁画为主要分析对象，深入研究了汉画“太一”神像的图像及其意义。“太一”神左右怀抱象征阴阳的伏羲和女娲，四灵环绕其左右，象征着作为“天道”之化身的“太一”神揽撮阴阳，制驭四方。壁画的营制结合了墓室结构，太一神像和其他壁画通过空间结构联结起来，一方面体现了死者魂气归天的丧葬思想，另一方面透露出汉代墓室画像的制作思路。再次证明了汉画像对于了解和认识汉代哲学思想、社会文化所能起到的重要作用。

③西王母

西王母是中国神话体系的重要组成部分，是现当代学者研究的重点，学者们对西王母的研究主要从历史学、地理学的角度解读西王母的原型，或从宗教学的角度研究西王母宗教神学思想及受到崇拜的原因，还有的研究西王母的画像石、铜镜铭文等。首先是在地理学方面的研究：吴晗在《西王母与西戎——西王母与昆仑山之一》（《清华周刊》1931年第36卷第6期）一文中，对古文献中西王母国的地理位置的演变进行了研究，吴晗将西王母神话的演变分为八个阶段，这对后来学者研究西王母神格发展和演变具有一定的指导意义。吕思勉的《西王母考》（《说文月刊》1939年第1卷第9期）一文认为古史传说中所记载的西王母最初活动区域应在伊洛之间。陈佐邦的《“西王母国”再考》认为：“西王母国（西王母为古代羌族一女酋长或女国王，随之其部族或国家亦称作西王母，与吐谷浑相似），在历史上也可能有过迁徙，但在青海湖周围的时间最长。大约从公元前九世纪到公元前二世纪战国时代，西王母国就在青海高原昆仑丘（昆仑

① 许富宏：《汉初上帝信仰的演变及其原因》，《青海民族学院学报》2008年第3期。

山），从西汉开始演变为神话。”①

随着考古发掘的进展，西王母画像石成为学者研究的热点：美国简·詹姆斯的《汉代西王母的图像志研究（下）》一文依据考古学的资料结合文献对出土的汉代西王母图像进行了全面的考察，认为：“考古发掘出的画像石、画像砖、‘摇钱树’同文献特别是《易林》和《汉书》的结合，告诉我们西王母的崇拜起源于公元前1世纪的某个时候，公元1世纪时广为流传。她是一位大众化的宗教形象，公元2世纪晚期融进宇宙论系统，创作于山东上层社会的武氏祠中，创作武氏祠的艺术家们创造的这种系统被其他享祠的装饰所效仿。”② 汪小洋的《汉画像石中西王母中心的形成与宗教意义》一文将西王母图像系统的发展分为两个阶段：“第一阶段：东汉中期以前，西王母和以她为中心的神仙世界出现，这是西王母中心的形成阶段。第二阶段：东汉中期至东汉晚期，东王公进入西王母神仙世界。这是西王母至上神的努力阶段。”③ 并分析了以西王母为中心的宗教意义。郑先兴的《汉画中的西王母神话与西王母崇拜》结合汉代西王母图像与文献考察汉代西王母崇拜情况认为：汉代西王母“发展经过了‘长寿之偶像’、‘神的救赎’、‘神的创世’三个阶段。汉代人所以崇信西王母，一是基于现实生活的需要，即祈福成仙；二是基于精神的需要，即试图冲破制度的束缚以寻求情欲的满足和自身价值的实现”④。张从军的《画像石中的西王母》（《民俗研究》2004年第2期）一文对汉画像中的西王母形象进行梳理并提出西王母头上所带的胜具有避邪的作用，并认为西王母祭祀崇拜兴起的历史原因是丝绸之路的开通和中外文化交流的频繁，另外还与汉武帝的西方情结有关，其宗教原因是对东方神仙体系的冲击和扩展，同时也是神仙思想走进下层社会、全民性普及的反映。王曦彤的《思想与图像：汉代西王母艺术母

① 陈佐邦：《“西王母国”再考》，《昆仑文化论坛》2002年第3期。

② ［美］简·詹姆斯：《汉代西王母的图像志研究（下）》，贺西林译，《美术研究》1997年第3期。

③ 汪小洋：《画像石中西王母中心的形成与宗教意义》，《南方文物》2004年第3期。

④ 郑先兴：《汉画中的西王母神话与西王母崇拜》，《古代文明》2008年第3期。

题的视觉表现模式》（西北师范大学2007年硕士学位论文）从考古学和艺术视觉的角度对西王母的形象和内涵进行研究和考察。

另外大家对西王母关注比较多的是西王母的原型、神话传说和宗教思想：王青的《〈汉武帝内传〉研究》（《文献》1998年第1期）一文对西王母形象由神人化的过程进行了梳理和考察。王伟章的《西王母形象考》（《雪莲》2005年第3期）一文对西王母的形象从混沌状态、图腾崇拜阶段、人兽结合到最后人神状态进行了考察。王卫东、曾煜的《西王母原型新探——上古巫文化研究之四》一文认为西王母的原型是“远古神巫后被尊为社神、高禖神和生育之神，与女娲、嫦娥多有叠合和置换关系”[①]。

从宗教学角度研究西王母的学者也很多，丁山在《中国古代宗教与神话考》（上海龙门联合书店1961年版）一书中以《国语·鲁语》中周人“日食修德，月食修刑”的记载为据，提出西王母“司天厉及五残”的神格是周代天子诸侯在月夜之下进行的“纠虔天刑”的礼制发展而来的。曾祥旭在《补充和换位：早期道教神祇发展中的一个环节——论西王母仙化和泰山神灵信仰的兴起》一文中认为：“佛教艺术传入西汉时已初步形成了具有中国本土文化特色的神祇观念。其中的重要标志就是西王母神像摆脱了‘虎齿豹尾’的怪异特征而成为仙界女神，于是，原来西王母的所属‘司天之厉及五残’功能转让于泰山神灵，泰山神灵逐渐成为地下神魔的代表，这样，天地人鬼的主神毕集，道教‘三界’神祇及其相关的思想观念基本成型。”[②]李东峰、杨文艳的《汉代西王母与东王公神话的历史考察》［《宝鸡文理学院学报》（社会科学版）2007年第2期］一文认为西王母的神话传说由来已久，西王母与东王公共同出现并为人所祭祀，最早出现在东汉时期。另外还有周静的《两汉时期的西王母信仰》（《四川文物》1998年第6期），贾艳红的《略论汉代民间的西王母信仰》

① 王卫东、曾煜：《西王母原型新探——上古巫文化研究之四》，《民族艺术研究》2003年第6期。

② 曾祥旭：《补充和换位：早期道教神祇发展中的一个环节——论西王母仙化和泰山神灵信仰的兴起》，《湖北民族学院学报》2007年第5期。

[《山东师范大学学报》（人文社会科学版）2003 年第 3 期]，张金涛、徐才金的《略谈道教对西王母的崇拜》（《中国道教》2007 年第 1 期）等从宗教崇拜角度对汉代西王母信仰兴盛的原因进行了探讨。

（二）祭祀文化与两汉文学

本书中所涉及的祭祀文学是广义的祭祀文学，是指用于祭祀和对祭祀进行记录和描述的所有文献。当今学者对两汉祭祀文学的研究多与祭祀礼仪制度结合研究，而且把祭祀文学文本作为祭祀礼仪制度的一种证据材料，侧重点在礼仪制度而不是文学。主要可分为以下几类：汉赋与祭祀文化的关系、祭祀诗与文化的关系以及对汉代文学的一个特殊题材封禅文学的研究。

王振军的《汉赋与汉代国家宗教研究》（南京师范大学 2006 年硕士学位论文）主要从郊祀礼、明堂制度、封禅祀典、太一崇拜等方面阐述了汉代国家宗教对汉赋和赋家的渗透和影响。许结的《汉赋祀典与帝国宗教》[《南京大学学报》（哲学、人文科学、社会科学版）2004 年第 4 期] 一文对汉赋中的国家祀典进行了总结。王振军的《汉代赋家与封禅祀礼》（《南通纺织职业技术学院学报》2007 年第 1 期）一文主要阐述了汉代赋家的封禅情结。作者认为这种情结体现了汉代士子对国家政治大事的关注，对大一统政治体制的支持，对国家和民族强盛的自信与自豪。王振军的《山岳信仰与汉赋》（《语文学刊》2006 年第 5 期）一文对汉赋中存在的山岳信仰进行了梳理和介绍。

王长华、许倩的《汉〈郊祀歌〉与汉武帝时期的郊祀礼乐》（《文学评论》2007 年第 1 期）从文化角度考察了《郊祀歌》用乐由雅向俗的转变过程。认为汉武帝在大一统政治格局下，以新的宗教思想指导郊祀，不仅在词曲创作方面以新声代雅乐，祭祀方式上回归由夏至楚的夜祭旧制，而且其郊祀乐歌中也充斥着明显的游仙倾向，从而使此一时期的郊祀表现出与此前此后均不相同的鲜明时代特征。张树国在《汉至唐郊祀制度沿革与郊祀歌辞研究》（《陕西师范大学学报》2008 年第 1 期）一文中认为汉武帝定郊祀之礼，具有方术和游仙色彩；汉末王莽确定了儒家祭祀体系。刘旭青的《汉代郊庙歌之文化意义》（《山东省青年管理干部学院学报》2004年第5期）一文认为汉代郊庙歌不仅以歌颂祖宗德业勋烈和表达敬德思艰为主要内容，其主题围绕着两项文化内容展开：其一是对伦理作用的反思，如《安世房中歌》十七章，其内容是对“孝”“德”的提倡和歌颂。其二是对生命价值的关怀，如《郊祀歌》十九章，则突出地表现了对生命意识的关怀。许倩的《汉〈郊祀歌〉与汉武帝时期的郊祀》（河北师范大学2005年硕士学位论文）对《郊祀歌》进行考述的同时研究了郊祀制度的宗教思想与用乐制度。另外还有赵颖畅的《西汉郊庙乐府研究》（北京师范大学2008年硕士学位论文）从文献、文学、历史和政治文化的角度出发，对《安世房中歌》和《郊祀歌》进行了研究。

龙文玲的《汉武帝与西汉文学》（社会科学文献出版社2007年版）一书从帝王对文学影响的角度研究汉代文学，在此研究中涉及了汉武帝对祭祀文学、文化的影响，如乐府的设立、郊祀歌的创作、汉武帝的封禅大典、郊祭等一系列祭祀活动对汉代文人及文学的影响。杨晓芳的《封禅文学研究》（四川师范大学2006年硕士学位论文）从文学的视角对古代的封禅礼仪进行研究，从封禅的源起与封禅历史、封禅的思想基础、封禅礼乐、封禅部署、封禅的现实功效五个方面来阐述封禅文学的内容及思想，封禅文学具有范式化、讽刺性、内容由实质而趋向夸张的特点等。侯艳的《唐前封禅文献研究》（郑州大学2006年硕士学位论文）以文献为基础考察封禅与封禅文，在文化背景下展示封禅文这种特俗的文体在文学史上的影响和地位。

综上所述，可以看出目前国内学者对两汉祭祀文化和祭祀文学的研究，主要停留在祭祀礼仪文化制度方面。学者对两汉祭祀文学的研究也主要在诗、赋方面，对祭祀文学其他文体的关注还不够，而且很少有学者针对祭祀文学本身进行研究，尤其是祭祀散文研究。另外对两汉祭祀文学和楚文学、文化的关系的研究也很少，关于汉代祭祀文化的源流问题几乎没有学者问津。还未有学者从宏观角度系统的对两汉祭祀文学加以全面考察和研究。因此在祭祀文化的背景下对两汉祭祀文学进行研究可以作为一种新的尝试。

（三）汉代思想及其对汉代文学的影响

汉代是一个思想比较发达、活跃的时期，研究汉代思想的专著比较多，如于迎春的《汉代文人与文学观念的演进》（东方出版社 1997 年版）一书以大量翔实的文献材料为依据，在社会史、思想史的背景下紧扣先秦两汉时代社会体制的重大变化以及士人精神面貌与风气的转移，并尽可能从中国文化传统的固有特色和历史的流变过程出发，扎实、深入地描述并论析了中国古代文学在汉末走向自觉的具体过程，并进一步对所涉及的一些重要文学现象给予了细致、充分的论述，从深层上阐述了汉代主要著述与文学创作面貌形成的根源。其立论精当稳妥，颇富创见。

龚鹏程的《汉代思潮》（商务印书馆 2005 年版）一书从汉代哲学的定位、自然气感的世界、风俗美善的追求、文人传统之形成、儒家的星象政治学、儒家的历数政治学、世俗化的儒家等多个角度对汉代社会存在的各种思潮进行了研究。在《文人传统之形成》一章中，讨论了作者观的演变，借以说明我国文人传统如何形成于汉代、确定原本与探寻本义的汉学方法为何又出现于汉代。在《儒家的星象政治学》和《儒家的历数政治学》二章里，以汉代言论为主，申论儒家观象授时、结合天道以论政治的思想，说明太一及历数在其中的作用。

李中华的《神秘文化的启示——纬书与汉代文化》（新华出版社 1993 年版）一书从纬书与汉代经学、纬书与汉代哲学、纬书与汉代伦理、纬书与汉代科学、纬书与文学艺术、纬书与汉代神话等方面阐述了纬书与汉代文化的关系。作者认为中国古代文学艺术一向注重表现人的思想情感，但这种表现的内容，又往往和统治阶级的政治思想、道德规范相联系。汉代文艺理论基本上继承了先秦儒家的传统，多主张“文以载道”或“言志载道”说。从先秦孔子、荀子，再到西汉董仲舒、刘向的“比德说”，都体现了儒家的这种文学理论传统。纬书是沿着董仲舒的天人论的路数发展推衍而成，故其文学理论亦属“比德说”范畴。但不同的是，纬书更强调人与神的关系，其体系的基调与核心乃宗教神学，故其文学理论亦掺杂了神启或天启的内容。所以研究汉代文学纬书也不应忽视。

刘厚琴的《儒学与汉代社会》（齐鲁书社 2002 年版）一书以儒学与汉代社会的整合为研究对象，将伦理与实际结合起来，从汉代封建社会制度的角度和汉代社会制度的实际运行过程去考察儒家与汉代社会之间的关系，全面系统地论述了儒家与汉代社会之间的关系。它从政治、经济、法律、礼仪制度、社会风尚、教育、文化、自然保护等诸多方面，论述了儒学与汉代社会的结合及其对后世封建社会的深远影响。

徐兴无的《谶纬文献与汉代文化构建》（中华书局 2003 年版）一书主要论述了谶纬文献在汉代思想文化构建中的作用，其中第六章《谶纬文献中的“河洛”“郊祀”与“封禅”——战国秦汉间国家神话与祀典的构建》推阐了战国秦汉间新国家神话与祀典的建构历程。作者认为汉承秦制，接受了雍祀，但至汉武帝时又吸收了齐国的太一之祀，强化了中央政府的权威。至宣、元以后，儒学又在新的天道信仰中转化了周礼中的郊祀内涵，使新型国家信仰和祀典带上了传统文化的色彩。至于封禅，则是齐国在争霸过程中构拟的最盛大的致太平和告天典礼。秦始皇、汉武帝和光武帝不断地构建这一盛典，在其中融入各自的国家信仰形态与郊祀典礼。但由于传统的儒学与封禅文化关系不深，故秦皇、汉武的构建均不够完美。由于董仲舒与倪宽等齐学人物对封禅的积极阐释，加之谶纬对封禅神话的营造以及其中河洛神话与封禅文化的合流，使得光武帝的封禅得以成功，标志着战国秦汉间新国家信仰与祀典构建的完成。

此外还有一些史学性的专著如顾颉刚的《汉代学术史略》（东方出版社 2005 年版）、胡适的《中国古代思想史长编》（中华书局 1991 年版）、张立文的《中国学术通史》（人民出版社 2004 年版）、侯外庐主编的《中国思想通史》第二卷（人民出版社 1957 年版）、金春峰的《汉代思想史》（中国社会科学出版社 2006 年版）、许结的《中国文化史论纲》（广西师范大学出版社 2003 年版）等都对汉代的学术思想进行了研究和介绍。

研究汉代思想的学术文章也很多，如：韩敬的《西汉时期学术思想发展概述》（《云南社会科学》1999 年第 1 期）一文对西汉时期的学术思想以儒学和道学为主进行了研究和概述。冯维林在《论谶纬与汉赋创作的关系》一文中认为谶纬与汉赋创作的关系是“谶纬不仅在汉代政治领域发挥了重大作用，而且对汉赋创作产生了深远的影响。汉赋创作的实际情形基本上反映了谶纬在汉代发展的阶段性特征。谶纬在汉赋中的出现，既强化了汉赋的政教功能，也增添了汉赋的美学趣味。汉赋创作的实际成就显示：谶纬之学对汉代文化的影响并非完全是负面的”①。郑明璋在《汉代道家的阶段性特征及其与汉赋的关系》一文中认为：“道家思想在西汉时期的不同阶段具有不同的特征，这在汉赋中有鲜明的表现：西汉前期，以黄老思想为主，受其影响，作家中含有对世事的关注；西汉中后期，道家思想退隐出政治舞台，玄的成分加重，儒道的调和比较明显。在东汉时代，道家思想继续影响着汉代士人，并融入了修身养性的内容。”② 周群华的《文学与经学的交流——以汉赋为例》一文认为：“汉赋所处时期正是文学逐渐走向成熟、儒学传统正式奠定的时代，与当时经学相比，辞赋的政教传统与讽谏精神相对孱弱，如此辞赋文学也就深受经学之影响，其自身也不断地向政教精神靠拢，但此种文学与经学的交流最终却归于失败。”③ 黄震云的《汉赋与儒家思想》（《北方论丛》2005 年第 1 期）一文认为汉赋所表达的思想主要以儒家思想为主，其政治思想主张以史为鉴，王道天下；其教化思想主张以礼法治国；其圣贤王道思想主张以圣贤为榜样，将历史圣贤化。同样汉赋的创作对儒家思想也产生了一定的影响。吴贤哲的《汉代神学思潮与汉乐府郊庙、游仙诗》一文认为：“汉代神学思潮具有鲜明的时代特点，帝王的造神活动是汉代神学思潮涌动的内在动力，方士的积极参与是汉代神学思潮向前发展的外在推力，汉儒的天人感应、祥瑞灾异学说是汉代神

---

① 冯维林：《论谶纬与汉赋创作的关系》，《兰州学刊》2008 年第 6 期。

② 郑明璋：《汉代道家的阶段性特征及其与汉赋的关系》，《山东社会科学》2006 年第 8 期。

③ 周群华：《文学与经学的交流——以汉赋为例》，《广西师范学院学报》2006 年第 2 期。

学思潮的理论基础，方士和儒生的结合衍变出了谶纬神学，并导致了经学神学化和神秘化。汉乐府机构的发展和扩大，在很大程度上是为了适应汉代神学思潮的需要，汉乐府中的郊庙、游仙诗是汉代神学思潮的直接产物，反映了汉代神学思潮的某些思想内容。同时，汉乐府郊庙、游仙诗在音乐的曲调上，在诗歌体裁和表现手法上也吸取了民歌的养分，从而使其在艺术上形成了鲜明的特色并成为汉代诗歌的一个重要组成部分，在诗歌发展史上占有一席地位。”① 方蕴华在《阴阳在宗教祭祀文化中的动态功能》一文中认为：“祭祀文化中的‘阴阳’，当其反映尊卑等级观念时，其内部的对应形式得到迅速的扩展，使错综复杂的社会伦理关系得到‘纲常’序列化表现，‘阴阳’在祭祀文化中的动态功能使中国古代文化彰显出‘伦理本位’特征。”② 具圣姬在《汉代的鬼神观念与巫者的作用》一文中认为：“汉代人信奉鬼神思想，汉代巫者是民间信仰的掌握者，事鬼神者，占卜者。因此他们在官府或民间能主管祭祀，进行下神、事神、占卜、依托鬼神的活动是神人之间的媒介者。”③

此外还有一些学位论文，如边家珍的《两汉之际的学术演变》（山东大学2003年博士学位论文）采用史、论结合的方法，对两汉之际的学术演变进行论析与梳理，将学术演变规律与史的背景、线索结合起来，动态地、整体地展现汉代学术演变的规律。詹苏杭的《谶纬与汉乐府》（陕西师范大学2005年硕士学位论文）认为由于汉代帝王的好大喜功、寻求长生及方士的鼓吹等原因引起了汉代谶纬思想兴盛，谶纬对汉代乐府产生了一定的影响，对郊祀诗产生的影响最大，郊祀诗中有很多内容是谶纬思想的反映。张文安的《周秦两汉神仙信仰研究》（郑州大学2005年博士学位论文）认为汉代的神仙信仰在汉武帝时期开始兴盛后来由贵族化发展为平民化，同时神仙思想的兴盛促进了道教的形成。

---

① 吴贤哲：《汉代神学思潮与汉乐府郊庙、游仙诗》，《西南民族大学学报》2003年第6期。

② 方蕴华：《阴阳在宗教祭祀文化中的动态功能》，《人文杂志》2006年第4期。

③ 具圣姬：《汉代的鬼神观念与巫者的作用》，《史学集刊》2001年第2期。

对两汉祭祀文化与文学的研究，国外汉学家还未形成一个严整的系统，只有一些论文，如对泰山封禅的研究，由于外国学者对中国文化了解所限，主要对泰山史迹与封禅祭祀的一般介绍，并没有深入探讨。如德国切柏的《泰山及其国家祀典》（Jentschoufu1906 年版）、法国沙畹的《泰山：中国宗教研究》（巴黎 Leroux 书局 1910 年版），日本学者木树英一的《封禅思想的成立》（收入《中国的实际观的研究》，弘文堂 1940 年版）、日本串谷美智子的《封禅的二重性——宗教性与政治性》（《史窗》1959 年 14 期）等。还有一些学者从神话入手研究祭祀神灵，如俄国李福清的《从比较神话学角度看闻一多〈伏羲考〉》（《岱宗学刊》2001 年第 4 期）认为伏羲是中国的古代文化英雄。关于女娲神话发源地国外一些学者也进行了研究，如日本白川静、日本谷野典之、俄国李福清等持女娲的发源地南方说。随着考古发掘的进展，西王母画像石成为学者研究的热点，如美国简·詹姆斯的《汉代西王母的图像志研究》（《美术研究》1997 年第 2 期）等，国外学者还未将两汉的祭祀神灵与文学联系起来进行研究。

三 主要研究内容及意义

汉代文学无论从创作实践，还是从创作理论来看，都显示出不同于前代文学的性质和特点。总的来看，是政治化、哲学化的文学。非文学的因素贯穿于两汉文学的始终，同时它又具有文学自觉化的倾向，在中国文学史上起着承前启后的重要作用。可以说汉代文学不只是纯粹意义上的文学作品，与我们今天的文学完全不同，它包含很多方面，各种学术文化都融在其范畴之内，所以，研究汉代文学不仅要关注文学，更要关注文化。

“国之大事，在祀与戎”。祭祀是古代人生活的重要组成部分，所以研究古代文化不能不关注祭祀文化。两汉时期宗教、谶纬迷信猖獗，巫术方士盛行，祭祀活动频繁。并且各项祭祀活动，在上承古制的基础上，有了很大的发展。史籍所见两汉时期的祭祀活动不仅是当时人精神生活的头等大事，而且也是社会生活的重要组成部分。祭祀文化对汉代社会方方面面都产生了一定的影响，同样汉代祭祀文化对汉代文学也产生了很大的影响，促进并丰富了汉代文学的发展。本书试图在文化的视野下结合考古学、文献学资料对两汉祭祀文化与文学进行梳理和研究。以汉代的一些重要祭祀文化事象、祭祀神灵和祭祀文学文本作为重点研究对象。考察汉代祭祀文化风俗及意蕴，探讨祭祀文化与祭祀文学的关系，本书主要分为以下几部分：

第一章　两汉的思潮与祭祀

两汉时期宗教、谶纬迷信猖獗，各种思想活跃。考察和梳理两汉时期各种思潮（主要考察大一统、天人感应、阴阳五行、谶纬、灾异、符瑞等思想），研究和分析这些思潮兴盛的原因以及这些思潮对汉代祭祀文化和祭祀文学的影响。两汉祭祀的兴盛和统治者的好鬼信巫、宣扬王权天授维护政治的大一统有关，同时祭祀的兴盛促进了祭祀文学的发展。

第二章　两汉祭祀文化与文学

汉代祭祀兴盛促进了《郊祀歌》《安世房中歌》等祭祀文学作品创作的兴盛，第二章在文化的视野下，从文学文本出发结合出土文献和传世文献对汉代一些重要祭祀文化现象进行研究。主要从诗、赋、散文等方面进行研究文学对祭祀这种文化现象的反映和表达，以及祭祀对作家创作心态的影响，探讨两汉祭祀兴盛对祭祀文学的影响、祭祀文学的政治意义与价值。

第三章　两汉的重要祭礼与文学

祭祀礼仪不仅是国家的一项政治礼仪活动，同时也是人们思想文化的展现。汉代统治者大力发扬中原祭祀文化的政治教化功能，祭祀活动兴盛。本书主要考察这些祭礼的发展情况、文化内涵和对文学的影响。本书对两汉的重要祭礼，如郊祀、封禅、农业祭祀进行研究和考察，力图发掘其祭祀的文化内涵和兴盛的原因。

第四章　两汉的神灵崇拜

汉代祭祀的发达促进了神灵崇拜的兴盛，神灵崇拜兴盛在丰富了人们的精神生活的同时也促进了两汉文学的发展。在研究汉代文学时不能不关注这一重要的文化现象，本书只对两汉的一些重要神灵，如太一、伏羲、女娲、西王母等诸神进行研究，考察这些神灵祭祀崇拜兴盛的原因及这些神灵信仰兴盛给两汉文学及社会所带来的影响。

祭祀这种宗教文化现象产生得比较早，是远古先民对人与自然及世间万物关系的一种最原始的认识，其早期的表现形式是认为万物有灵，冥冥之中一切由神灵掌控。祭祀是我国的原始宗教，是我国传统文化的重要组成部分。“国之大事，在祀与戎”，祭祀在古代社会中，所占据的重要位置是毋庸置疑的，到了汉代祭祀这种文化现象对汉代的社会、文化生活仍然具有一定的影响。研究两汉社会，祭祀这种文化现象不可忽视。同时史籍所见两汉时期的祭祀活动不仅是时人精神生活的头等大事，而且也是社会生活的重要组成部分。祭祀文化不仅对汉代社会生活产生了重要影响，同时对汉代文学也产生了很大的影响，促进并丰富了汉代文学的发展。当今学者对汉代祭祀的研究多是从文化礼仪制度与政治思想结合或是从宗教礼仪角度入手进行研究，从汉代文学与祭祀文化的关系方面研究的也多是从郊祀诗、汉赋与祭祀及政治的关系进行研究，而关于散文、小说与祭祀的关系很少有人关注，所以两汉祭祀文化及两汉祭祀文化与文学的关系的研究还有很大的研究和发展空间。本书的研究有利于对两汉文学史的重新审视和整合。以往的文学史中对两汉祭祀文学谈之甚少，甚至有的避而不谈。本书着力凸显祭祀文学在两汉文学史中的地位和比重。对于研究中国古代文化史的学者也具有重要的文献参考意义。本书的研究为当下的传统文化的研究与传承具有重要的文献支撑意义，另外对一些少数民族的本族古老文化的源流探讨也有着重要的意义，中国祭祀文化中的和谐价值观为当代多元文化的共存提供了取之不尽的思想资源。

需要说明的是在书中对各位先生直呼姓名，并非不敬，只为行文简洁，敬请见谅。

第一章　两汉的思潮与祭祀

汉代是一个各种思想都比较活跃的时代，这些思想对汉代的社会、文化生活产生了很大影响。汉代是祭祀盛行的时代，各种活跃的思想如天人感应思想、阴阳五行、谶纬、长生等思想对祭祀文化也产生了一定的影响。吴贤哲在《汉代神学思潮与汉乐府郊庙、游仙诗》一文中对汉代思潮与汉代祭祀的关系进行了概述："汉代社会，始终弥漫着浓厚的神学氛围，思想文化领域内的神学思潮也很盛行。这里面既有对宗教神学的历史继承，又有因时代变迁而呈现的新特点；既有理论上的阴阳灾异，天人感应之类的造神新说，又有帝王对神学的大力提倡和疯狂追求；其后经学与阴阳灾异、谶纬结合后，又导致了经学灾异化、神秘化和神学化。"① 这些思潮成为汉代宗教神学的思想基础，指导汉代的祭祀神学，同时汉代的神学思想又影响到经学和政治的发展。

第一节　大一统及天人感应思想对祭祀的影响

"大一统"一词最早见于《公羊传·隐公元年》："元年春，王正月。"传文说："王者孰谓？谓文王也。曷为先言王而后言正月？王正月也。何言乎王正月？大一统也。"②《公羊传》的大一统思想通过统一历法来表现，通过统一历法进而实现政治上的大一统。中国古代

---

① 吴贤哲：《汉代神学思潮与汉乐府郊庙、游仙诗》，《西南民族大学学报》（人文社科版），2003 年第 6 期。

② （汉）何休注，（唐）徐彦疏：《春秋公羊传注疏》，中华书局 1957 年版，第 24—28 页。

大一统思想产生于春秋战国之际，春秋战国之际诸侯争霸，诸子百家争鸣，为了适应时代的发展，在儒、墨、法诸家的极力倡导下实现了思想的大一统，并成为当时的主流思想，秦始皇实现了政治制度的大一统，到汉武帝时期大一统思想得到进一步加强，并且完全确立。汉代的大一统无处不在，无时不有，主要表现在思想和政治文化两个方面。汉代是一个统一的王朝，为了维护其大一统的政治地位，汉代统治者采取了多项措施，其中重要的一项措施是推行大一统、天人感应思想。大一统、天人感应不仅为其政治统治服务，同时对汉代人民的思想也产生了一定的影响。

一　汉代大一统思想的提出及其对祭祀的影响

西汉初期黄老思想是社会的主流思想，到了武帝时期，“师异道，人异论，百家殊方，指意不同”，汉武帝是一位具有雄才大略的帝王，他不仅深深知道选择指导思想和统一意识形态对于巩固政权的重要性，而且认识到思想上的混乱、分歧，会造成“上亡以持一统”① 的严重后果。所以，他一即位马上批准了丞相卫绾关于罢黜所有宣扬申、商、韩非、苏秦、张仪之言的贤良言正的请求，并对王臧关于立明堂、建辟雍的建议颇感兴趣，只是由于窦太后的干预才不得不有所收敛。窦太后去世，他立即任命田蚡担任丞相，并接受董仲舒的建议：“诸不在六艺之科孔子之术者，皆绝其道，勿使并进。”② 于是“黜黄老、刑名百家之言，延文学儒者以百数”③，正式确立儒学为治国安邦的指导思想。当时，儒学虽有《诗》《礼》《易》等多家学派，但以《春秋》公羊学最为盛行，儒学中的《春秋》公羊学派的最大特点就是崇尚大一统，这正符合汉武帝积极有为，建功立业，重视礼制，崇尚君权的主张。公羊学大师董仲舒因《天人三策》而一举成名，董仲舒甚至把大一统说成是“天地之常经，古今之通谊也”④。

---

① （汉）班固撰，（唐）颜师古注：《汉书》，中华书局1962年标点本，第2523页。

② 同上。

③ 同上书，第3593页。

④ 同上书，第2523页。

根据当时的情况董仲舒认为应该尊崇儒家思想“今师异道，人异论，百家殊方，指意不同，是以上亡以持一统；法制数变，下不知所守。臣愚以为诸不在六艺之科孔子之术者，皆绝其道，勿使并进。邪辟之说灭息，然后统纪可一而法度可明，民知所从矣”①。正如颜师古所指出的：“一统者，万物之统皆归于一也。”② 大一统的目的是统一人们的思想，除了统一思想外还有其政治目的，那就是实现政治上的一统，维护和推崇王权，王权至高无上，“唯天子受命于天，天下受命于天子，一国则受命于君。”（《春秋繁露·为人者天》）王权神圣不可侵犯，王者代表人民的一切。通过王权来维系天下，实现六合同风、九州岛共贯的一统局面。正如王吉所奏言：“《春秋》所以大一统者，六合同风，九州岛共贯也。今俗吏所以牧民者，非有礼义科指可世世通行者也，独设刑法以守之。其欲治者，不知所繇，以意穿凿，各取一切，权谲自在，故一变之后不可复修也。是以百里不同风，千里不同俗，户异政，人殊服，诈伪萌生，刑罚亡极，质朴日销，恩爱寖薄。孔子曰‘安上治民，莫善于礼’，非空言也。王者未制礼之时，引先王礼宜于今者而用之。臣愿陛下承天心，发大业，与公卿大臣延及儒生，述旧礼，明王制，驱一世之民，济之仁寿之域，则俗何以不若成康，寿何以不若高宗？”③ 汉代推行一统是历史发展的必然，思想上的统一可以成为政治的有力助手。同时董仲舒将君与民比喻为心与体的关系“民者君之体也，心之所好，体必安之，君之所好，民必从之”。强调民必从君的道理，达到政治上完全统一。

董仲舒提倡大一统的儒家思想同时还提倡天人感应、天人合一，进一步巩固天子的权威地位。如《春秋繁露·郊义》：“天者，百神之君也，王者之所最尊也。”所谓“百神”，不但包括各种自然神灵，如山神、水神、星神、风神、雨神等，也包括社会神灵，如祖先神。“以类合之，天人一也。”④《白虎通义·天地》：“天者，何也？天之

---

① （汉）班固撰，（唐）颜师古注：《汉书》，中华书局 1962 年标点本，第 2523 页。

② 同上。

③ 同上书，第 3063 页。

④ （清）苏舆：《春秋繁露义证》，中华书局 1992 年版，第 341 页。

为言镇也。居高理下，为人镇也。陈立疏证：《尔雅》《释文》引《礼统》对其解释‘天之为言镇也，神也，陈也，珍也。’《说文·一部》‘天，颠也。’颠为人首，故臣以君为天，子以父为天，妻以夫为天。”① 人们都要服从天的领导，“天子者，则天之子也。以身度天，独何为不欲其子之有子礼也。今为其天子，而阙然无祭于天，天何必善之？”② 天的地位最高，同时帝王是天的儿子，这无疑确立了汉代帝王权力的至高无上。天人同类，“天神之处天，犹王者之居地”③。“一岁之中有四时，一时之中有三长，天之节也。人生于天而体天之节，故亦有大小厚薄之变，人之气也。先天因人之气，而分其变以为四选，是故三公之位，圣王之选也。三卿之位，君子之选也；三大夫之位，善人之选也；三士之位，正直之选也。分人之变以为四选，选立三臣，如天之分岁之变以为四时，时有三节也。天以四时之选十二节相和而成岁，王以四位之选与十二臣相砥砺而致极。”④ 皇帝的至高权力受命于天，乃天之子。“普天之下，莫非王土；率土之滨，莫非王臣。”⑤

《春秋繁露·为人者天》认为人民的一切与天子息息相关，天子的命运决定人民的命运：“传曰：唯天子受命于天，天下受命于天子，一国则受命于君。君命顺，则民有顺命；君命逆，则民有逆命；故曰：一人有庆，兆民赖之。此之谓也。”董仲舒的“天人合一”思想现实归宿必然是“大一统”。“一统”即“统一”，“大一统”就是高度推崇政治的集权、国家的统一。董仲舒“天人合一”思想为统治者“大一统”的政治诉求铺平了道路，从正面论证了“天子”即现世君主权力的至高无上，这种权力是任何其他人均不能望其项背的。

同时，汉代儒学的大一统、天人合一体现了和谐的文化观念。即

---

① （清）陈立撰，吴则虞点校：《白虎通疏证》，中华书局1994年版，第420页。

② （清）苏舆：《春秋繁露义证》，中华书局1992年版，第399页。

③ （汉）王充著，张宗祥校注，郑绍昌标点：《论衡校注》，上海古籍出版社2013年版，第138页。

④ （清）苏舆：《春秋繁露义证》，中华书局1992年版，第219页。

⑤ 程俊英：《诗经译注》，上海古籍出版社2004年版，第349页。

人与神、人与自然、人与社会的和谐。董仲舒在《春秋繁露·阴阳义》中说："天亦有喜怒之气，哀乐之心，与人相副，以类合之，天人一也。"汉代帝王为了维护和宣扬其作为天子的至高地位，必然重视祭祀，尤其祭天之礼。

一些文人迎合汉代大一统的政治需要，作文宣扬大一统，直至东汉未绝。如扬雄在《长杨赋》中大肆宣扬汉武帝的声威以及四夷的臣服，班固在《两都赋》中也是极力宣扬汉天子"强干弱枝，隆上都而睹万国"[①]，在《东都赋》中说道"是日也，天子受四海之图籍，膺万国之贡珍"[②]。他们在宣扬大一统的同时，不仅仅是强调武力的征服，更注重仁义的感化作用，即所谓"仁声惠于北狄，武义动于南邻"[③]。这说明，大一统的观念，在汉代文人心目中留下了深深的烙印。

大一统对汉代的祭祀思想也有着很大的影响，如对太一神的推崇。太一，又作大一、泰一、泰壹、太极，是先秦就有的概念，有关太一的材料最早见于郭店楚简《太一生水》篇，到了汉代太一有三种含义：一是哲学意义的宇宙创生的本源，二是宗教神学意义上的至尊天神，三是古代的天文术数意义的太一星。春秋时期诸侯争霸，礼崩乐坏，各国祭祀天神不一。武帝时期谬忌奏祠太一："天神贵者泰一，泰一佐曰五帝。"[④] 汉武帝接受建议将太一封为至尊天神，春祭太一于东南郊，太一是众神中的统领，这是汉代维护王权的重要表现，在占有王权的同时掌握控制人们的神权，实现精神领域的大一统，确立天子的权威地位。

二 天人感应思想的提出及其对祭祀的影响

天人感应是中国古代哲学中关于天人关系的一种神秘观点，认为

---

① 费振刚、仇仲谦、刘南平校注：《全汉赋校注》，广东教育出版社 2005 年版，第 466 页。

② 同上书，第 497 页。

③ 同上书，第 256 页。

④ （汉）班固撰，（唐）颜师古注：《汉书》，中华书局 1962 年标点本，第 1218 页。

天创造世间万物，天能干预人间的事情，同时人的行动也能感动或触动上天。“天人感应的观念最早应该是产生于殷周之际政治权力变迁时周人的道德觉醒中，《周书》中把这一观念表达得十分清楚。周人认为，自己的胜利，是因为文王能‘明德慎罚’，所以‘帝休，天乃大命文王，殪戎殷，诞受厥命越厥邦厥命’（《尚书·召告》）。”[①] 但天人感应的观念还不够发达。到了汉代，天人感应获得了较大的发展。董仲舒在先秦“天人合一”思想及《礼记·中庸》的基础上，提出天人感应说，将“天”解释为至高无上的人格神，并提出了“天志”和“天意”的概念，将自然现象按目的论加上道德属性和感情表现；认为天创造自然万物，人间的君主是天的代表，“天者万物之祖，万物非天不生”[②]，又说“天者，百神之大君也，王者之所最尊也”[③]。同时又假借天地之威来限制皇帝，认为帝王与天是相通的：“王者配天，谓其道。天有四时，王有四政，四政若四时，通类也，天人所同有也。”（《春秋繁露·四时之副》）同时认为王者有过失天会有所感应：“王者与臣无礼貌，不肃敬，则木不曲直，而夏多暴风。风者，木之气也，其音角也，故应以暴风……”（《春秋繁露·五行五事》）天人感应是董仲舒历史哲学理论的核心。李泽厚认为：董仲舒“以阴阳五行（天）与王道政治（人）互相一致而彼此影响即‘天人感应’作为理论轴心”[④]。天人感应学说使汉代的儒学神学化，同时也是汉代谶纬的先声，对汉代的祭祀思想及祭祀文学产生了一定的影响，如《郊祀歌》的君权神授的宣扬以及汉赋中对众神的描绘，如扬雄《河东赋》对风伯、雨师的描写，《甘泉颂赋》对西王母、玉女等诸神的描写，王延寿《鲁灵光殿赋》对伏羲、女娲蛇躯鳞身的描写，等等。

“董仲舒天人感应说以其固有的宗教神秘主义倾向，到了西汉末年就很快与当时流行的谶纬迷信相结合，形成一股神学思潮，弥漫整

① 崔大华：《儒学引论》，人民出版社 2001 年版，第 279—280 页。

② （清）苏舆：《春秋繁露义证》，中华书局 1992 年版，第 410 页。

③ 同上书，第 402 页。

④ 李泽厚：《中国古代思想史论》，人民出版社 1985 年版，第 145 页。

个东汉。”[1] 人们认为“日蚀”是阴胜阳亏所致：“日者，太阳之精，人君之象。君道有亏，为阴所乘，故蚀。蚀者，阳不克也。”[2] 同时天人感应也影响着汉代人的祭祀，如祈禳，认为有灾祸是天发怒，天发出一定的天象给人以警示，如《史记·天官书》：“日变修德，月变省刑，星变结和……太上修德，其次修政，其次修救，其次修禳，正下无之。”天人合一思想几乎影响了整个汉代的祭祀思想，在祭祀中人们把天视为至高无上的神，皇帝代表天的旨意，是天的化身，汉代帝王也十分会利用上天所赐予的这一权力，举行郊祀、封禅、祭太一等大的祀典来宣扬和维护其至高无上的权力和地位。此外，天人感应思想也促进了汉代灾异、符瑞思想的兴盛。

综上所述，大一统和天人感应是汉代两种重要的思想，大一统思想为维护汉代统治、统一思想起到了重要的作用，这必然会影响到汉代的国家宗教——祭祀，使祭祀更好地为维护国家统一、宣扬帝统、团结人民服务。

三　灾异思想对汉代帝王的影响

灾异思想由来已久，我国远古先民就有“仰则观象于天，俯则观法于地，观鸟兽之文与地之宜，近取诸身，远取诸物，于是始作八卦，以通神明之德，以类万物之情”（《周易·系辞下》）的习惯，将天文、地理、人事的变化与神明联系起来，而且认为万物有灵，认为天文和地理现象的变化由神灵主宰，且人事直接影响灾异的产生，如“天反时为灾，地反物为妖，民反德为乱，乱则妖灾生”（《左传·宣公十五年》）。认为人的行为有过失上天才会发怒对人以惩戒，灾异可以预测国家的运势，如伯阳甫通过地震预测周将灭亡，“周幽王二年，西周、三川皆震。伯阳甫曰：周将亡矣。夫天地之气，不失其序，民之乱也。昔伊、洛竭而夏亡，河竭而商亡。”（《史记·周本纪》）晋卜偃通过山崩预测国家将有大难，甚至会有亡国的危险，

① 陈豪珣：《论董仲舒与天人合一思想》，《齐齐哈尔大学学报》2004年第11期。

② （南朝宋）范晔撰，（唐）李贤等注：《后汉书》，中华书局1965年标点本，第3357页。

“秋八月辛卯，沙鹿崩。晋卜偃曰：‘期年将有大咎，几亡国。’”（《左传·僖公十四年》）

汉代灾异思想的兴起是阴阳五行和天人感应、天人合一学说进一步发展的结果。上天是汉代的最高神灵，统治着世间的一切。君主的行为要受上天的监督，君主的行为如果受到上天的赞许，上天就会降示祥瑞；如果受到上天的反对，上天就会降示灾异，对君主给予警示。通过《汉书·五行志》可见灾异思想在汉代有这样一个发展过程：“汉兴，承秦灭学之后，景、武之世，董仲舒治《公羊春秋》，始推阴阳，为儒者宗。宣、元之后，刘向治《谷梁春秋》，数其祸福，传以《洪范》，与仲舒错。至向子歆治《左氏传》，其春秋意亦已乖矣；言《五行传》，又颇不同。”灾异说在汉代影响深远，在经学领域存在灾异思想，“《易》有阴阳，诗有五际，《春秋》有灾异，皆列终始，推得失，考天心，以言王道之安危”（《汉书·眭两夏侯京翼李传》）。董仲舒治《公羊春秋》多言灾异，焦延寿、京房结合《周易》演说灾异与政治的关系，焦延寿“其说长于灾变，分六十四卦，更直日用事，以风雨寒温为候：各有占验。房用之尤精。好钟律，知音声”（《汉书·眭两夏侯京翼李传》）。很多大臣上疏也言灾异，如《汉书·五行志》《后汉书·五行》多言灾异。《汉书·眭两夏侯京翼李传》对汉代讲究灾异说的一些文人进行了概括：“汉兴推阴阳，言灾异者，孝武时有董仲舒、夏侯始昌，昭、宣则眭孟、夏侯胜，元、成则京房、翼奉、刘向、谷永，哀、平则李寻、田终术。”

《汉书·宣帝纪》说：“盖灾异者，天地之戒也。”汉代讲究灾异说的学者以董仲舒为代表，董仲舒在《春秋繁露·必仁且智》中是这样解释灾异的：“天地之物有不常之变者，谓之异，小者谓之灾。灾常先至而异乃随之。灾者，天之谴也；异者，天之威也。谴之而不知，乃畏之以威。《诗》云：‘畏天之威。’殆此谓也。”董仲舒认为灾异对君主的警示程度不同，灾只是谴告，而异就有发威、发怒及谴责的意味。董仲舒将国家的政治得失与自然灾异相类比，认为产生灾异的原因是国家的政治过失，认为灾异是上天谴告君主：“凡灾异之本，尽生于国家之失。国家之失乃始萌芽，而天出灾异以谴告之；谴告之而不知变，乃见怪异以惊骇之，惊骇之尚不知畏恐，其殃咎乃至……谨案灾异以见天意。”① 君权神授、灾异谴告。认为“天者，百神之君也，王者之所最尊也”②，天的权威神圣不可侵犯。

《白虎通·灾变》也有专门对灾异的讨论，认为灾异是上天对人的谴告，希望犯错的人悔过。“天所以有灾变何？所以谴告人君，觉悟其行，欲令悔过修德，深思虑也。”以宗庙火灾解释何谓灾：“灾异者，何谓也？《春秋潜潭巴》曰：‘灾之为言伤也，随事而诛。异之为言怪也，先发感动之也。’何以言灾有哭也？《春秋》曰：‘新宫火，三日哭。’《传》曰：‘必三日哭何？礼也。’灾三日哭，所以然者，宗庙先祖所处，鬼神无形体，曰今忽得天火，得无为灾所中乎？故哭也。”③ 认为霜雹“霜之为言亡也。阳以散亡。雹之为言合也。阴气专精，积合为雹”④。同时认为自然灾害是阴阳失调造成的：“日食必救之何？阴侵阳也。鼓用牲于社。社者，众阴之主，以朱丝萦之，鸣鼓攻之，以阳责阴也。故《春秋传》曰：‘日有食之，鼓用牲于社。’”⑤ 阴阳灾异思想对汉代人影响十分深刻，使人多畏，对上天有恐惧感，正因为如此，大臣借阴阳灾异向皇帝进谏，发生灾异时皇帝有所恐惧，向人们下诏求对策。如汉文帝时发生水旱灾异，文帝担忧，下诏书对灾异的发生有种种猜测：“间者数年比不登，又有水旱疾疫之灾，朕甚忧之。愚而不明，未达其咎。意者朕之政有所失而行有过与？乃天道有不顺，地利或不得，人事多失和，鬼神废不享与？何以致此！”⑥ 贾谊《旱云赋》中也有对旱灾的认识：“惜稚稼之旱夭兮，离天灾而不遂。怀怨心而不能已兮，窃托咎于在位。独不闻唐虞之积烈兮，与三代之风气。时俗殊而不还兮，恐功久而坏败。何操行

① （清）苏舆：《春秋繁露义证》，中华书局1992年版，第259页。
② 同上书，第402页。
③ （清）陈立撰，吴则虞点校：《白虎通疏证》，中华书局1994年版，第268页。
④ 同上书，第271页。
⑤ 同上书，第272—273页。
⑥ （汉）班固撰，（唐）颜师古注：《汉书》，中华书局1962年标点本，第128页。

之不得兮，政治失中而违节。阴气辟而留滞兮，厌暴而沉没。”[1]

汉元帝尤信灾异说，初元五年四月，有星孛于参。汉元帝认为不吉，下诏改行新政。“朕之不逮，序位不明，众僚久旷，未得其人。元元失望，上感皇天，阴阳为变，咎流万民，朕甚惧之”，于是“其令大官毋日杀，所具各减半。乘舆秣马，无乏正事而已。罢角抵、上林宫馆希御幸者、齐三服官、北假田官、盐铁官、常平仓。博士弟子毋置员，以广学者。赐宗室子有属籍者马一匹至二驷，三老、孝者帛，人五匹，弟者、力田三匹，鳏寡孤独二匹，吏民五十户牛酒”。[2]东汉光武帝也同样相信灾异说，二十二年九月戊辰发生地震，制诏曰：“日者地震，南阳尤甚夫。夫地者，任物至重，静而不动者也。而今震裂，咎在君上。鬼神不顺无德，灾殃将及吏人，朕甚惧焉”[3]。

不举行祭祀也要受到上天的惩罚，发生灾异：“《五行传》曰：‘简宗庙。不祷祠，废祭祀，逆天时，则水不润下。’谓水失其性而为宰也。”[4] 宣帝本始四年郡国地震，宣帝认为是上天给予的警告十分害怕，“盖灾异者，天地之戒也。”认为自己有过失，“朕承洪业，奉宗庙，托于士民之上，未能和群生。乃者地震北海、琅邪，坏祖宗庙，朕甚惧焉”[5]。同样有灾异发生也当进行祭祀，如日食发生要祠社“日有变，割羊以祠社，用救日变。执事者冠长冠，衣皂单衣，绛领袖缘中衣，绛裤袜，以行礼，如故事”（《后汉书·礼仪志》）。有旱灾发生的时候举行雩礼祈雨，早在甲骨文中就有卜雨的记载了，《说文解字》曰：“雩，夏祭，乐于赤帝，以祈甘雨也。从雨于声。”[6]《礼记·月令》载仲夏之月：“命有司为民祈祀山川百源，大雩帝，

---

① 费振刚、仇仲谦、刘南平校注：《全汉赋校注》，广东教育出版社 2005 年版，第 17 页。

② （汉）班固撰，（唐）颜师古注：《汉书》，中华书局 1962 年标点本，第 285 页。

③ （南朝宋）范晔撰，（唐）李贤等注：《后汉书》，中华书局 1965 年标点本，第 74 页。

④ 同上书，第 3305 页。

⑤ （汉）班固撰，（唐）颜师古注：《汉书》，中华书局 1962 年标点本，第 245 页。

⑥ （汉）许慎著，（清）段玉裁注：《说文解字注》，浙江古籍出版社 2006 年版，第 574 页。

用盛乐。”郑玄注：“阳气盛而当旱，山川百源，能兴云雨者也。众水始所出为百源。雩，吁嗟求雨之祭也。雩帝，谓为坛南郊之旁，雩五精之帝，配以先帝也。”《周礼·春官·司巫》载：“若国大旱，则帅巫而舞雩。”汉代对祭祀求雨十分重视，董仲舒的《春秋繁露》中专门有《求雨》篇介绍如何求雨，如春旱则令县邑祷社稷山川、家人祠户、曝巫、聚尫等一系列过程。

汉代帝王笃信灾异说，灾异说在汉代影响深远，但并不是所有人都相信此说，一些哲学家已经提出了疑问和批判，如王充在《论衡·谴告》篇中认为天是自然物，不会对人发出谴告：“夫天道，自然也，无为。如谴告人，是有为，非自然也。”灾异是自然变化“夫天无为，故不言。灾变时至，气自为之”（《论衡·自然》），“气变之见，殆自然也”（《论衡·自然》）。同时认为灾异是“人君为政，赏罚失中也，逆乱阴阳，使气不和”（《论衡·谴告》）的结果。认为听从上天的谴告还不如听贤能者的话呢，“上天之心，在圣人之胸，及其谴告，在圣人之口。不信圣人之言，反然灾异之气，求索上天之意，何其远哉？世无圣人，安所得圣人之言？贤人庶几之才，亦圣人之次也”[①]。王充还认为：“国之存亡，在期之长短，不在于政之得失。”（《论衡·异虚》）“教之行废，国之安危，皆在命时，非人力也。”（《论衡·治期》）对于国运的认识表现了王充思想的局限性和对皇权神圣的维护。

四　符瑞思想对汉代政治及祭祀文化的影响

符瑞也是汉代天人感应思想兴盛之下的衍生体。符瑞又称“祥瑞”，被儒学认为是表达天意、对人有益的自然现象。如天空出现彩云，禾生双穗，地涌甘泉，奇禽异兽出现等。符瑞思想出现的很早，扬雄认为上古三代时期就有符瑞“故甘露零其庭，醴泉流其唐，凤凰巢其树，黄龙游其沼，麒麟臻其囿，神爵栖其林。昔者禹任益虞，而

① （汉）王充著，张宗祥校注，郑绍昌标点：《论衡校注》，上海古籍出版社2013年版，第300页。

上下和，草木茂，成汤好田而天下用足”[①]。《尚书·帝命验》则记述了文王诞生时出现的圣瑞情形：“春秋之月甲子，赤雀衔丹书入丰，止昌户。”[②]《淮南子·览冥训》即云：“昔者，黄帝治天下，……于是日月精明，星辰不失其行，风雨时节，五谷登孰，虎狼不妄噬，鸷鸟不妄博，凤凰翔于庭，麒麟游于郊，青龙进驾，飞黄伏皁。”汉代人们相信上天是最高神，掌管一切，当帝王有功德的时候，会降符瑞给以启示。符瑞有利于维护帝王的统治，宣扬他的功德，并进一步宣传其地位的合法性。

汉代的祥瑞有很多种，如天文符瑞，天文符瑞属于等级最高的祥瑞，具有很强的政治文化蕴意。如景星，汉人认为景星出现是君主治国有道、国运昌盛的象征，景星出现人民安居乐业，这正如《史记·天官书》所云：“天精而见景星，景星者，德星也。其状无常，常出于有道之国。”《白虎通义·封禅》也发表了类似的看法：“景星者，大星也。月或不见，景星常见，可以夜作，有益于人民也。”因此，景星的出现是对国君的褒奖。

动物符瑞如麒麟、天马、赤雁、龙、白虎、白雉、九尾狐等，正如《白虎通·封禅》所云：“德至鸟兽，则凤皇翔，鸾鸟舞，麒麟臻，白虎到，狐九尾，白雉降，白鹿见，白鸟下。”《风俗通·祀典》曰：“虎者，阳物，百兽之长也，能执搏挫锐，噬食鬼魅。今人卒得恶遇，烧虎皮饮之，系其爪，亦能辟恶，此其验也。”《论衡·解除》曰：“宅中主神有十二焉，青龙白虎列十二位。龙虎猛神，天之正鬼也，飞尸流凶，安敢妄集，犹主人猛勇、奸客不敢窥也。”可见这里的虎和龙具有驱邪避害的作用，当属祥瑞之物。

植物符瑞是以植物作为吉祥征兆，主要包括芝草、嘉禾、连理等。“德至草木，则朱草生，木连理。”[③]自然现象中可作为符瑞的主

---

① 费振刚、仇仲谦、刘南平校注：《全汉赋校注》，广东教育出版社2005年版，第254页。

② ［日］安居香山、［日］中村璋八辑：《纬书集成》，河北人民出版社1994年版，第371页。

③ （清）陈立撰，吴则虞点校：《白虎通疏证》，中华书局1994年版，第284页。

要有甘露、醴泉、瑞雪、景云等。《白虎通·封禅》中记载了一些祥瑞，如“德至渊泉，则黄龙见，醴泉涌，河出龙图，洛出龟书，江出大贝，海出明珠”，代表符瑞的器物如鼎，“德至山陵，则景云出，芝草茂，陵出黑丹，阜出萐莆，山出器车，泽出神鼎”。[①]

汉代的符瑞之物很多，《前汉纪》对西汉的符瑞之物进行了总结：“凡《汉纪》十二世，十一帝。通王莽二百四十二年。一祖三宗。高祖定天下，孝惠高后。值国家无事，百姓安集。太宗升平，世宗建功，中宗治平，昭、景称治。元、成、哀、平历世陵迟，莽何篡国也。凡祥瑞：黄龙见，凤皇集，麒麟臻，神马出，神鸟翔，神雀集，白虎仁兽获，宝鼎升，宝磬神光见，山称万岁，甘露降，芝草生，嘉禾茂，玄稷降，醴泉涌，木连理。”[②]

（一）符瑞与汉代政治文化的关系

拥有如此之多的符瑞之物，汉代人是如何理解符瑞的呢？董仲舒认为符瑞是非人力所能达到而事物自己就能完成的事情，“有非力之所能致而自至者”[③]，并且认为符瑞具有一定的政治意义：“西狩获麟，受命之符是也，然后托乎《春秋》正不正之间，而明改制之义。一统乎天子，而加忧于天下之忧也，务除天下所患，而欲以上通五帝，下极三王，以通百王之道，而随天之终始，博得失之效，而考命象之为，极理以尽情性之宜，则天容遂矣。百官同望异路，一之者在主，率之者在相。”[④]

《白虎通义·封禅》认为天下太平，帝王治理天下有道，阴阳和谐，才会出现符瑞：“天下太平，符瑞所以来至者，以为王者承天统理，调和阴阳，阴阳和，万物序，休气充塞，故符瑞并臻，皆应德而至。德至天，则斗极明，日月光，甘露降。德至地，则嘉禾生，蓂荚起，秬鬯出，太平感。德至文表，则景星见，德至山陵，则景云出，芝实茂，陵出黑丹……德至八方，则祥凤至，佳气时喜，钟律调，音

---

① （清）陈立撰，吴则虞点校：《白虎通疏证》，中华书局1994年版，第284页。

② （汉）荀悦，（晋）袁宏著，张烈点校：《两汉纪》，中华书局2002年版，第1页。

③ （清）苏舆：《春秋繁露义证》，中华书局1992年版，第157页。

④ 同上书，第157—158页。

度施，四夷化，越裳贡。”从这里看符瑞还有表彰君主德行的意义。

符瑞被赋予有一定的政治意义，有利于汉代统治者维护其权威地位。汉代人尚天，认为天是百神之君，同时上天对皇帝的行为具有监督的作用，当皇帝的行为和德行顺应民意，天下太平的时候，或有贤主明君出现的时候上天就会降符瑞，给以启示和赞扬。所以汉代统治者很会利用符瑞现象，达成其一定的政治目的，宣扬其统治的合法性。汉代的符瑞有很多种，如天文符瑞。天文符瑞属于等级最高的符瑞，具有很强的政治文化意蕴。如景星，汉人认为景星出现是君主治国有道、国运昌盛的象征，景星出现则人民安居乐业，这正如《史记·天官书》所云：“天精而见景星，景星者，德星也。其状无常，常出于有道之国。”“景星者，大星也。月或不见，景星常见，可以夜作，有益于人民也。”（《白虎通义·封禅》）符瑞是古代帝王、君主立国、诞生、执政等得到天命的凭证，所以有人编造各种符瑞，如“武王有白鱼赤鸟之佑”[①]。汉高祖刘邦为显示其身份的高贵，是受天之命，也有一定的祥瑞现象降及其身：“高祖有断大蛇、老妪哭于道之瑞……高祖又逃吕后于泽中，吕后辄见上有云气之验。”[②]《汉书·王莽传》曰：“帝王受命，必有德祥之符瑞，协成五命，申以福应……天所以保佑新室者深矣、固矣……去汉兴新，以丹石始命于皇帝……三以铁契，四以石龟，五以虞符，六以文圭，七以玄印，八以茂陵石书，九以玄龙石，十以神井，十一以大神石，十二以铜符帛图。”哀章制造假金匮图策为王莽称帝制造符瑞，假称是汉高帝遗命传位给王莽：“高帝承天命，以国传新皇帝。”刘秀称帝也利用了这一手段，“行至鄗，光武先在长安时同舍生疆华自关中奉《赤伏符》曰：‘刘秀发兵捕不道，四夷云集龙斗野，四七之际火为主。’群臣因复奏曰：‘受命之符，人应为大，万里合信，不议同情，周之白鱼，曷足比焉？今上无天子，海内淆乱，符瑞之应，昭然著闻，宜答天

---

① （汉）王充著，张宗祥校注，郑绍昌标点：《论衡校注》，上海古籍出版社 2013 年版，第 157 页。

② 同上。

神，以塞群望。’”① 光武帝于是命有司设坛场于鄗南千秋亭五成陌。

《汉武帝故事内传》也反映了汉代符瑞思想对人们的影响，如对武帝出生采取了符瑞渲染的方式，“景帝梦一赤彘从云中下，直入崇芳阁。景帝觉而坐阁下，果有赤龙如雾，来蔽户牖。宫内嫔御望阁上丹霞蓊蔚而起，霞灭，见赤龙盘回栋间。景帝召占者姚翁以问之，翁曰：‘吉祥也，此阁必生命世之人，攘夷狄而获嘉瑞，为刘宗盛主也，然亦大妖。’……十四月而生武帝，景帝曰：‘吾梦赤化为赤龙，占者以为吉，可名之吉’”②。汉代帝王如此重视和制造符瑞是因为，符瑞现象有利于宣扬帝王身份的高贵及其统治的权威性。

综上所述，汉代符瑞思想的出现与汉代政治有很大的关联，符瑞为政治服务，同时符瑞又反作用于汉代的政治。符瑞为何出现，符瑞的出现是汉代经学神学化和儒生方士化的一种结果。汉代时期儒生与方士合流，经学神学化，特别重视鬼神，以阴阳五行和灾异感应释经。顾颉刚在《秦汉的方士与儒生·序》中这样论述汉代经学与政治的关系：“两汉经学的骨干是‘统治集团的宗教’——统治者装饰自己身份的宗教——的创造。无论是最高的主宰是上帝还是五行，每个皇帝都有方法证明他自己是一个‘真命天子’，每个儒生和官吏也就都是帮助皇帝代天行礼的孔子的徒孙。皇帝利用儒生们来创造有利于自己的宗教，儒生们也利用皇帝来推行有利于自己的宗教。”③

（二）符瑞对汉代祭祀文化的影响

由于符瑞对汉代统治有很重要的作用，每当有符瑞发生的时候，帝王就要下诏宣告天下，如宣帝甘露二年正月发赦诏：“乃者凤皇甘露降集，黄龙登兴，醴泉滂流，枯槁荣茂，神光并见，咸受祯祥。其赦天下。减民算三十，赐诸侯王、丞相、将军、列侯、中二千石金钱各有差。赐民爵一级，女子百户牛酒，鳏寡孤独高年帛。”④ 当然，

---

① （南朝·宋）范晔撰，（唐）李贤等注：《后汉书》，中华书局1965年标点本，第21—22页。

② 史仲文主编：《中国文言小说百部经典》，北京出版社2004年版，第125页。

③ 顾颉刚：《秦汉的方士与儒生》，上海古籍出版社2005年版，第5页。

④ （汉）班固撰，（唐）颜师古注：《汉书》，中华书局1962年标点本，第269页。

汉代不是所有的帝王对符瑞都采取大肆宣扬的态度，汉明帝永平六年王雒山出宝鼎，庐江太守献之。汉明帝采取了低调的态度，做《获宝鼎诏》以告天下："昔禹收九牧之金，铸鼎以象物，使人知神奸，不逢恶气。遭德则兴，迁于商、周；周德既衰，鼎乃沦亡。祥瑞之降，以应有德。方今政化多僻，何以致兹？……太常其以礿祭之日，陈鼎于庙，以备器用。"① 同时禁止利用获鼎进行言圣，"先帝诏书，禁人上事言圣，而间者章奏颇多浮词，自今若有过称虚誉，尚书皆宜抑而不省，示不为谄子蚩也"②。

符瑞的产生促进了祭祀的举行，帝王获得符瑞之后不但要诏告天下，通常还要进行宗庙祭祀，如汉明帝就将高瑞呈于宗庙进行祭祀，明帝十七年五月戊子，"公卿百官以帝威德怀远，祥物显应，乃并集朝堂，奉觞上寿。制曰：'天生神物，以应王者，远人慕化，实由有德。朕以虚薄，何以享斯？唯高祖、光武圣德所被，不敢有辞。其敬举觞，太常择吉日策告宗庙'"③。在宗庙祭祀的时候有时候也会出现符瑞现象，如《汉武故事》描述了汉宣帝即位时的种种吉瑞："宣帝即位，尊孝武庙曰世宗。奏乐之日，虚中有唱善者。告祠之日，白鹄群飞集后庭。西河立庙，神光满殿中，状如月，东莱立庙，有大鸟迹，竟路，白龙夜见……宣帝亲祠甘泉，有顷，紫黄气从西北来，散于殿前。"④

同时，一些祭祀活动的合理、合法性也需要符瑞帮助证实，符瑞的产生显示其祭祀活动的必要性，认为某项祭祀活动是顺天而行的，因而符瑞思想对汉代的祭祀有推动作用。古代帝王都比较向往吉兆的出现，象征帝统的封禅也同样需要符瑞的推助。帝王举行封禅不仅是要"受命而王"，要有公德，还要有上天降下的符瑞。据司马迁《史记·封禅书》记载，帝王举行封禅要有符瑞的降临，齐桓公想要举行

① （南朝宋）范晔撰，（唐）李贤等注：《后汉书》，中华书局1965年标点本，第109页。

② 同上。

③ 同上书，第121页。

④ 鲁迅校录：《古小说钩沉》，齐鲁书社1997年版，第228页。

封禅，而管仲劝说其不要封禅的有力证据就是当时没有符瑞的降临，"古之封禅，鄗上之黍，北里之禾，所以为盛，江淮之间，一茅三脊，所以为藉也，东海致比目之鱼，西海之比翼之鸟，然后物有不召而自至者十有五焉。今凤皇麒麟不来，嘉谷不生，而蓬蒿藜莠茂，鸱枭数至，而欲封禅，毋乃不可乎？"

封禅是古代帝王的重要祭礼之一，帝王通过封禅向上天报功，向天下宣告自己统治的合法化。宣扬帝统，维护自己统治地位，教化人民，希望神灵给予庇护。如《史记·封禅书》引《五经通议》云："易姓而王，致太平，必封泰山，禅梁父，天命以为王，使理群生，高太平于天，报群神之功。"封禅是古代帝王最为重视的祀典之一，汉代的帝王对其也尤其热衷，导致一些大臣对封禅也十分热衷，如司马相如为迎合汉武帝的封禅作《封禅文》。司马相如的《封禅文》大肆铺陈武帝时代的种种"符瑞"，如"一茎六穗"之谷、灵龟黄龙之兽等，并特作"颂诗"三首，作为"天人之际已交"的证据。他还联系阴阳五行之学，鼓吹和敦促汉武帝封禅，"然后囿驺虞之珍群，徼麋鹿之怪兽，导一茎六穗于庖，牺双觡共抵之兽，获周馀放龟于岐，招翠黄乘龙于沼。鬼神接灵圉，宾于闲馆……夫修德以锡符，奉符以行事，不为进越也。故圣王弗替，而修礼地祇，谒款天神，勒功中岳，以章至尊，舒盛德，发号荣，受厚福，以浸黎民。皇皇哉斯事，天下之壮观，王者之卒业，不可贬也。愿陛下全之……披艺观之，天人之际已交，上下相发允答。圣王之事，兢兢翼翼。故曰于兴必虑衰，安必思危。是以汤武至尊严，不失肃祗，舜在假典，顾省厥遗，此之谓也"①。尽管司马相如的《封禅文》对武帝的封禅起到了推波助澜的作用，但还是需要有符瑞的应验，正在汉武帝苦苦等待的时候获得了一只大鼎和一只白鹿，于是把大鼎说成是神鼎、宝鼎，白鹿是麒麟，认为这是上天降临的吉祥符瑞，这为汉武帝的封禅提供了有利的舆论宣传和精神支持。

不管符瑞为何物，万变不离其宗，最后都会聚焦到当权统治者的

① （清）严可均：《全上古三代秦汉三国六朝文》，中华书局1958年版，第248页。

身上，尤其是“德”的方面，因此当权者十分看重瑞兆，“上有所好，下必从之”，于是符瑞往往被文人臣子不断的炮制，因此有些符瑞具有欺骗性和失实性。光武帝利用《河图会昌符》伪造了符瑞进行封禅：“赤帝九世，巡省得中，治平则封，诚合帝道孔矩，则天文灵出，地祇瑞兴。帝刘之九，会命岱宗，诚善用之，奸伪不萌。赤汉德兴，九世会昌，巡岱皆当。天地扶九，崇经之常。汉大兴之，道在九世之王。封于泰山，刻石著纪，禅于梁父，退省考五。”①

皇帝重视和热衷封禅，一些大臣文人也对此事十分热衷，因此在汉代的很多文体里都有对封禅的体现。首先是劝谏封禅的文章，如司马相如的《封禅文》对汉武帝刘彻于元封元年（前110年）举行的第一次封禅大典有着推波助澜的作用，促进了汉武帝封禅大典的举行。另外还有扬雄的《剧秦美新》、班固的《典引》、马第伯的《封禅仪记》，刘勰在《文心雕龙·封禅》中对汉代的封禅文章如《封禅文》《剧秦美新》《典引》进行了评述：“观相如《封禅》，蔚为唱首。尔其表权舆，序皇王，炳［元］玄符，镜鸿业，驱前古于当今之下，腾休明于列圣之上，歌之以祯瑞，赞之以介丘，绝笔兹文，固维新之作也……及扬雄《剧秦》，班固《典引》，事非镌石，而体因纪禅。观剧秦为文，影写长卿，诡言遁辞，故兼包神怪；然骨［掣］制靡密，辞贯圆通，自称极思，无遗力矣。《典引》所叙，雅有懿［乎］采，历鉴前作，能执厥中，其致义会文，斐然馀巧；故称‘封禅［丽］靡而不典，《剧秦》典而不实’。岂非追观易为明，循势易为力欤！”②

武帝时期出现了很多符瑞现象，武帝作歌并进行祭祀，如“元狩元年冬十月，行幸雍，祠五畤。获白麟，作《白麟之歌》”③。元鼎四年，“六月，得宝鼎后土祠旁。秋，马生渥洼水中。作《宝鼎》《天

---

①（南朝宋）范晔撰，（唐）李贤等注：《后汉书》，中华书局1965年标点本，第3165页。

② 周振甫：《文心雕龙今译》，中华书局1986年版，第198—199页。

③（汉）班固撰，（唐）颜师古注：《汉书》，中华书局1962年标点本，第174页。

马》之歌”[①]。元封二年，六月诏曰：“甘泉宫内中产芝，九茎连叶。上帝博临，不异下房，赐朕弘休。其赦天下，赐云阳都百户牛酒。作《芝房之歌》。”[②]“太初四年春，贰师将军广利斩大宛王首，获汗血马来。作《西极天马之歌》。”[③]太始三年，“二月，令天下大酺五日。行幸东海，获赤雁，作《朱雁之歌》”[④]。符瑞思想的兴盛促进了汉代祭祀文学的发展，为一些符瑞现象所作的歌，后来被列入汉代郊祀歌之中，郊祀歌中关于符瑞的主要有《天马》《景星》《齐房》《朝陇首》《象载瑜》《赤蛟》等篇，这些诗篇用于郊天祭祀。

综上所述，符瑞思想是在汉代经学神学化，方士与儒生合流的背景下得到发展和兴盛，符瑞思想有利于统治者维护其统治地位，有很强的政治目的，符瑞思想的兴盛促进了汉代祭祀文化及文学的发展。

第二节　阴阳五行、谶纬在祭祀中的体现及对两汉社会生活的影响

阴阳五行、谶纬是汉代比较兴盛的两种思想。阴阳五行思想是我国古代产生比较早的一种思想，也是对我国古代社会影响比较大的一种思想，汉代的阴阳五行思想兴盛并为董仲舒加以吸收利用，为其大一统、天人感应思想服务。谶纬思想则是天人感应思想的衍生物，西汉末期开始兴盛。汉代的这两种重要的思想不但对政治思想产生了重要的影响，同时对汉代的祭祀也产生了一定的影响，本节主要讨论这两种思想在祭祀中的体现及对汉代社会生活的影响。

一　阴阳五行观念的根深蒂固及对祭祀思想的影响

阴阳五行思想在古代是一种根深蒂固的思想，“五行，是中国人的思想律，是中国人对宇宙系统的信仰；二千余年来，它有极强固的

---

① （汉）班固撰，（唐）颜师古注：《汉书》，中华书局1962年标点本，第184页。

② 同上书，第193页。

③ 同上书，第202页。

④ 同上书，第206页。

势力。"① 阴阳五行思想对古代人民的生活影响范围广泛，"五行是当时人们的一种普遍的宇宙观，是中国古人用来解释和说明宇宙自然乃至社会人生的一套普遍运用的符号系统。阴阳五行这一符号系统对中国传统文化有着极其深远的影响，它不仅为精英思想家的思想传统提供了一套解释其宇宙观的基本概念，而且在祭祀、丧葬、占卜、风水等各种民间宗教实践中，在对于民族的生存、繁衍具有重要意义的农业、医药、烹调等的实用知识中，也都构成了一个最基本的理论基础。"② 阴阳五行观念在我国由来已久，有一个漫长的发展过程。

（一）先秦至汉代阴阳五行观念的发展

阴阳五行最早是分开的两个学说，阴阳原指自然界的变化，作为哲学概念的阴阳出现于春秋时期，如《左传》襄公二十八年："岁在星纪，而淫于玄枵，以有时灾，阴不堪阳。"《国语·周语》云："幽王二年，西周三川皆震。伯阳父曰：'周将亡矣！夫天地之气，不失其序；若过其序，民乱之也。阳伏而不能出，阴迫而不能蒸，于是有地震。"五行，最早见于《尚书·甘誓》中："大战于甘，乃召六卿，王曰：'嗟！六事之人，予誓告汝：有扈氏威侮五行，怠弃三正，天用剿绝其命。今予惟恭行天之罚。'"《尚书·洪范》介绍五行为："五行，一曰水，二曰火，三曰木，四曰金，五曰土。水曰润下，火曰炎上，木曰曲直，金曰从革，土爰稼穑。"这只是原始的阴阳五行观念，还没形成完整的学说系统。到了战国时代"五行"又增加了"相生相胜"的哲学成分。所谓"相生"即相互促进的意思。把阴阳与五行整合在一起并加以神秘化的是战国末期的阴阳家，其代表人物为齐国人邹衍，他提出"五德终始"说，把五行的属性称为"五德"用来附会王朝兴废和社会政治的嬗变，为王朝政治服务。君主受上天的庇护，这种庇护包括两个方面：一是君主的行为要受上天的监督，君主的行为如果受到上天赞许，上天就会降示祥瑞，如果受到上天的反对，上天就会降示灾异。二是君主受命于天，君主的权力神圣不可

① 顾颉刚编著：《古史辨》第五册，上海古籍出版社 1982 年版，第 404 页。

② 徐克谦：《阴阳五行说：中国古代的宇宙解释系统》，《南京理工大学学报》（社会科学版）1999 年第 4 期。

侵犯。

阴阳五行思想在邹衍等人的倡导和整合下，到汉代已经发展得比较完备。司马谈《论六家要旨》对阴阳五行加以论述："尝窃观阴阳之术，大详而众忌讳，使人拘而多畏，然其叙四时之大顺，不可失也。"[①]"《五行传》曰：'田猎不宿，饮食不享，出入不节，夺民农时，及有奸谋，则木不曲直。'谓木失其性而为灾也。又曰：'貌之不恭，是谓不肃。厥咎狂，厥罚恒雨，厥极恶。时则有服妖，时则有龟孽，时则有鸡祸，时则有下体生上之疴，时则有青眚、青祥，惟金沴木。'说云：气之相伤谓之沴。"[②] 班固《汉书·艺文志》把阴阳家单独列为一家。汉代阴阳五行学说肇始于陆贾，中经董仲舒，最后由刘向完成。发展到后来阴阳五行与儒学结合，为董仲舒所创立的新儒学服务，阴阳五行由子学转入到经学的行列，为经学解经服务。如《汉书·五行志》记载："汉兴，承秦灭学之后，景、武之世，董仲舒治《公羊春秋》，始推阴阳，为儒者宗。"董仲舒在其所著《春秋繁露》中有多篇对阴阳五行思想加以深入研究和论述，如《符瑞》《五行对》《五行之义》《阴阳位》《阴阳终始》《五行逆顺》《洪水五行》《治乱五行》《五行变救》《五行五事》《阴阳义》《阴阳出入》《五行相生》《五行相胜》《求雨》《止雨》《循天之道》《天地阴阳》等。董仲舒将阴阳五行观念运用到政治当中，"仲舒治国，以《春秋》灾异之变推阴阳所以错行，故求雨，闭诸阳，纵诸阴，其止雨反是；行之一国，未尝不得所欲"[③]。王符也在《潜夫论·本政》中劝君主用阴阳和谐的理论治理天下，注重君与民的关系："凡人君之治，莫大于和阴阳。阴阳者，以天为本。天心顺利则阴阳和，天心逆则阴阳乖。天以民为心，民安乐则天心顺，民愁苦则天心逆。民以君为统，军政善则民和治，君政恶则民冤乱。"

---

① （汉）班固撰，（唐）颜师古注：《汉书》，中华书局1962年标点本，第2710页。

② （南朝宋）范晔撰，（唐）李贤等注：《后汉书》，中华书局1965年标点本，第3265页。

③ （汉）班固撰，（唐）颜师古注：《汉书》，中华书局1962年标点本，第2524页。

（二）阴阳五行观念对汉代的影响

阴阳五行思想是影响汉代的一种主要思想，顾颉刚认为："汉代人的思想骨干，是阴阳五行，无论在政治上，在宗教上，在学术上，没有不用这套方式的。"① 侯外庐主编的《中国思想通史》在《阴阳五行思想和易传思想》一节提及阴阳五行思想是认识汉代儒家哲学的基础，"如果不理解阴阳五行学派的世界观、知识论和逻辑学，则对于自汉以下的儒家哲学，也不能够有充分理解"②。阴阳五行观念在汉代思想史上的地位是毋庸置疑的。它对汉代的政治、经学、文化礼仪等方面都产生了一定的影响，祭祀文化与文学同样也受到了一定的影响。顾颉刚总结了阴阳五行对古代社会的影响："有阴阳之说以统辖天地、昼夜、男女等自然现象，以及尊卑、动静、刚柔等抽象观念；有五行之说，以木、火、土、金、水五种物质与其作用统辖时令、方向、神灵、音律、肤色、食物、臭味、道德等，以至于帝王的系统和国家的制度。"③ 阴阳五行说为汉代民间宗教信仰和宗教实践提供了理论依据，自秦以来阴阳五行在社会上广泛流传，并为民间方士所利用。《史记·封禅书》记载："自齐威、宣之时，邹子之徒论着终始五德之运，及秦帝而齐人奏之，故始皇采用之。而宋毋忌、正伯侨、充尚、羡门高最后皆燕人，为方仙道，形解销化，依于鬼神之事。邹衍以阴阳主运显于诸侯，而燕齐海上之方士传其术不能通，然则怪迂阿谀苟合之徒自此兴，不可胜数也。"班固认为："阴阳家者流，盖出于羲和之官，敬顺昊天，历象日月星辰，敬授民时，此其所长也。及拘者为之，则牵于禁忌，泥于小数，舍人事而任鬼神。"④"阴阳者，顺时而发，推刑德，随斗击，因五胜，假鬼神而为助者也。"⑤

---

① 顾颉刚：《秦汉的方士与儒生》，群联出版社 1955 年版，第 1 页。

② 侯外庐、赵继彬、杜国庠：《中国思想通史》第一卷，人民出版社 1957 年版，第 645 页。

③ 顾颉刚：《秦汉的方士与儒生》，群联出版社 1955 年版，第 1 页。

④ （汉）班固撰，（唐）颜师古注：《汉书》，中华书局 1962 年标点本，第 1734—1735 页。

⑤ 同上书，第 1760 页。

阴阳观念对祭祀也产生了影响，《淮南子·天文训》曰："道始于一，一而不生，故分为阴阳，阴阳合而万物生。故曰：'一生二，二生三，三生万物。'天地三月而为一时，故祭祀三饭以为礼，丧纪三踊以为节，兵重三罕以为制。"人们用阴阳观念解释自然灾变："《诗》云：'降福攘攘，降福简简。'日者阳，阳道明。月者阴，阴道冥。君尊臣卑之义。故阳先盛于上，众阴之类消于下；月望于天，蚌蛤盛于渊。故臣不臣，则阴阳不调，日月有变；政教不均，则水旱不时，螟螣生。此灾异之应也。四时代叙而人则其功，星列于天而人象其行。常星犹公卿也，众星犹万民也。列星正则众星齐，常星乱则众星坠矣。"① 董仲舒用阴阳观念指导汉代的旱祭，认为旱灾是阳胜阴造成的，因此在旱祭求雨时要祭社鸣鼓而攻社。"难者曰：'大旱雩祭而请雨，大水鸣鼓而攻社，天地之所为，阴阳之所起也。或请焉，或怒焉者何？'曰：'大旱者，阳灭阴也。阳灭阴者，尊厌卑也，固其义也，虽大甚，拜请之而已，敢有加也。大水者，阴灭阳也。阴灭阳者，卑胜尊也，日食亦然，皆下犯上、以贱伤贵者，逆节也，故鸣鼓而攻之，朱丝而胁之，为其不义也。此亦《春秋》之不畏强御也。故变天地之位，正阴阳之序，直行其道而不忘其难，义之至也。是故胁严社而不为不敬灵，出天王而不为不尊上，辞父之命而不为不承亲，绝母之属而不为不孝慈，义矣夫。'"② 汉代帝王也认为干旱的发生与阴阳失调有关：汉元帝三年夏天发生旱灾，六月下诏曰："盖闻安民之道，本繇阴阳。间者阴阳错谬，风雨不时。朕之不德，庶几群公有敢言朕之过者，今则不然。媮合苟从，未肯极言，朕甚闵焉。"③

同时阴阳五行具有很强的比附性和类比性，如社祭和祭祀求雨中的五脏，每个季节用的内脏代表五行中的一种，祭服五种不同的颜色代表不同的季节，《淮南子·时则训》记载天子四时祭祀孟春、季

① （汉）桓宽：《盐铁论》，《诸子集成》，中华书局 1954 年点校本，第 7 册，第 55 页。

② （清）苏舆：《春秋繁露义证》，中华书局 1992 年版，第 86—87 页。

③ （汉）班固撰，（唐）颜师古注：《汉书》，中华书局 1962 年标点本，第 284 页。

春、孟夏、仲夏、孟秋、仲秋、季秋、孟冬、仲冬的祭祀情况，其中四时天子穿着不同颜色的衣服与其对应，这是阴阳五行思想的明显反映，如春衣青衣，孟夏、仲夏衣赤衣，季夏衣黄衣，秋衣白衣，冬衣黑衣。从先秦到汉代的五帝说也受到阴阳五行观念的影响，据《史记·封禅书》记载：高祖时“东击项籍而还，问：‘故秦时上帝祠何帝也？’对曰：‘四帝，有白、青、黄、赤帝之祠。’高祖曰：‘吾闻天有五帝，而有四，何也？’莫知其说。于是高祖曰：‘吾知之矣，乃待我而具五也。’乃立黑帝祠，命曰北畤”。

二 谶纬的兴起及其对祭祀的影响

谶纬是兴盛于两汉时期的一种神学思想，并为当时的统治者所倡导和利用。所谓“谶纬”，是“谶”与“纬”的合称。李中华在《神秘文化的启示——纬书与汉代文化》一书对谶纬进行了解释：“‘谶者，纤也，其义微也’（《释名》）这是说，谶乃是细微藏几之言，由微言几兆而推衍征验，实际上是一种预言，故《说文》释谶为‘验’。《文选·魏都赋》李善注：‘谶，验也，河洛所出书曰谶。’这又把‘谶’与‘洛书’联系起来。‘谶’与‘书’作为纬书的组成部分，其功能和作用均与‘图’、‘侯’等形式相同，所以汉代刘向解释为：‘谶，谶书，预言王者之兴亡也。’即是说，谶书、谶语等是说明王者受命征验的。”[①]“纬”即纬书，是与经相对的，是汉代儒生假托古代圣人制造的依附于“经”的各种著作，是对经书的一种神学解释。东汉时流传的“七纬”有《易纬》《书纬》《诗纬》《礼纬》《乐纬》《孝经纬》和《春秋纬》，皆以迷信方术、预言附会儒家经典。谶大概起源于先秦时期，《左传》中就有一些谶语的记载，“丙之晨，龙尾伏辰，均服振振，取虢之旂。鹑之贲贲，天策焞焞，火中成军，虢公其奔”（《左传·僖公五年》）。预示了虢国失败的结局。纬则较为晚出，通常认为出现在西汉。后来谶、纬逐渐合流，统称谶纬。

① 李中华：《神秘文化的启示——纬书与汉代文化》，新华出版社1993年版，第3页。

（一）谶纬学说的兴起

汉武帝推崇董仲舒建立的天人感应、君权神授的新儒学，这种儒学在汉代十分盛行，由于汉武帝相信天命，信鬼神好祭祀，重用方士，于是汉代儒生便尽量方士化，方士们则尽量儒生化。这种变化发展到西汉末年，儒学实际上被发展成为一种儒术，方士化的儒生炮制了大量的谶纬图书，于是谶纬神学兴起。

西汉末年，危机四伏，人们对西汉王朝已经失去了信心，有些人利用谶语批评时政，因此谶纬开始兴盛。王莽为了夺取政权，发动群众大造符瑞祥命。元始五年，谢嚣奏武功长孟通浚井得白石，有丹书著石，文曰："告安汉公莽为皇帝"。居摄三年，宗室刘京上书言："七月中，齐郡临淄县昌兴亭长辛苦一暮数梦，曰：'吾，天公使也。'天公使我语亭长曰：'摄皇帝当为真。'即不信我，此亭中当有新井。"[①] 到了东汉时期，刘秀更是大兴谶纬之说，建武中元元年，"宣布图谶于天下"社会上谶纬歌谣流行，如《更始时南阳童谣》："谐不谐，在赤眉。得不得，在河北。"[②] 借汉更始帝刘玄因为昏庸，大臣专权，后来众叛亲离被赤眉军所杀之事，衬托刘秀得民心，刘秀得政权是天意。另有《献帝初京都童谣》曰："献帝践祚之初，京都童谣曰：'千里草，何青青。十日卜，不得生。'"[③] 千里草为董，十日卜为卓。是说董卓以臣陵君，对民残暴必然走向灭亡。

面对谶纬之风的盛行，有些学者对其弊端进行批评，如桓谭反对谶纬，向光武帝奏疏《抑谶重赏疏》，指出谶纬的弊端，认为谶纬是欺骗人的学说："今诸巧慧小才伎数之人，增益图书，矫称谶记，以欺惑贪邪，诖误人主，焉可不抑远之哉！臣谭伏闻陛下穷折方士黄白之术，甚为明矣；而乃欲听纳谶记，又何误也！其事虽有时合，譬犹卜数只偶之类。"希望光武帝能抑制谶纬学说，还《五经》以本来的面貌，"发圣意，屏群小之曲说，述《五经》之正义，略雷同之俗

---

① （汉）班固撰，（唐）颜师古注：《汉书》，中华书局1962年标点本，第4092页。

② （南朝宋）范晔撰，（唐）李贤等注：《后汉书》，中华书局1965年标点本，第3280页。

③ 同上书，第3285页。

语，详通人之雅谋”[①]。张衡也曾写过《请禁绝图谶疏》，追溯了谶纬的源流：“臣闻圣人明审律历以定吉凶，重之以卜筮，杂之以九宫，经天验道，本尽于此。或观星辰逆顺，寒燠所由，或察龟策之占，巫觋之言，其所因者，非一术也。立言于前，有征于后，故智者贵焉，谓之谶书。谶书始出，盖知之者寡。自汉取秦，用兵力战，功成业遂，可谓大事，当此之时，莫或称谶。若夏侯胜、眭孟之徒，以道术立名，其所述著，无谶一言。刘向父子，领校秘书，阅定九流，亦无谶录。成、哀之后，乃始闻之。《尚书》尧使鲧理洪水，九载绩用不成，鲧则殛死，禹乃嗣兴。而《春秋谶》云：‘共工理水。’凡谶皆云黄帝伐蚩尤，而《诗谶》独以为‘蚩尤败，然后尧受命’。《春秋元命包》中有公输班与墨翟，事见战国，非春秋时也。又言‘别有益州’。益州之置，在于汉世。其名三辅诸陵，世数可知。至于图中讫于成帝。一卷之书，互异数事，圣人之言，势无若是，殆必虚伪之徒，以要世取资。往者侍中贾逵谶互异三十余事，诸言谶者皆不能说。至于王莽篡位，汉世大祸，八十篇何为不戒？则知图谶成于哀平之际也。”张衡以举例的方式批评谶纬者“譬犹画工，恶图犬马而好作鬼魅，诚以实事难形，而虚伪不穷也。宜收藏图谶，一禁绝之，则朱紫无所眩，典籍无瑕玷矣”[②]。严正指出谶学者，不研究实际学问，只讲邪说诬语的实质，并大胆要求安帝废除“图谶”。

谶纬重注与经书的结合，出现了很多解经之书，如《诗纬》《书纬》《礼纬》《乐纬》《易纬》《春秋纬》《孝经纬》等。顾颉刚先生在《秦汉的方士与儒生》一书中对汉代谶纬书的历史使命给予了总结：“谶纬书的出现，大约负有三种使命。其一，是把西汉二百年中的术数思想作一次总整理，使得它系统化。其二，是发挥王莽、刘歆们所倡导的新古史和新祀典的学说，使得它益发有证有据。其三，是把所有的学问、所有的神话都归纳到《六经》的旗帜下，使得孔子

① （南朝宋）范晔撰，（唐）李贤等注：《后汉书》，中华书局1965年标点本，第960页。

② 同上书，第1911—1912页。

真成个教主，《六经》真成个天书，借此维持皇帝的位子。”[①] 在两汉“民神杂糅”的社会中，谶纬思潮及纬书的大量出现是历史的必然。

（二）谶纬学说对汉代文学的影响

纬书随着谶纬之风的盛行而产生、发展和扩大，纬书宣扬谶纬思想，对汉代的宗教神学产生了一定的影响。“纬书的天人感应论，把天变与人事、自然现象与社会现象完全混同在一起，以此抹杀天人的区别。这种建立在宗教神学基础上的‘天人合一’说，与汉代整个潮流一致，即企图建立一种新的宗教，以与地上逐渐统一起来的强大王权相适应。一方面为政治专制作辩护；一方面亦有匡治王权偏失的意义。这也就是董仲舒提出的所谓灾异‘谴告’说。认为自然界的灾异对君主有遣责、警告的意义，故君主见灾异出现，就自省，以便随时纠正偏失。”[②]

谶纬对宗教神学思想产生了很大影响的同时，对汉代文学及祭祀文学也产生了很大影响，如杜笃《论都赋》云：“海内云扰，诸夏灭微，群龙并战……荷天之符，兼不世之姿，受命于皇上，或助于灵祇。”[③] 如《郊祀歌》十九章中的《天马》《宝鼎》《芝草》《白麟》《赤雁》，这些被从符瑞灾异、谶纬的角度去看待的祥瑞之物，出现在汉家的祭祀大典中，以此印证帝统的权威，上天所赐，上天给予祥诏，上天给予庇护。

同时在汉代一些文人的赋中也留有谶纬的影子，如贾谊做长沙王的太傅，第三年，有鸟飞进贾谊的屋里，落在他的坐席角上。像猫头鹰，是不祥之鸟。贾谊暗自悲伤，认为寿命不能长久，于是作《鵩鸟赋》，文中写道：“单阏之岁兮，四月孟夏，庚子日斜兮，鵩集予舍。止于坐隅兮，貌甚闲暇。异物来萃兮，私怪其故，发书占之兮，谶言其度。曰：‘野鸟入室，主人将去。’请问于鵩兮：‘予去何之？吉乎

---

① 顾颉刚：《秦汉的方士与儒生》，群联出版社1955年版，第129页。

② 李中华：《神秘文化的启示——纬书与汉代文化》，新华出版社1993年版，第50页。

③ 费振刚、仇仲谦、刘南平校注：《全汉赋校注》，广东教育出版社2005年版，第388页。

告我，凶言其灾。淹速其度兮，语予其期。'”① 对汉代人来说鹏鸟的出现本身就是一种凶兆，而占辞中的谶语又具有兆验性，紧紧依附于人们相信征兆的心理。诸如符谶图识，都是讲将来得失之兆。它是“诡为隐语，预决吉凶”的一种作法。班固《幽通赋》言：“心蒙蒙犹未察，黄神邈而靡质兮，仪遗谶以臆对。”“周、贾汤而贡愤兮，齐死生与祸福，抗爽言以矫情兮，信畏牺而忌服。”② 又如张衡《思玄赋》云：“惧筮氏之长短兮，钻东龟以观祯。遇九皋之介鸟兮，怨素意之不逞，游尘外而瞥天兮，据冥翳而哀鸣。……子有故于玄鸟兮，归母氏而后宁。占既吉而悔兮，简元辰而俶装。”③

综上所述，阴阳五行思想是汉代的主要思想，这种思想在汉代祭祀中处处都有体现，对汉代的祭祀礼仪和祭祀思想都产生了重大的影响。同时谶纬在汉代兴盛，并为统治者所利用，同时祭祀中也利用谶纬为其统治和神学崇拜服务。

第三节 求仙长生思想在祭祀中的体现及文人对汉代鬼神祭祀的批判

求仙长生是我国古代人民的一种美好愿望，这种思想产生比较早，大概源于古人对死亡的认识还不够深刻，对死亡怀有恐惧，认为世间存在长生不死之神，同时这样的神手中往往握有长生不死之药，因此一些人怀着长生的贪念派人或亲自去寻仙，企图求得长生不死之药。这种思想对我国古代人尤其一些帝王产生了很大的影响。这些帝王派人求仙、并举行一些祭祀活动希望获得长生。

一 求仙长生思想及其在祭祀中的体现

求仙长生思想是汉代以前就有的思想，《山海经·海外南经》就

---

① 费振刚、仇仲谦、刘南平校注：《全汉赋校注》，广东教育出版社 2005 年版，第 9 页。

② 同上书，第 517 页。

③ 同上书，第 592 页。

记载着这样的事情“不死之民在东，其人为黑色，寿，不死”，把长生不死的人视为神仙，“神仙者，所以保性命之真，而游求于其外者也”（《汉书·艺文志》）。因此很多帝王都有过寻仙的经历，《汉书·郊祀志》记载了汉以前帝王的求仙活动：“自威、宣、燕昭使人入海求蓬莱、方丈、瀛洲。此三神山者，其传在勃海中，去人不远。盖尝有至者，诸仙人及不死之药皆在焉。其物禽兽尽白，而黄金银为宫阙。未至，望之如云；及到，三神山反居水下，水临之。患且至，则风辄引船而去，终莫能至云。世主莫不甘心焉。”在《汉书·艺文志》方技三十六家中就有神仙家，神仙家是战国以来直到秦、汉一直活跃的群体，它在当时十分兴盛，秦皇汉武听信方士的传言派人求仙。同时神仙家有一定的著作流传于世，据《汉书·艺文志》著录当时有“神仙十家”的作品流传于世：“《宓戏杂子道》二十篇，《上圣杂子道》二十六卷，《道要杂子》十八卷，《黄帝杂子步引》十二卷，《黄帝岐伯按摩》十卷，《黄帝杂子芝菌》十八卷，《黄帝杂子十九家方》二十一卷，《泰壹杂子十五家方》二十二卷，《神农杂子技道》二十三卷，《泰壹杂子黄冶》三十一卷。”班固是这样描述神仙家的：“神仙者，所以保性命之真，而游求于其外者也。聊以荡意平心，同死生之域，而无怵惕于胸中。”但其怪诞不符合圣贤的礼法，“然而或者专以为务，则诞欺怪迂之文弥以益多，非圣王之所教也”①。汉代长生思想十分兴盛，“汉代社会是非理性生命思想占主导倾向的时代。其时非理性生命思想的核心观念就是深信神仙可求、长生可得和死后灵魂的永生”②。《剑桥中国秦汉史》第一章论道：“在公元2世纪以前，尚找不到佛教的信徒，道教团体的徒众和有组织的礼拜仪式快到那个世纪末才出现。在此期间，那些积极寻求长生之道的善男信女已经发展了新的观念，或者充实了古代神话的内容，并且把他们的注意力放在取得这种极乐结果的新手段上。”③

---

① （汉）班固撰，（唐）颜师古注：《汉书》，中华书局1962年标点本，第1780页。

② 钱志熙著：《唐前生命观和文学生命主题》，东方出版社1997年版，第135页。

③ ［英］崔瑞德、鲁惟一：《剑桥中国秦汉史》，中国社会科学出版社1992年版，第27—28页。

汉代人很相信求仙长生之道，如汉武帝希望成仙长生不老，曾经派人入海去蓬莱求仙，后来获宝鼎，希望能像黄帝一样成仙发出了“吾诚得如黄帝，吾视去妻子如脱躧耳”①。汉武帝重用李少君、齐少翁、栾大、公孙卿等方士寻求神仙、希求长生。汉武帝还多次巡游海上、登泰山封禅祈求长生，有人作赋来迎合统治者的长生愿望，如司马相如的《大人赋》就是为了迎合武帝成仙愿望所作。扬雄的《甘泉赋》在描写了武帝郊祠甘泉泰畤、汾阴后土外，又在赋的末尾写了汉武帝希望寻仙长生的愿望：“于是事物变化，目骇耳回，盖天子穆然珍台闲馆，旋题玉英蜵蜎蠖濩之中，惟夫所以澄心清魂，储精垂思，感动天地，逆厘三神者。……想西王母欣然而上寿兮，屏玉女而却虙妃。玉女无所眺其清卢兮，虙妃曾不得施其蛾眉。方擥道德之精刚兮，侔神明与之为资。”② 由此可见，汉武帝很多祭祀活动都伴有寻求长生的愿望。据《汉书·淮南衡山济北王传》记载淮南王刘安曾命宾客方术之士撰写有关求仙的书籍：刘安“招致宾客方术之士数千人，作为《内书》二十一篇，《外书》甚众，又有《中篇》八卷，言神仙黄白之术，亦二十余万言。”

东汉时期的一些文人的作品中也存在着长生的思想，东汉时桓谭《仙赋》曰：“乘凌虚无，洞达幽明。诸物皆见，玉女在旁。仙道既成，神灵攸迎。”③ 班彪《览海赋》对此有更为详细的描写：“指日月以为表，索方瀛与壶梁。曜金璆以为阙，次玉石而为堂。蓂芝列于阶路，涌醴渐于中唐。朱紫彩烂，明珠夜光。”④ 张衡《七辨》曰：“若夫赤松王乔，羡门安期。嘘吸沆瀣，饮醴茹芝。驾应龙，载行云，桴弱水，越炎氛，览八极，度天垠。”⑤ 在汉代郊祀歌中也有多处表现

① （汉）司马迁撰，（南朝宋）裴骃集解，（唐）司马贞索引，（唐）张守节正义：《史记》，中华书局1959年版，第1394页。

② 费振刚、仇仲谦、刘南平校注：《全汉赋校注》，广东教育出版社2005年版，第232页。

③ 同上书，第341页。

④ 同上书，第355页。

⑤ 同上书，第787—788页。

帝王的求仙长生思想，如《象载瑜》“登蓬莱，结无极”[1]，《赤蛟》“延寿命，永未央”“托玄德，长无衰”[2] 等，都可以说是帝王求仙长生思想的表现。

汉代人认为可以帮人长生、掌管寿命的神主要是太一神和西王母。武帝为了追求长生的梦想曾多次祭祀太一神，而西王母因为拥有长生之药也被人们信奉和祭祀。在《汉代画像石研究》一书中有介绍：“到了汉代，西王母被神化了，且有长生不死之术和不死之药。这在汉代的画像石和画像砖中都有反映。西王母的群体也大起来了。最突出的是这些画面上都有捣不死之药的捣药工，这是以前文字记载中没有的。捣药使西王母的声望大为提高。这反映了汉代人迷信、希望长生不死的思想。”[3]

汉代人把一些东西视为可以长生的神药，如灵芝，认为吃了神药可以长生不老，元封二年武帝，为甘泉宫内生长出一颗“九茎莲叶”的灵芝而专门下诏大赦天下。另外汉武帝重用方士，希望方士能够帮其达成长生的愿望，如《汉武帝故事》叙述了汉武帝重用方士李少翁的事情：“齐人李少翁，年二百岁，色如童子，上甚信之，拜为文成将军，以客礼之。于甘泉宫中画太一诸神像，祭祀之。少翁云：‘先致太一，然后升天，升天然后可至蓬莱。’岁余而术未验。”[4]

在《汉武内传》中也有叙述，武帝即位，“好神仙之道，常祷祈名山大川五岳以求神仙”[5]。在小说中还描写了汉武帝七月七日祭祀，请西王母并与西王母及众仙相见的盛大场面，西王母赠与汉武帝四枚仙桃，这仙桃乃长生之物，汉武帝欲将桃核种之，可见其长生愿望的强烈，西王母教武帝成仙方法并“侍笈玉女李庆孙书录之以相付”[6]，真元之母对武帝成仙的劝诫：“汝好道乎？闻数招方术，祭山岳，祠灵

---

① （汉）班固撰，（唐）颜师古注：《汉书》，中华书局1962年标点本，第1069页。

② 同上。

③ 南阳汉代画像石学术讨论会办公室编：《汉代画像石研究》，文物出版社1987年版，第263页。

④ 鲁迅校录：《古小说钩沉》，齐鲁书社1997年版，第214页。

⑤ 史仲文主编：《中国文言小说百部经典》，北京出版社2004年版，第125页。

⑥ 同上书，第127页。

神，祷河川，亦为勤矣。勤而不获，实有由也。汝胎性暴，胎性淫，胎性奢，胎性酷，胎性贼，五者恒舍于荣卫之中，五藏之内。……虽复志好长生，不能遣兹五难，亦何为损性而自劳乎？……于是闭诸淫，养汝神；放诸奢，从至俭；勤斋戒，节饮食；绝五谷，去膻腥；鸣天鼓，饮玉浆；荡华池，叩金梁；按而行之，当有异耳。"① 此处在描写武帝好鬼神兴祭祀、追求长生的同时，也有对当时统治者淫祀的讽谏作用。汉人追求长生的梦想十分强烈，曾幻想有一种人长有翅膀并可以长生不死，王充在《论衡》中有所记述："海外三十五国，有毛民、羽民，羽则翼矣。毛羽之民，土形所出，非言为道身生毛羽也。禹、益见西王母，不言有毛羽。不死之民，亦在外国，不言有毛羽。毛羽之民，不言不死；不死之民，不言毛羽，毛羽未可以效不死，仙人之有翼，安足以验长寿乎？"②

汉代帝王追求成仙长生的梦想，可能与齐文化的影响有关。"为了寻找成仙的途径和长生不老的方药，汉武帝曾与许多方士打过交道，而这些方士大都来自于齐地。所以从宗教信仰来看，汉武帝与齐地的宗教文化有着密切的关系。如果说汉武帝'独尊儒术'表现了在思想文化意识上对鲁学术文化的仰慕，而求仙则反映了对齐宗教的倾心。"③ 汉代有很多方士是齐人，《史记·封禅书》记载："自齐威、宣之时，驺子之徒论着终始五德之运，及秦帝而齐人奏之，故始皇采用之。而宋毋忌、正伯侨、充尚、羡门高最后皆燕人，为方仙道，形解销化，依于鬼神之事。驺衍以阴阳主运显于诸侯，而燕齐海上之方士传其术不能通，然则怪迂阿谀苟合之徒自此兴，不可胜数也。"

方士帮助帝王长生的一个重用方法就是炼制丹药，《盐铁论·散不足》中有"言仙人食金饮珠，然后寿与天齐"的记载。《汉书·刘向传》："淮南有《枕中鸿宝苑秘书》，言神仙使鬼物为金之术，及邹衍《重道延命方》，世人莫见，而更生父德武帝时治《淮南》狱得其

---

① 史仲文主编：《中国文言小说百部经典》，北京出版社2004年版，第128—129页。

② （汉）王充著，张宗祥校注，郑绍昌标点：《论衡校注》，上海古籍出版社2013年版，第34页。

③ 王克奇：《秦皇东巡与汉武封禅》，山东文艺出版社2004年版，第45页。

书。”邹衍《重道延命方》今已失传，但从其名可以判断此书的主旨是神仙延命的方法，也就是当时的单沙化黄金的炼丹术。《孝经援神契》：“巨胜延年，威喜；辟兵。”从《抱朴子》可窥见制单的方法，《抱朴子·内篇十一仙药》：“巨胜，威喜病草药，以与金液等合炼之，则成丹金，所谓延年辟兵，其效乃见。”如《抱朴子·金丹篇》曰：“以金液为威喜巨胜之法，取金液及水银一味合煮之，三十日，出，以黄土瓯盛，以六一泥封，置猛火炊之，六十时，皆化为丹，服如小豆大便仙，以此丹一刀圭粉，水银一斤，即成银。又取此丹一斤置火上扇之，化为赤金而流，名曰丹金。以涂刀剑，辟兵万里。以此丹金为盘碗，饮食其中，令人长生。以承日月得液，如方诸之得水也，饮之不死。”另外武帝还专门建神明台接露水服玉屑长生，“神明台，武帝造祭仙人处，上有承露盘，有铜仙人舒掌捧铜盘玉杯，以承云表之露，以露和玉屑服之。”（《三辅黄图》）

除了炼制丹药，方士还会替帝王海上寻仙，从战国时期开始就一直不断，《史记·封禅书》曰：“自威、宣、燕昭使人入海求蓬莱、方丈、瀛洲。此三神山者，其傅在勃海中，去人不远；患且至，则船风引而去。盖尝有至者，诸仙人及不死之药皆在焉。其物禽兽尽白，而黄金银为宫阙。未至，望之如云；及到，三神山反居水下。临之，风辄引去，终莫能至云。世主莫不甘心焉。及至秦始皇并天下，至海上，则方士言之不可胜数。”

“少君言上曰：‘祠灶则致物，致物而丹沙可化为黄金，黄金成以为饮食器则益寿，益寿而海中蓬莱仙者乃可见，见之以封禅则不死，黄帝是也。臣尝游海上，见安期生，安期生食巨枣，大如瓜。安期生仙者，通蓬莱中，合则见人，不合则隐。’于是天子始亲祠灶，遣方士人海求蓬莱安期生之属，而事化丹沙诸药齐为黄金矣。”（《史记·孝武本纪》）

从以上资料可以看出，秦汉之际宣传不死的都是方士，方士鼓吹和宣传不死之术。所谓的鬼神之事，即如《封禅书》所载的海上神仙，不死的方法是黄金、丹砂、封禅。因此汉代诸多位帝王对封禅热衷迷恋，武帝时期举行的巡狩和封禅就有八次之多。

汉代民间也追求长生，这在汉代的一些铜镜铭文中可以看到，如元兴元年环状乳神兽镜外区铭文："元兴元年五月丙午日天大赦，广汉造作尚方竟，幽湅三商，周得无极，世得光明，长乐未央，富且昌，宜侯王，师命长生如石，位至三公，寿如东王父西王母，仙人子立（位）至公侯。"① 中平四年环乳状神人兽禽镜铭文："中平四年，五月午日，幽湅白同（铜），早（造）作明竟，买者大富，长宜子孙，延年命长，上入王府，西王母兮，大乐未央，长生大吉，天王日月，太师命长。"② 所以说汉代求仙长生思想是一种至上而下的全民信仰。

二　唯物论思想对鬼神思想的批判

鬼神思想产生于原始先民对自然认识的初级阶段，随着生产力的不断发展，先秦时期人们已经认识到鬼神思想的错误，对鬼神的批判和怀疑的历史久远，如商代末期的奴隶猛烈冲击当时的神权政治"乃攘窃神祇之牺牷牲，用以容，将食无灾"（《尚书·商书·微子》），奴隶把祭祀用的猪、牛、羊，抢走吃光，最后也没受到降灾的惩罚。这无疑是对当时神灵权威的一次成功挑战。齐国大旱，齐景公听信卜者之言，认为天旱不雨，是高山广水作祟，因而想去祭祀灵山河伯之神以求雨。据《晏子春秋·内篇谏上十五》记载晏子阻止齐景公说："祠此无益也。夫灵山固以石为身，以草木为发，天久不雨，发将焦，身将热，彼独不欲雨乎！祠之何益？……河伯以水为国，以鱼鳖为民，天久不雨，泉将下百川将竭，国将亡，民将灭矣，彼独不欲雨乎？祠之何益？"晏子认为天旱祭祀高山和大河无益，因为它们同样也受着干旱的煎熬。虽然有些人对鬼神思想产生了怀疑，但先秦时期鬼神思想在人们的头脑中一直占有重要的位置，而且统治了几千年人们的思想。这与人们的思想认识，政治意义、维护皇权统治等方面有着密切的关系。受楚人影响，汉代巫风兴盛，对鬼神祭祀弥笃，但不是所有人都对此趋之若骛。有些人已经有了较为清醒的认识：认为那

① 孔祥星、刘一曼：《中国铜镜铭文》，文物出版社1997年版，第410页。
② 同上书，第413页。

些注重祭祀的人，只把愿望寄托于神灵，而不重自己的修行，如《盐铁论·散不足》曰："古者，德行求福，故祭祀而宽；仁义求吉，故卜筮而希。今世俗宽于行而求于鬼，怠于礼而笃于祭，嫚亲而贵势，至妄而信日，听訑言而幸得，出实物而享虚福……世俗饰伪行诈，为民巫祝，以取厘谢，坚额健舌，或以成业致富，故惮事之人，释本相学。是以街巷有巫，闾里有祝。"[①] 东汉人王充站在唯物主义的立场对汉代的祭祀进行了批判，王充认为古代帝王祭祀的原因是为了报功和修先："报功以勉力，修先以崇恩。力勉恩崇，功立化通，圣王之务也。是故圣王制祭祀也，法施于民则祀之，以死勤事则祀之，以劳定国则祀之，能御大灾则祀之，能捍大患则祀之。"[②] 王充从世人祭祀的歆享过程入手对祭祀进行了批判，认为鬼神根本不存在。王充认为祭祀歆享时被祭祀的死者神灵根本吃不到人间所供奉的祭品，因此也不会高兴，帮人达成愿望。王充以祭天为例进行说明，人间祭天的祭品只不过是一头牛、美味的大羹也只不过几十斛，天地那么庞大的躯体，根本吃不饱，也不会高兴，当然也不会帮人达成愿望。进而推出祭祀是无用的，"夫不能歆享，则不能神。不能神，则不能为福，亦不能为祸"[③]。祭祀根本达不到求吉避祸的目的。

祭祀的主要目的无非是为了求吉祥，王符认为要想获得吉祥主要取决于自己的行为，上天的帮助是无法预知的，"凡人吉凶，以行为主，以命为决。行者，己之质也；命者，天之制也。在于己者，固可为也；在于天者，不可知也"[④]。巫觋祝请，也只是起到协助的作用，自身不注重德行是不行的，"亦其助也，然非德不行。巫史祝祈者，盖所以交鬼神而救细微而，至于大命，末如之何"[⑤]。并举例分析："譬民人之请谒于吏矣，可以解微过，不能脱正罪。设有人于此，昼夜慢侮君父之

---

① 桓宽：《盐铁论》，《诸子集成》，中华书局1954年点校本，第7册，第34页。

② （汉）王充著，张宗祥校注，郑绍昌标点：《论衡校注》，上海古籍出版社2013年版，第512页。

③ 同上书，第505页。

④ （汉）王符著，（清）汪继培笺，彭铎校正：《潜夫论笺》，中华书局1979年版，第301页。

⑤ 同上。

教，干犯先王之禁，不克己心，思改过善，而苟骤发请谒，以求解免，必不几矣。不若修己，小心畏惧，无犯上之必令也。故孔子不听子路，而云‘丘之祷久矣’。《孝经》云：‘夫然，故生则亲安之，祭则鬼享之。’由此观之，德义无违，鬼神乃享；鬼神受享，福祚乃隆。故《诗》云：‘降福穰穰，降福简简，威仪板板。既醉既饱，福禄来反。’此言人德义美茂，神歆享醉饱，乃反报之以福也。”①

汉人已指出武帝祭祀求仙的害处：“汉兴，新垣平、齐人少翁、公孙卿、栾大等，皆以仙人、黄冶、祭祠、事鬼使物、入海求神采药贵幸，赏赐累千金。大尤尊盛，至妻公主，爵位重累，震动海内。元鼎、元封之际，燕齐之间方士瞋目扼掔，言有神仙祭祀致福之术者以万数。其后，平等皆以术穷诈得，诛夷伏辜。”②

汉代帝王中汉成帝也十分好祭祀，《汉书·郊祀志》：“成帝末年，颇好鬼神，亦以无继嗣故，多上书言祭祀方术者，皆得待诏。”谷永对成帝的做法予以劝谏，希望成帝拒绝祭祀方术，并指出了迷信鬼神兴祭祀的害处，云：“臣闻明于天地之性，不可惑以神怪；知万物之情，不可罔以非类。诸背仁义之正道，不遵《五经》之法言，而盛称奇怪鬼神，广崇祭祀之方，求报无福之祠，及言世有仙人，服食不终之药，遥兴轻举，登遐倒景，览观县圃，浮游蓬莱，耕耘五德，朝种暮获，与山石无极，黄冶变化，坚冰淖溺，化色五仓之术者，皆奸人惑众，挟左道，怀诈伪，以欺罔世主。……终不可得。”③ 并以楚怀王好祭祀而丢了国家，秦始皇派徐福、韩终入海求仙采药等做事例劝谏成帝不要因迷信鬼神祭祀而误了国家大事。

有些人对鬼神思想的存在也进行了批判，王符认为圣人敬鬼神而远之，如果没有什么过错鬼神奈何不了我们：“圣人不烦卜筮，敬鬼神而远之。夫鬼神与人殊气异务，非有事故，何奈于我?”（《潜夫

① （汉）王符著，（清）汪继培笺，彭铎校正：《潜夫论笺》，中华书局1979年版，第301—302页。

② （汉）班固撰，（唐）颜师古注：《汉书》，中华书局1962年标点本，第1260页。

③ 同上。

论·卜列》）人多畏才会导致祭祀，禁忌的越多反而会导致灾祸“人不可多忌，多忌妄畏，实致妖祥”（《潜夫论·巫列》）。

桓谭在《新论·祛蔽》中写道：“精神居形体，犹火之燃烛矣。如善扶持，随火而侧之，可毋灭而竟烛。烛无，火亦不能独行于虚空，又不能后然其。犹人之耆老，齿堕发白，肌肉枯腊，而精神弗为之能润泽内外周遍，气索而死，如火烛之俱尽矣！……生之有长，长之有老，老之有死，若四时之代谢矣。而欲变易其性，求为异道，惑之不解者也！”认为人的精神和形体同时存在，人死了精神也将不再存在，这是自然的变化规律，鬼魂根本不存在。

王充认为鬼神的存在是人的多疑多畏导致，从“衰世好信鬼，愚人好求福”（《论衡·解除》）的社会心理角度论述了鬼神观念产生的原因。在《论衡·订鬼》中，他写道：“凡天地之间有鬼，非人死精神为之也，皆人思念存想之所致也。致之何由？由于疾病。人病则忧惧，忧惧则鬼出。凡人不病则不畏惧。故得病寝衽，畏惧鬼至。畏惧则存想，存想则目虚见。……初疾畏惊，见鬼之来；疾困恐死，见鬼之怒；身自疾痛，见鬼之击，皆存想虚致，未必有其实也。”这就是说，鬼并不是人死后精神所为，而是人们因病痛产生思念存想或精神错乱所致。另外王充举例论证自己的观点，认为人和世间万物一样都会死亡不会成为鬼，“人生万物之中，物死不能为鬼，人死何故独能为鬼？”（《论衡·论死篇》）人死不会复活就如同不能让死灰复燃一样“不能使灭火复燃……不能令死人复见”，人的精神就像米藏在种壳中一样，外壳脱落了米粒自会脱落，形体不存在了，人的精神也随之消失，“人之精神藏于形体之内，犹粟米在囊橐之中也。死而形体朽，精气散，犹囊橐穿败，粟米弃出也。粟米弃出，囊橐无复有形；精气散亡，何能复有体，而人得见之乎？”（《论衡·论死》），王充还从反面论证自己的观点，认为如果世间真有鬼神的存在，那么将到处都应该见到鬼的存在，“天地开辟，人皇以来，随寿而死，若中年夭亡，以亿万数，计今人之数，不若死者多。如人死辄为鬼，则道路之上，一步一鬼也。人且死见鬼，宜见数百千万，满堂盈廷，填塞巷路，不宜徒见一两人也”（《论衡·论死》）。并且认为国家的安定主要在于人民，在于帝王的修德，主张以德治天下，“夫论解除，解除无益；论祭祀，祭祀无补，论巫祝，巫祝无力。竟在人不在鬼，在德不在祀，明矣哉！”（《论衡·解除》）“夫太平以治定为效，百姓以安乐为符……百姓安而阴阳和；阴阳和则万物育；万物育则奇瑞出……圣主治世，期于平安，不须符瑞。”（《论衡·宣汉篇》）

第二章　两汉祭祀文化与文学

祭祀是我国的原始宗教，在我国有着几千年的历史。在这几千年里，它对古人的生活、思想意识形态等方面都产生了一定的影响。汉代巫风盛行，帝王信鬼好祀。汉代祭祀的兴盛对汉人生活的各个方面都产生了一定的影响，文学也不例外，汉代祭祀促进了文学的发展，尤其是祭祀诗的发展。

第一节　祭祀诗的创作与发展

何谓祭祀诗？祭祀诗指歌功颂德，祭祀天地神祇、人鬼之诗。如《诗经》的颂就是宗庙祭祀的乐歌和史诗，内容多是歌颂祖先的功业；《楚辞》中的《九歌》也是一组祭祀诗。汉代的祭祀诗主要有《郊祀歌》十九章和《安世房中歌》，还有散见于两汉其他文献典籍中如汉赋、汉代散文、汉代小说中的祭祀诗。汉代祭祀诗与先秦时期祭祀诗相比有了很大的发展，本节主要从祭祀诗体的发展、祭祀内容的转变及汉代祭祀诗的文化意蕴等方面对两汉祭祀诗进行考察。

一　祭祀诗体的发展

从《汉书·艺文志》可知汉代的祭祀诗主要有：《泰一杂甘泉寿宫歌诗》十四篇、《宗庙歌诗》五篇、《诸神歌诗》三篇、《送迎灵颂歌诗》三篇。但现存的只有《郊祀歌》《安世房中歌》和班固在《东都赋》中所作的《明堂诗》《辟雍诗》《灵台诗》《宝鼎诗》《白雉诗》等。汉代是中国古代诗歌创作发展的一个重要时期，有很多诗体在汉代形成，如三言诗，章太炎在《国学讲演录·经略说》中对我国古代诗歌的发展情况进行了概述：“《诗经》而后，四言渐少。汉世五言盛行，唐则七言为多。八言、九言，偶一为之，三言惟汉《郊祀歌》用之。六言亦不多见。”① 从章太炎的概述中我们可以发现，只有汉代的《郊祀歌》用三言体进行创作，那么三言体诗产生于何时？很多研究者对三言诗的起源问题发表了自己的看法：

1. 刘勰认为：“寻二言肇于黄世，《竹弹》之谣是也；三言兴于虞时，《元首》之诗是也；四言广于夏年，《洛汭之歌》是也；五言见于周代，《行露》之章是也。六言七言，杂出《诗》《骚》。”②

2. 谢榛《四溟诗话》：“《江有汜》，乃三言之始。迨《天马歌》，体制备矣。”③

3. 挚虞《文章源别论》：“古诗之三言者，‘振振鹭，鹭于飞。鼓咽咽’之属是也。”④

4. （清）赵翼《陔余丛考·三言诗》：“三言诗，《金玉诗话》谓起于高贵乡公。然汉《安世房中歌》‘丰草葽’及‘雷震震’二章，《郊祀歌》之‘练时日’、‘太乙贶’、‘天马徕’等章，已创其体，则不始于魏末矣。刘勰又引《喜起歌》为三言之首，而谓诗之有三五言，多成于西汉。盖《国风》‘山有榛，隰有苓，’《周颂》‘绥万邦，屡丰年’之类，古诗中原有此句法，特汉初以之为全篇，遂成此三言为一体耳。”⑤

5. 郑宾于在《中国文学流变史》一书中指出：“汉高祖的姬妾唐山夫人，所作的《安世房中歌》十七章，（丁福保作十六章，此依《汉书》）内中有三言诗三章，三七杂言诗一章，其余十三章都是四言，所以她是三言四言的创始者。”⑥

可以肯定三言诗起源于歌谣，形成于汉初，刘勰认为三言诗之首

---

① 章太炎：《国学讲演录》，华东师范大学出版社 1995 年版，第 86—87 页。

② 周振甫：《文心雕龙今译》，中华书局 1986 年版，第 311 页。

③ 吴文治主编：《明诗话全编》第三册，江苏古籍出版社 1997 年版，第 3145 页。

④ 郑在瀛：《六朝文论讲疏》，华中理工大学出版社 1989 年版，第 65 页。

⑤ （清）赵翼：《陔余丛考》，河北人民出版社 1990 年版，第 368—369 页。

⑥ 郑宾于：《中国文学流变史》，北新书局 1936 年版，第 223 页。

当为《元首》即《喜起歌》“肱股喜哉！元首起哉！百工熙哉！”（《尚书·益稷》）“哉”字虽然无实在意义，是语气助词，但就字数而言，《元首》不能作为三言诗的最早。如在《礼记·大学》中所载的商汤《盘铭》：“苟日新，日日新，又日新。”已是整齐的三言句式。明·杨慎的《升庵诗话》认为：《诗颂》“振振鹭，鹭于飞。鼓咽咽，醉言归”为三言之始的说法也不确切，《鲁颂·駉之什·有駜》曰：“有駜有駜，駜彼乘黄。夙夜在公，在公明明。振振鹭，鹭于下。鼓咽咽，醉言舞。于胥乐兮！有駜有駜，駜彼乘牡。夙夜在公，在公饮酒。振振鹭，鹭于飞。鼓咽咽，醉言归。于胥乐兮！”其中杂有四言诗，不能说是三言诗的开始。谢榛认为：“《江有汜》，乃三言之始。迨《天马歌》，体制备矣。”① 《诗经·江有汜》曰：“江有汜，之子归，不我以。不我以？其后也悔！江有渚，之子归，不我与。不我与？其后也处！江有沱，之子归，不我过。不我过？其啸也歌！”同样，《江有汜》也是杂有四言的诗句，不能称其为三言诗之始。综上所言，三言诗的最早雏形当是商汤《盘铭》。

同时谢榛认为至《天马歌》三言诗体制完备，关于《天马歌》比较《史记》和《汉书》的记载我们会发现有很大的不同：

《汉书·礼乐志》：“太一况，天马下，沾赤汉，沫流赭。志俶傥，精权奇，籋浮云，晻上驰。体容与，迣万里，今安匹，龙为友。

天马徕，从西极，涉流沙，九夷服。天马徕，出泉水，虎脊两，化若鬼。天马徕，历无草。径千里，循东道。天马徕，执徐时，将遥举，谁与期？天马徕，开远门。竦予身，逝昆仑。天马徕，龙之媒，游阊阖，观玉台。”

我们查阅一下《史记·乐书》会发现：“后伐大宛得千里马，马名蒲梢，次作以为歌。歌诗曰：‘天马徕兮从西极，径万里兮归有德。承灵威兮降外国，流涉沙兮四夷服。’中尉汲黯进曰：‘凡王作乐，上以承祖宗，下以化兆民。今陛下得马，诗以为歌，协于宗庙，先帝百姓岂能知其音邪？’上默然不悦。”可见这是《天马歌》的雏形，

① 吴文治主编：《明诗话全编》第三册，江苏古籍出版社1997年版，第3145页。

宗庙祭祀是国家一件非常庄重、严肃的事情，在宗庙演奏的乐歌也是应该尊重一定的礼法的，所以我认为《史记·乐书》中记载的只是《天马》歌的雏形，而《汉书·礼乐志》中记载的《天马歌》当是最后创作完成用于宗庙祭祀的正式乐歌。汉代文学受楚风影响很大，《乐府诗集》所载汉代民歌常有楚声。汉郊庙歌辞受楚辞影响很大，《郊祀歌》中《天门》《景星》《天马歌》等章内容反复铺陈，颇似楚辞，清人王先谦、今人赵敏俐等人认为是去“兮”成三言，甚至有人认为是班固将“兮”字去掉，但证据不足，有待进一步考证。因此谢榛的至《天马歌》时汉三言诗体制完备的说法不确切。所以汉三言诗究竟成于何时不能妄下结论，有待新的材料证明。

西汉时期三言诗在庙堂之上，特别是作为宗庙祭祀盛行一时。如《安世房中歌》的《安其所》《丰草葽》《雷震》，《郊祀歌》中的《练十日》《天门》《华烨》《五神》《朝陇首》《象载瑜》《赤蛟》等，可以说三言祭祀诗的创作不但丰富了汉代的祭祀诗，同时也丰富并促进了汉代文学的发展。同时现存的汉代三言诗体郊庙歌辞对后世文学的创作的影响是不容忽视的。

四言诗当起源于古谣谚，如《蜡辞》“土反其宅，水归其壑，昆虫勿作，草木归其宅”[①]。《诗经》是四言诗的形成期，叶嘉莹在《中国诗体之演进》中所言：“一句之字数如少于四言，其音节不免劲直迫促，不若四言之有从容顿挫之致，是以中国最古最简之一种诗体，为《诗经》所代表之四言体，此正为必然之势。”[②]

两汉诗人很少写四言诗，据（清）赵翼《陔余丛考·四言诗》记载：“四言诗，当以《舜典》《喜起之歌》为首，……盖周、秦以上及汉初诗皆四言，自五言兴而四言遂少。然汉、魏、六朝亦尚有为之者。《文心雕龙》以韦孟讽谏诗为四言首唱，此后如相如《封禅颂》、傅毅《迪志》诗、张茂先《励志》诗、陶渊明《停云》诗，皆杰出者。”[③] 汉代四言诗，主要有唐山夫人《房中歌》十七首中的一

---

① 逯钦立：《先秦汉魏晋南北朝诗》，中华书局1983年版，第47页。

② 叶嘉莹：《迦陵论诗丛稿》，中华书局1984年版，第1页。

③ （清）赵翼：《陔余丛考》，河北人民出版社1990年版，第369页。

部分和韦孟、东方朔、蔡邕的少数诗以及一些郊祀歌等。在逯钦立先生辑校的《先秦汉魏晋南北朝诗》中，辑有两汉四言诗一百余首，完整的文人四言诗有七十七首，其中署名的四言诗有三十首，未署名的四言诗（主要是指郊庙歌）有二十一首，完整的四言歌谣有二十六首，这当中也不乏四言名篇。同时现存的汉代祭祀诗主要以四言诗为主。

汉代祭祀诗除了三言、四言外还有四言、七言杂糅的如《景星》《天地》，汉代帝王喜爱楚风，如刘邦作有楚辞体的《大风》、汉武帝作有《秋风辞》，所以郊祀诗杂有七言极其有可能是受楚风的影响。楚风对汉代祭祀诗的影响是深远的，东汉班固的《宝鼎诗》《白雉诗》采用七言句式作的祭祀诗，但每句都带有"兮"字明显留有楚风的痕迹，如《宝鼎诗》："岳修贡兮川效珍，吐金景兮歊浮云。宝鼎见兮色纷缊，焕其炳兮被龙文。登祖庙兮享圣神，昭灵德兮弥亿年。"①

二　汉祭祀诗内容的转变

汉代祭祀诗的内容与先秦祭祀诗相比存在很大差别：

首先，汉代祭祀诗与先秦祭祀诗相比，汉代祭祀诗中的祭祀对象发生了很大的变化。

《宋书·乐志》论《郊祀歌十九章》，说"汉武帝虽颇造新歌，然不以光荣祖考、崇述正德为先，但多咏祭祀、见事及其祥瑞而已。商周《雅》《颂》之体缺焉"。《诗经·周颂》中的祭祀对象是先祖、昊天、上帝、百神等。祭祀对象的神灵虽然很多，但都是与本国有着一定关系，一般都是本部族的祖先神灵。汉代祭祀诗中祭祀的对象多是一些天地神灵，如天地、日神、四时和祥瑞的象征等。汉代祭祀诗祭祀对象已经基本取代了先秦祭祀诗中一些"先祖"的位置，这意味着汉代祭祀已不再是像先秦那种祭祀具有血缘意义上的祖先神，汉

① 费振刚、仇仲谦、刘南平校注：《全汉赋校注》，广东教育出版社2005年版，第498页。

代祭祀的主体多是一些无血缘关系，远离人间，高高在上，无法企及的神灵。像先秦祭祀那种具有团结本部族人民向心力的神灵已经不存在。从某种意义上讲，这是汉代大一统最高国家统治者的真实写照，君权神授，皇帝代表上天的意志统治人民。

其次，祭祀心态发生了变化。先秦祭祀诗中的祭祀心态是一种出自对祖先神的虔敬，觉得今天的一切是在祖先神的庇护下取得的，以后还需要祖先神的保佑，对祖先神的信仰十分弥笃，对祖先怀有敬佩和感恩的心，如《诗经》中的《生民》《昊天有成命》《维天之命》《闵予小子》等。汉代祭祀诗歌中祭祀的心态除了对一些天地神灵的崇拜敬仰外，还有一种对汉代帝王功业的赞美之情，如《安世房中歌》："王侯秉德……皇帝孝德，抚安四极"，"大海荡荡水所归，高贤愉愉民所怀"。① 就艺术表现而论，《郊祀歌》"首先是一组以传达宗教情绪为内涵的祭祀诗，其次，它才是汉武帝时代社会意识形态的反映，特别是贵族阶层自觉或不自觉地处于迷惘状态中的人生情绪的流露"②。

最后，祭祀的终极目标发生了变化。先秦祭祀诗的主要政治功能是团结、凝聚具有血缘关系的宗族，维持国家的长治久安。同时还有乞求先祖保佑子孙繁荣、国家昌盛的目的。如《诗经·周颂》中的祭祀诗《烈文》《执竞》等。汉代的祭祀诗除了希望国家繁荣昌盛外，帝王寻求祥瑞庇护长生的思想也比较明显，如《天马》《齐方》《象载瑜》等。汉武帝将这些祥瑞列入祭祀之列，表现了其对长生渴望的强烈，希望自己在生前就能进入神仙之列，这种敬神也是汉武帝自我神化的表现。而《安世房中歌》更注重伦理道德的教化作用，希望能够以孝治天下。

三　《郊祀歌》文学与文化考察

郊祀歌乃是古代帝王郊祀祭天地时所用的祭祀诗，《乐府诗集·

---

① 逯钦立：《先秦魏晋南北朝诗》，中华书局1983年版，第145—146页。

② 叶岗：《走向文史研究前沿》，中国社会科学出版社2004年版，第40页。

郊庙歌辞序》对郊祀歌在先秦及汉代的发展情况进行了介绍："《乐记》曰：'王者功成作乐，治定制礼。是以五帝殊时，不相沿乐，三王异世，不相袭礼。'明其有损益。然自黄帝以后，至于三代，千有余年，而其礼乐之备，可以考而知者，唯周而已。《周颂·昊天有成命》，郊祀天地之乐歌也，《清庙》，祀太庙之乐歌也，《我将》，祀明堂之乐歌也，《载芟》《良耜》，藉田社稷之乐歌也。然则祭乐之有歌，其来尚矣。两汉已后，世有制作。其所以用于郊庙朝廷，以接人神之欢者，其金石之响，歌舞之容，亦各因其功业治乱之所起，而本其风俗之所由。武帝时，诏司马相如等造《郊祀歌》诗十九章，五郊互奏之。又作《安世歌》诗十七章，荐之宗庙。至明帝，乃分乐为四品：一曰《大予乐》，典郊庙上陵之乐。郊乐者，《易》所谓'先王以作乐崇德，殷荐上帝'。宗庙乐者，《虞书》所谓'琴瑟以咏，祖考来格'。《诗》云'肃雍和鸣，先祖是听'也。二曰雅颂乐，典六宗社稷之乐。社稷乐者，《诗》所谓'琴瑟击鼓，以御田祖'。《礼记》曰'乐施于金石，越于音声，用乎宗庙社稷，事乎山川鬼神'是也。"[①] 郊祀歌是古代帝王郊祀时用的乐歌，自然具有一定的政治意义。除了严肃的政治目的外，汉郊祀诗具有很强的文学和文化意蕴。

（一）《郊祀歌》作者问题

汉《郊祀歌》十九章中，唯独在四时之祭的《青阳》《朱明》《西颢》《玄冥》四章歌诗名称下空一格标注有"邹子乐"三字。《史记·乐书》载："汉家常以正月上辛祠太一甘泉，以昏时夜祠，到明而终。……使僮男女七十人俱歌。春歌《青阳》，夏歌《朱明》，秋歌《西皞》，冬歌《玄冥》。世多有，故不论。"可知当时这四章流传很广。关于这四章歌的作者，从明人王世贞开始，就有人把"邹子乐"中的"邹子"认为是这四章歌辞的作者，有不少学者怀疑这四章的作者是汉人"邹阳"：梁启超在《中国之美文及其历史》中认为"惟《青阳》《朱明》《西颢》《玄冥》四章，注明为'邹子乐'，当

① （宋）郭茂倩：《乐府诗集》，中华书局1979年版，第1页。

是邹阳作”[①]。逯钦立在《先秦汉魏晋南北朝诗》中写道：“或即邹阳之作也。惟乐章既不容分割。歌辞亦当经人删定。故今统编阙名卷中。不再析出。”[②] 罗根泽在《乐府文学史》中写道：“是郊祀歌泰半出司马相如等，而李延年为之新声曲，或于词有所润色。但十九章之中，有四章题为邹子乐，邹子当为邹阳。”[③] 萧涤非《汉魏六朝乐府文学史》中认为：“又十九章中有题曰‘邹子乐’者四章，当又别为一人，或疑邹子即邹阳。”[④] 杨生枝在《乐府诗史》一书中写道：“《汉书·礼乐志》题下有‘邹子乐’三字，邹子即景帝时之邹阳。”[⑤] 张永鑫认为：“《郊祀歌十九章》的作者除司马相如外，还有数十人，其中包括吾丘寿王、东方朔、枚皋、董仲舒、萧望之、邹阳等人。”[⑥]

也有人认为是“邹衍”，如清人钱泰吉、沈钦韩等。丘琼荪《历代乐志律志校释》对四时乐歌所标注的“邹子乐”注释为：钱校本（钱振声于金陵本上过录诸家校记，其中一部分疑录自钱泰吉校本，振声盖其裔孙也，丘琼荪简称之曰“钱校本”[⑦]）云：“邹子名衍。”并引沈钦韩《汉书疏证》曰：“今邹子阴阳家，殆无一字传，其书当言五郊之乐。”[⑧] 王福利在《汉郊祀歌中“邹子乐”的含义及其相关问题》一文中认为：“汉《郊祀歌》十九章中，仅在四时之祭的《青阳》《朱明》《西颢》《玄冥》歌诗名称下空一格处标注‘邹子乐’三字……从古人署名常规、邹衍其人及邹衍乐、古乐之称谓、汉时‘邹子’之称特指‘邹衍’、邹衍学说对董仲舒的影响及其在武帝朝中的地位、《乐府诗集》所载乐歌的惯例等很多方面综合看，汉郊祀四时祭歌中的‘邹子乐’实为所奏乐名，而非指歌辞作者，这里的

---

① 梁启超：《中国美文及其历史》，东方出版社 1996 年版，第 41 页。
② 逯钦立：《先秦汉魏晋南北朝诗》，中华书局 1983 年版，第 155 页。
③ 罗根泽：《乐府文学史》，上海书店 1931 年版，第 29 页。
④ 萧涤非：《汉魏六朝乐府文学史》，人民文学出版社 1984 年版，第 43 页。
⑤ 杨生枝：《乐府诗史》，青海人民出版社 1985 年版，第 33 页。
⑥ 张永鑫：《汉乐府研究》，江苏古籍出版社 1992 年版，第 164 页。
⑦ 参见丘琼荪《历代乐志律志校释》，人民音乐出版社 1999 年版，第 297 页。
⑧ 丘琼荪：《历代乐志律志校释》，人民音乐出版社 1999 年版，第 198 页。

‘邹子’指战国时的邹衍而非汉时的邹阳。”① 笔者认为“邹子乐”为乐曲名可信，但“邹子”具体指的是谁还有待新的材料去证实。

《史记·乐书》中记载：“至今上（武帝）即位，作十九章，令侍中李延年次序其声，拜为协律都尉。通一经之士不能独知其辞，皆集会五经家，相与共讲习读之，乃能通知其意，多尔雅之文。”《汉书·礼乐志》记载：“至武帝定郊祀之礼，……以李延年为协律都尉，多举司马相如等数十人造为诗赋，略论律吕，以合八音之调，作十九章之歌。”可见《郊祀歌》作者为司马相如等人，一般认为《郊祀歌》的词、曲作者有司马相如、汉武帝、匡衡、李延年、邹子等。

（二）郊祀歌的文学及文化意义

1. 狂欢化形式的运用

先秦时期人们祭祀的神灵多是高高在上的，在汉代神灵已经不是那么遥不可及，如在《汉武帝内传》当中已经有关于西王母的描写和西王母降临人间与武帝会晤的场景。在郊祀歌中的那些神灵不是遥不可及的，有的神灵来到了人间，与世人在一起，达到了一种人神狂欢化的境界。何谓“狂欢化”呢？“狂欢化（意指一切狂欢节式的庆贺、仪礼、形式的总和），它可追溯到人类原始制度和原始思维的深刻根源……狂欢式是仪式性的混合的游艺形式……狂欢式转为文学的语言，这就是我们所谓的狂欢化。”② 人们在狂欢中可以形成了一种新型的相互关系；而这一相互关系是通过具体感性的形式、以一种半现实半游戏的形式表现了出来。如郊祀歌中的《练十日》《华烨烨》，《练十日》通过灵之游、灵之下、灵之来、灵之至、灵已坐、灵安留等多方面铺陈，展现神灵由远而近，最后降临的过程及其神灵的风采和与神灵见面的喜悦之情。《华烨烨》也同样，神之出、神之行、神之来、神安坐等方面采取了大量的铺陈，渲染神出行队伍的浩荡“车千骑……旌容容”，神由远而近，最后降临的欢乐场景。神灵接受人们的供奉可以像常人一样喝得酩酊大醉，如《赤蛟》“勺椒浆，灵已

① 吴相洲：《乐府学》第三辑，学苑出版社2008年版，第91页。

② 巴赫金：《陀思妥耶夫斯基诗学问题》，白春仁、顾亚铃译，生活·读书·新知三联书店1988年版，第175页。

醉”。达到人神共同娱乐的目的，这里的神灵不再高高在上，不再遥不可及，形成人神共同狂欢的美景。《郊祀歌》与先秦时期的《诗经》中的神灵有很大的区别，更多的具有人性化的特点，这与《九歌》中的神灵有很多相似之处。这是汉初文人对楚文化学习吸收的结果，楚文化具有迷离的宗教神话色彩与天真狂放的浪漫情怀。汉初的文学创作者更多的吸收了楚文化的审美因素，《汉书·礼乐志》载："武帝定郊祀之礼，祠太一于甘泉……乃立乐府，采诗夜诵，有赵、代、秦、楚之讴。以李延年为协律都尉，多举司马相如等数十人造为诗赋，略论律吕，以合八音之调，作为十九章之歌。"闻一多先生认为，"九章之歌所代表的诸神的地理分布，恰恰是赵、代、秦、楚。"① 楚辞《九歌》对汉《郊祀歌》的创作当起到了一定的影响，汉《郊祀歌》仿《九歌》而作。这与当时的社会现实有关，汉初统治阶层大多来于楚地，楚文化在他们身上产生了根深蒂固的影响，在文学创作中必然要产生一定的影响。这也正如许结所概括的汉初文学思想发展的状况"以南方楚文化传入北国而引起的楚声兴隆为突出表征"②。

2. 天地四时宇宙变化的认识

汉郊祀歌中的《青阳》《朱明》《西颢》《玄冥》是四篇祭四时的诗，《史记·乐书》记载："汉家常以正月上辛祠太一甘泉，以昏时夜祠，到明而终。常有流星经于祠坛上。使童男女七十人俱歌。春歌《青阳》，夏歌《朱明》，秋歌《西皞》，冬歌《玄冥》。"《后汉书·显宗孝明帝纪》注引《续汉书》中也有关于这四篇诗在祭祀上运用的记载："《续汉书》曰：'迎气五郊之兆。四方之兆各依其位。中央之兆在未，坛皆二尺。立春之日，迎春于东郊，祭青帝句芒，车服皆青，歌《青阳》，八佾舞《云翘》之舞。立夏之日，迎夏于南郊，祭赤帝祝融，车服皆赤，歌《朱明》，八佾舞《云翘》之舞。先立秋十八日，迎黄灵于中兆，祭黄帝后土，车服皆黄，歌《朱明》，

---

① 朱自清等：《跟大师学国学大全集》，中国华侨出版社2011年版，第418页。

② 许结：《汉代文学思想史》，人民文学出版社2010年版，第26页。

八佾舞《云翘》《育命》之舞。立秋之日，迎秋于西郊，祭白帝蓐收，车服皆白，歌《白藏》，八佾舞《育命》之舞。立冬之日，迎冬于北郊，祭黑帝玄冥，车服皆黑，歌《玄冥》，八佾舞《育命》之舞。'"

从表面语义上看，四个诗题分别指代春夏秋冬四个季节。"青阳"即春天，《尔雅·释天》说"春为青阳"，可作为明证。"朱明"即夏天，所以又叫"朱夏"，《尔雅·释天》说"夏为朱明"；《西颢》诗中的"秋气肃杀，含秀垂颖"有万物停止生长，开始衰败之意，《广韵》中"西，秋方也"，所以"西颢"当是秋天的代称。"玄冥"与诗中的"草木零落，抵冬降霜"相应，显然是冬天的代称。《后汉书·祭祀志》曰："立冬之日，迎冬于北郊，祭黑帝玄冥。"从此处可看出玄冥神在这里是冬神。《尔雅·释天》说"冬为玄英"。可知玄冥又叫玄英。从《尔雅·释天》可知古时人很注重四时的协调，"春为青阳，夏为朱明，秋为白藏，冬为玄英，四气和，谓之玉烛，春为发生，夏为长嬴，秋为收成，冬为安宁，四时和，为通正，谓之景风，甘雨时降，万物以嘉"。《史记·太史公自序》："夫春生夏长，秋收冬藏，此天道之大经也。弗顺则无以为天下纲纪。"古人已经清楚地认识到自然万物的生长规律和节气的变化规律，这四首诗表达了汉人对自然的敬畏。

汉人认识到了四季的更替，但认为四季更替不是自然本身的运动变化，要受到神灵的主宰。《天地》《惟泰元》两篇同样是描写汉代人对天地的崇拜和敬畏，《说文解字》曰："元，始也"。"一，惟初大极，道立于一，造分天地，化成万物。"段玉裁注："《汉书》曰原原本本数始于一。"① "元""一"都有初始的意思，所以这里的"泰元"就是汉代祭祀中的太一神，太一神的起源不可确考，太一神普遍出现于战国秦汉时期的文献典籍，此前无文献可考。太一神是战国时期普遍信仰的神灵，在当时的楚国尤其受到人们的热衷，今天出土的

① （汉）许慎撰，（清）段玉裁注：《说文解字注》，浙江古籍出版社 2006 年版，第 1 页。

楚卜筮简中多次出现有关太一的卜辞，在楚国祭祀当中太一神是位于前列的天神，晏昌贵《巫鬼与淫祀——楚简所见方术宗教考》一书认为："在已发现的卜筮简中，它几乎都出现了，是战国人普遍信仰的神灵；是祈福祭祷的对象，在卜筮简中，它总是位居最前列；祭品在诸神灵中也最贵重。"[①] 太一神是汉代的至尊天神，《史记·封禅书》言："天神贵者太一。"《索隐》："天一、太一，北极神之别名。"太一又称泰一。故《正义》曰："泰一，天帝之别名也。刘伯庄云：泰一，天神之最尊者也。"泰一就是泰皇。泰皇即太皇，故《淮南子·精神训》言："登太皇，冯太一，玩天地于掌握之中。"（《注》："太皇，天也。"）[②] 天，天帝。《史记·秦始皇本纪》有所谓三皇，指天皇、地皇、泰皇，并说"泰皇最尊"。可见到汉武帝时太一的神格是最尊天神。在《惟泰元》篇中可以看到"惟泰元尊"，说明太一地位是最尊贵的，他掌管天地万物，"经纬天地，作四时，精建日月，星辰度理，阴阳五行，周而复始"（《汉书·礼乐志》）。汉代人认识到了自然四时的变化规律，但是他们认为自然变化的规律不是其自身变化的必然规律，而是受到冥冥之中的一种神灵——太一的主宰，这是古人对自然认识的一种局限性的暴露。

3. 生命个体意识的加强

郊祀歌本应对应着所要祭祀的神灵进行赞颂，但汉《郊祀歌》中有些诗篇无从考证是祭祀哪位神灵如《景星》《齐房》《天马》《朝陇首》《象载瑜》等，如得神马，因次为歌，汲黯曰："王者作乐，上以承祖宗，下以化兆民，今陛下得马以为歌协于宗庙，先帝百姓岂能知其音邪？"（《史记·乐书》）汲黯的话道出了郊祀歌是为宗庙祭祀所用，但是像《景星》《齐房》《天马》《朝陇首》《象载瑜》这些诗无对应神灵，怎么可以用在汉代宗庙祭祀当中呢？

汉《郊祀歌》与先秦祭祀诗为了本部族的繁荣，子孙万代生生不息的愿望相比，则更突出个体生命意识的愿望，那就是帝王的长生欲

---

① 晏昌贵：《巫鬼与淫祀——楚简所见方术宗教考》，武汉大学出版社 2010 年版，第 80 页。

② 刘文典撰，冯逸、乔华点校：《淮南鸿烈集解》，中华书局 1989 年版，第 242 页。

望。《郊祀歌》中有很多篇都具有祥瑞长生思想，如《日出入》《景星》《齐房》《天马》《朝陇首》《象载瑜》《赤蛟》等。《日出入》曰："吾知所乐，独乐六龙，六龙之调，使我心若。訾黄其何不徕下!"应劭曰："《易》曰：'时乘六龙以御天。'武帝愿乘六龙，仙而升天。"又曰："訾黄一名乘黄，龙翼而马身，黄帝乘之而仙。武帝意欲得之，曰'何不来邪?'"（《汉书·礼乐志》），可见武帝成仙的愿望何等强烈。汉武帝迷信鬼神，但更爱追求长生。武帝重用方士李少翁，希望李少翁能帮他达成长生的梦想："齐人李少翁，年二百岁，色如童子，上甚信之，拜为文成将军，以客礼之。于甘泉宫中画太一诸神像，祭祀之。少翁云：'先致太一，然后升天，升天然后可至蓬莱。'岁余而术未验。"[①] 汉武帝曾企图亲自海上求仙，"上欲浮海求神仙，海水暴沸涌，大风晦冥，不得御楼船，乃还"[②]。据《汉书·郊祀志》记载："成帝末年好鬼神……多上书言祭祀方术者，皆得待诏，祠祭上林苑中长安城旁，费用甚多。"据《汉书·礼乐志》记载：《天马歌》，"元狩三年，马生渥洼水中作"。《汉书·西域传》曰："大宛国多善马，马汗血，言其先天马子也。"应劭云："大宛有天马种，蹏蹋石汗血。蹋石者，谓蹋石而有迹，言其蹄坚利。汗血者，谓汗从前肩髆出，如血。号一日千里也。"（《汉书·礼乐志》）汉武帝所获的天马就是传说中的汗血宝马，这种马日行千里可以帮助武帝达成追仙、成仙的愿望，所以武帝为获此马作《天马歌》。而且获宝马是汉武帝颇为重视的一件事，上有所好下必施之，获宝马文人迎合武帝作诗颂赞此事，从逯钦立先生所辑的《先秦汉魏晋南北朝诗》中可见对于获宝马不止作了一首《天马歌》还有《西极天马歌》等。天马可以带着武帝去神仙居住的地方游玩，游昆仑、游阊阖观玉台，可以帮其达成长生不老的愿望。

《景星》又名《宝鼎歌》。汉代把宝鼎视为长生吉祥之物。据《汉书·武帝纪》记载："元鼎四年夏六月，得宝鼎后土祠旁……作

① 鲁迅校录：《古小说钩沉》，齐鲁书社 1997 年版，第 214 页。

② 同上书，第 226 页。

《宝鼎之歌》。”《汉书·礼乐志》也对这一事进行了记述：“《景星》，元鼎五年，得鼎汾阴作。”如淳曰：“景星者，德星也。见无常，常出有道之国。”汉人认为宝鼎是国家统一、帝王长寿的象征：“闻昔泰帝兴神鼎一，一者一统，天地万物所系象也。……唯受命而帝者心知其意而合德焉。”（《汉书·郊祀志》）《史记·封禅书》有黄帝铸鼎成仙的故事：“黄帝采首山铜，铸鼎于荆山下。鼎既成，有龙垂胡髯下迎黄帝，皇帝上骑，群臣后宫从上者七十余人，龙乃上去。”武帝听了这个传说：“嗟乎，吾诚得如黄帝，吾视去妻子如脱躧耳。”可见武帝成仙愿望的强烈。

《齐房》又名《芝房歌》。《汉书·武帝纪》曰：元封二年，夏，“六月，甘泉宫内中产芝，九茎连叶，上帝博临，不异下房，赐朕弘休……作《芝房之歌》。”应劭云：“芝，芝草也，其叶相连。”古人认为灵芝是长生的象征，如“《汉武内传》曰，西王母之仙上药，有大真红芝草”①。《齐房》从侧面反映了汉武帝在获灵芝后的喜悦和追求长生梦想的执着。上述几首诗体现了汉武帝对长生的痴迷与执着。

4. 大一统政治梦想的宣扬

实现大一统是武帝执政以来不懈追求的政治梦想，武帝为其作出了终身的努力。《左传·成公十三年》所曰：“国之大事，在祀与戎。”祭祀是历来古代君王所看重的事情，祭祀可以团结民众，宣扬帝统的权威性、合法化。汉代帝王十分重视符瑞现象，符瑞又称“祥瑞”，被儒学认为是表达天意、对人有益的自然现象。如出现彩云，禾生双穗，地涌甘泉，奇禽异兽出现等。符瑞思想出现的很早，扬雄认为上古三代时期就有符瑞，“故甘露零其庭，醴泉流其唐，凤凰巢其树，黄龙游其沼，麒麟臻其囿，神爵栖其林。昔者禹任益虞，而上下和，草木茂，成汤好田而天下用足”②。《尚书·帝命验》则记述了文王诞生时出现的圣瑞情形：“春秋之月甲子，赤雀衔丹书入丰，止

① （唐）欧阳询撰，汪绍楹校：《艺文类聚》，中华书局1965年版，第1700页。

② 费振刚、仇仲谦、刘南平校注：《全汉赋校注》，广东教育出版社2005年版，第254页。

昌户。”①《淮南子·览冥训》即云：“昔者，黄帝治天下，……于是日月精明，星辰不失其行，风雨时节，五谷登孰，虎狼不妄噬，鸷鸟不妄博，凤凰翔于庭，麒麟游于郊，青龙进驾，飞黄伏皁。”符瑞是汉代天人感应思想兴盛之下的衍生体。汉代人们相信上天是最高神，掌管一切，当帝王政治清明国家安康的时候，会降符瑞给以启示。符瑞有一定的政治意义，有利于汉代统治者维护其权威地位。汉代人尚天，认为天是百神之君，同时上天对皇帝的行为具有监督的作用，当皇帝的行为和德行顺应民意，天下太平的时候，或有贤主明君出现的时候，上天就会降符瑞，给以启示和赞扬。所以汉代统治者很会利用符瑞现象，达成其一定的政治目的，宣扬其统治的合法性。符瑞是古代帝王、君主立国、诞生、执政等得到天命认可的凭证，所以有人编造各种符瑞，如“武王有白鱼、赤乌之佑”（《论衡·语赠》）。汉高祖刘邦为显示其身份的高贵，是受天之命，也有一定的祥瑞现象降及其身，“高祖有断大蛇、老妪哭于道之瑞……高祖又逃吕后于泽中。吕后辄见上有云气之验”（《汉书·郊祀志》）。

帝王获得符瑞之后不但要诏告天下，通常还要进行宗庙祭祀，如汉明帝就将祥瑞呈于宗庙进行祭祀，明帝十七年五月戊子，“公卿百官以帝威德怀远，祥物显应，乃并集朝堂，奉觞上寿制曰：‘天生神物，以应王者，远人慕化，实由有德。朕以虚薄，何以享斯？唯高祖、光武圣德所被，不敢有辞。其敬举觞，太常择吉日策告宗庙’”（《后汉书·显宗孝明帝纪》）。

武帝时期出现了很多符瑞现象，武帝作歌并进行祭祀，《汉书·武帝纪》）载：“元狩元年冬十月，行幸雍，祠五畤。获白麟，作《白麟之歌》”；“六月，得宝鼎后土祠旁。秋，马生渥洼水中。作《宝鼎》《天马》之歌”；“甘泉宫内中产芝，九茎连叶。上帝博临，不异下房，赐朕弘休。其赦天下，赐云阳都百户牛酒。作《芝房之歌》”；太初四年春，“贰师将军广利斩大宛王首，获汗血马来。作

---

① ［日］安居香山、［日］中村璋八辑：《纬书集成》，河北人民出版社1994年版，第371页。

《西极天马之歌》”；太始三年，“二月，令天下大酺五日。行幸东海，获赤雁，作《朱雁之歌》”。为一些符瑞现象所作的歌，后来被列入汉代郊祀歌之中，郊祀歌中关于符瑞的主要有《天马》《景星》《齐房》《朝陇首》《象载瑜》《赤蛟》等篇用于郊天祭祀。这些符瑞现象的出现证明了帝王统治的合理性和权威性，为实现汉武帝大一统的政治目的提供了有利的理论依据。

汉《郊祀歌》不但具有宗教意义，同时也具有深远的文化意义。历史已经远去，先人祭祀口中的喃喃之语其意义有些也无从考察，有待文献资料的丰富和科技的进步去进一步解开其千古神秘的面纱。

四 《安世房中歌》的道德伦理教化意义

据《汉书》记载，《安世房中歌》是高帝之姬，唐山夫人所作。《安世房中歌》最早见于《汉书·礼乐志》，且云：“《房中祠乐》，高祖唐山夫人所作也。周有《房中乐》，至秦名为《寿人》。凡乐，乐其所生，礼不忘本。高祖乐楚声，故《房中乐》楚声也。孝惠二年，使乐府令夏侯宽备其箫管，更名曰《安世乐》。”根据《汉书·礼乐志》，我们知道它和叔孙通所作的五章宗庙雅乐同为祭祀典礼之用。按班固的记载，可知《房中乐》始于周，至秦名曰《寿人》。《周礼·磬师》：“教缦乐燕乐之钟磬。”郑玄注：“燕乐，房中之乐。”《磬师》：“凡祭祀飨食，奏燕乐”，“凡祭祀宾客，舞其燕乐”。（清）孙诒让《周礼正义》注曰：“燕乐用二《南》，即乡乐，亦即房中之乐。盖乡人用之谓之乡乐；后夫人用之谓之房中之乐；王之燕居用之谓之燕乐，名异而实同。”[①] 可知《房中乐》又名《燕乐》。燕乐有两种用途：一是用来祭祀飨食之用；二是招待宾客娱乐之用。

《安世房中歌》是继承先代雅乐的宗庙祭祀诗章，因此它在艺术形式上和商周雅颂有着一些共同之点。《元城先生语录》说它“格韵高严，规模简古，骎骎乎商周之颂”[②]。沈德潜在《古诗源》中也说

---

① 孙诒让：《周礼正义》，中华书局1987年版，第1882—1883页。

② （南宋）胡仔纂集，廖德明校点：《苕溪渔隐丛话后集》，人民文学出版社1962年版，第2页。

它“古奥中带和平之音，不肤不庸，有典有则，是西京极大文字”[①]。这主要表现在内容上继承先秦儒家传统的一面和语言的整饬与典雅，以及由此形成的雍容平和的风格上。如“我定历数，人告其身。勑身斋戒，施教申申”[②]。

《安世房中歌》是唐山夫人奉命所作，在思想上除了祭祀的作用之外，其最大的特点是具有强烈的伦理教化作用。是汉代以孝治天下思想的重要表现。汉初，社会秩序十分混乱，为建立新的社会秩序，汉代统治者在各方面都作出了一定的努力。秦朝以法治天下，为了避免重蹈秦朝灭亡的覆辙，汉代更注重伦理教化的作用，强调以儒家思想的德、孝治天下。《孝经》是汉代统治者的必读之书，汉代统治者把《孝经》作为培养太子的教科书，同时学校教育也把孝道放在首位，统治者也十分注重养老活动，汉高祖西入关中时，就曾“存问父老，置酒”[③]。文帝时已经有相关的养老政策：“有司请令县道，年八十以上，赐米人月一石，肉二十斤，酒五斗。其九十以上，又赐帛人二匹，絮三斤。”[④] 汉初，随着儒学意识形态地位的确立和以“经术缘饰政治”之风的兴起，《论语》作为儒学的一部重要经典，得到了封建统治者们的青睐，成为君主理政、选人，臣下对策、议政的依据。如大臣陆贾就十分喜好运用《论语》的句子为其言论立据。同时《论语》在教育领域，也确立了自己的地位和影响。《论语》中有很多古典语句也是宣扬孝道的，如《学而篇》：“其为人也孝弟，而好犯上者，鲜矣；不好犯上，而好作乱者，未之有也。君子务本，本立而道生。孝弟也者，其为仁之本与！”“弟子入则孝，出则弟，谨而信，泛爱众，而亲仁。”想必当时孝道应该是受到人们喜爱的。《安世房中歌》正是君主宣传以孝、以德治天下的具体表现。

《安世房中歌》十七章，旨在歌颂高帝以孝治天下，并能承天意而施德于民，安抚四方，使民安居乐业。在《安世房中歌》十七章

---

① （清）沈德潜撰：《古诗源》，中华书局1977年版，第38页。

② （汉）班固撰，（唐）颜师古注：《汉书》，中华书局1962年标点本，第1047页。

③ 同上书，第45页。

④ 同上书，第113页。

中，“孝”字出现了6次。现列举如下：

大孝备矣，休德昭清。（一章）

大矣孝熙，四极爰轃。（三章）

清明鬯矣，皇帝孝德。（四章）

孝奏天仪，若日月光。（十章）

孝道随世，我署文章。（十章）

乌呼孝哉，案抚戎国。（十二章）

《安世房中歌》体现出“以德治国”思想的萌芽。在《安世房中歌》十七章中，“德”字出现14次之多。列举如下：

大孝备矣，休德昭清。（一章）

王侯秉德，其邻翼翼。（四章）

清明鬯矣，皇帝孝德。（四章）

诏抚成师，武臣承德。（五章）

民何贵，贵有德。（六章）

大莫大，成教德。（八章）

明德乡，治本约。（九章）

德施大，世曼寿。（九章）

慈惠所爱，美若休德。（十一章）

告灵既飨，德音孔臧。（十三章）

惟德之臧，建侯之常。（十三章）

皇皇鸿明，荡侯休德。（十四章）

浚则师德，下民咸殖。（十五章）

承帝明德，师象山则。（十七章）

《安世房中歌》，突出宣扬“孝”“德”，说明汉高祖刘邦已开始接受儒家以孝、以德治国的理念而摒弃法家以严刑酷法治国的理念，认为孝、德是治理天下、安抚四夷的根本。《安世房中歌》在这样的时代背景下产生，它体现出来的儒家思想正是刘邦的治国理念，由法家到儒家转变的反映。与先秦宗庙祀歌相比，虽为宗庙祭祀歌却无祖先身影，弱化了祖先的功绩。同时《安世房中歌》还宣扬汉代帝王的功绩，天下所归、大一统的治国思想。如“大海荡荡水所归，高贤愉愉民所怀”。

汉代祭祀歌诗作为一种文艺现象具有如此的生机和活力，在于它既与皇权政治同步，又与巫术祭祀文化传统合流，并和现实生活密切结合。汉代祭祀歌诗，“它既是原始宗教的产物，又是儒化后的宗教祭祀仪式的组成部分；既是神学政治的反映，又是开启后世郊庙歌辞创作的始作俑者”①。

《礼记·祭义》对祭祀进行了这样的解释：“因物之精，制为之极，明命鬼神，以为黔首，则百众以畏，万民以服。”祭祀就是这样一种以为敬畏、赞美、奉献，或者企图有所得的行为，人们在祭祀中与神灵进行对话，这种绝对完美、永恒存在的语言，就是诗。这是生者与神灵信仰的对话和交流，历史已经离我们远去，祭祀诗是历史留给我们思想的糟粕还是精华，有待后人去评说，但祭祀诗对研究汉代社会文学、思想文化是不可忽略的。在古代文学、文化的花园中永远是一支独特的奇葩。

第二节　汉赋的兴起及其对祭祀文化的体现

汉赋是汉代最为重要的一种文学体裁，因其“兴废继绝，润色鸿业”的创作主旨受到帝王的重视和提倡，汉赋是一种具有很强政治性的文学体裁，汉代帝王隆礼，重祭祀，汉赋中有很多是关于汉代祭祀礼仪及文化的描写与叙述，因此研究汉代祭祀文学，不能不关注汉赋。

一　汉赋的兴起与创作

赋是产生很早的一种文体，具有亦诗亦文的特点。韵散兼行，可以说是诗的散文化、散文化的诗。依据《文心雕龙·诠赋》篇可知最早的赋的雏形应当出于《左传》，鲁隐公元年，郑庄公和母亲相会于隧道当中，“公入而赋：大隧之中，其乐也融融！姜出而赋：大隧之外，其乐也泄泄。”刘勰认为：“结言扣韵，词自己作，虽合赋体，明而未融。”《诗经》《楚辞》对赋的形成都有很大的影响，如《诗

① 王媛：《汉郊庙歌辞初探》，硕士学位论文，华南师范大学，2005年。

经》中的铺陈手法为后来的赋家接受和利用，形成了汉大赋的磅礴气势。《楚辞》中的《离骚》可以说是骚体赋的始祖。后来到了荀况的《礼》《智》赋，宋玉的《风赋》《钓赋》才真正有了赋这种文体的称号。"秦世不文，颇有杂赋"，到了汉代赋得到了大规模的发展。汉赋的文体脱胎于屈宋的楚骚，在楚辞里描写的香草美人，到汉赋则变成对山川草木的描写。汉代帝王十分喜爱赋，大力提倡赋的创作，到汉武帝时期赋的创作开始处于繁荣时期，"逮孝武崇儒，润色鸿业，礼乐争辉，辞藻竞骛……遗风余采，莫与比盛"（《文心雕龙·时序篇》）。汉赋"兴废继绝，润色鸿业""宣上德而尽忠孝"等政治功能有利于维护汉代大一统的政治地位。汉武帝十分喜爱赋，大力提倡赋创作，并且亲自参与赋的创作，留下了著名的《李夫人赋》《秋风辞》。一些文人由于写得一篇好赋博得汉武帝的重用，如枚乘、司马相如等。《汉书·艺文志》著录西汉的赋，不算杂赋在内有900余篇，而武帝时的赋就有400余篇。汉宣帝、元帝、成帝等诸位汉代帝王也都提倡赋的创作。赋在汉代的地位是十分重要的。班固在《两都赋》序中是这样评价赋在汉代的地位："或曰'赋者，古诗之流也。'昔成、康没而颂声寝，王泽竭而诗不作。大汉初定，日不暇给。至于武、宣之世，乃崇礼官、考文章。内设金马、石渠之署，外兴乐府、协律之事。以兴废继绝，润色宏业……故言语侍从之臣，若司马相如、虞丘寿王、东方朔、枚皋、王褒、刘向之属，朝夕论思，日月献纳。而公卿大臣：御史大夫倪宽、太常孔臧、太中大夫董仲舒、宗正刘德、太子太傅萧望之等，时时间作。或以抒下情而通讽谕，或以宣上德而尽忠孝，雍容揄扬，著于后嗣，抑亦《雅》《颂》之亚也……且夫道有夷隆，学有粗密，因时而建德者，不以远近易则。故皋陶歌虞，奚斯颂鲁，同见采于孔氏，列于《诗》《书》，其义一也。稽之上古则如彼，考之汉室又如此。斯事虽细，然先臣之旧式，国家之遗美，不可阙也。"①

① 费振刚、仇仲谦、刘南平校注：《全汉赋校注》，广东教育出版社2005年版，第464页。

赋这种文体在汉代得到了发扬和勃兴，“汉赋对诸种文体兼收并蓄，形成新的体制。它借鉴楚辞、战国纵横之文主客问答的形式、铺张恣肆的文采，又吸取先秦史传文学的叙事手法，并且往往将诗歌融入其中”①。汉代四百年间汉赋经历了几个发展阶段从汉赋初兴、汉赋繁荣到汉赋的转变。从文体上看，汉赋可分为骚体赋、散体大赋、抒情小赋，汉代赋家创作了很多有名的赋篇，其中也包括很多关于祭祀文化的赋作，如《旱云赋》《梁王菟园赋》《灵河赋》《上林赋》《论都赋》《祓禊赋》《东都赋》《郊祀赋》等。

二　汉赋与汉代祭祀礼仪

（一）汉代帝王隆礼与汉赋创作的关系

汉代帝王比较注重礼制的建设，祭祀礼是古代五礼中最重要的，“祭祀之道，自生民以来则有之矣。豺獭知祭祀，而况人乎！故人知之至于念想，犹豺獭之自然也，顾古略而后文饰耳。”（《后汉书·祭祀》）所以汉兴高祖命孙叔通制礼仪，汉代帝王中有多位好鬼神之祭如武帝，“武帝初即位，尤敬鬼神之祀。”（《后汉书·祭祀》）“郊见五畤”、祭祀太一、派人海上寻仙、郊天祭后土、郊雍、泰山封禅、巡狩。宣帝之时仍重祭祀，公元前72年正月，“上始幸甘泉，郊见泰畤，数有美祥。修武帝故事，盛车服，敬斋祠之礼，颇作诗歌。其年三月，幸河东，祠后土，有神爵集，改元为神爵。制诏太常：‘夫江海，百川之大者也，今阙焉无祠。其令祠官以礼为岁事，以四时祠江海洛水，祈为天下丰年焉’”（《汉书·郊祀志》）。祠太室山、三户山，“立岁星、辰星、太白、荧惑、南斗祠于长安城旁”（《汉书·郊祀志》）。“成山祠日，莱山祠月。又祠四时于琅邪，蚩尤于寿良。京师近县鄠，则有劳谷、五床山、日月、五帝、仙人、玉女祠”（《汉书·郊祀志》）。成帝也十分喜好祭祀，即位之初御史大夫张衡、桓谭奏言议礼，成帝接受建议进行了一些祭祀上的改革，在长安南北郊进行郊天祀地礼，《汉书·郊祀志》记载：“成帝末年好鬼神……多

① 袁行霈主编：《中国文学史》，高等教育出版社2001年版，第166页。

上书言祭祀方术者，皆得待诏，祠祭上林苑中长安城旁，费用甚多。”从谷永《说成帝距绝祭祀方术》可见一斑：“臣闻明于天地之性，不可惑以神怪；知万物之情，不可罔以非类。诸背仁义之正道，不遵《五经》之法言，而盛称奇怪鬼神，广崇祭祀之方，求报无福之祠，及言世有仙人，服食不终之药，遥兴轻举，登遐倒景，览观县圃，浮游蓬莱，耕耘五德，朝种暮获，与山石无极，黄冶变化，坚冰淖溺，化色五仓之术者，皆奸人惑众，挟左道，怀诈伪，以欺罔世主。听其言，洋洋满耳，若将可遇；求之，荡荡如系风捕景，终不可得。是以明王距而不听，圣人绝而不语。昔周史苌弘欲以鬼神之术，辅尊灵王，会朝诸侯，而周室愈微，诸侯愈叛。楚怀王隆祭祀，事鬼神，欲以获福助，却秦师，而兵挫地削，身辱国危。秦始皇初并天下，甘心于神仙之道，遣徐福、韩终之属多赍童男童女入海求仙、采药，因逃不还，天下怨恨。汉兴，新垣平、齐人少翁、公孙卿、栾大等，皆以仙人、黄冶、祭祠、事鬼使物入海求神、采药贵幸，赏赐累千金。大尤尊盛，至妻公主，爵位重累，震动海内。元鼎、元封之际，燕齐之间方士瞋目扼掔，言有神仙祭祀致福之术者以万数。其后，平等皆以术穷诈得，诛夷伏辜。至初元中，有天渊玉女、钜鹿神人、轑阳侯师张宗之奸，纷纷复起。夫周秦之末，三五之隆，已尝专意散财，厚爵禄，竦精神，举天下以求之矣。旷日经年，靡有毫牦之验，足以揆今。经曰：‘享多仪，仪不及物，惟曰不享。’《论语》说曰：‘子不语怪神。’唯陛下距绝此类，毋令奸人有以窥朝者。”①

同时，武帝、宣帝、元帝、成帝等都提倡汉赋的创作，他们招揽辞赋作家，组织创作活动，奖赏优秀赋作，表现出特殊的喜好和鲜明的观点，直接促成了汉赋的繁荣和昌盛。文学是对社会生活的反映，加上汉代上层统治者的大力提倡，一些描写祭祀文化制度的赋作便随之大量产生。祭祀礼仪的描写在汉赋的思想内容中占有重要的地位，汉赋中关于祭祀的描述很多，主要可以分为以下几类：

1. 祭天神：《甘泉赋》《论都赋》《东京赋》《郊祀赋》《河东

---

① （清）严可均：《全上古三代秦汉三国六朝文》，中华书局1958年版，第379页。

赋》等；

2. 祭地：《河东赋》《灵河赋》《东京赋》等；

3. 祭人鬼：《洛都赋》《东京赋》《诮青衣赋》《南都赋》等；

4. 禳灾祓除：《东京赋》《旱云赋》《请雨华山赋》《祓禊赋》《南都赋》《齐都赋》《大傩赋》等。

可以说汉赋对汉代宗教祭祀礼仪的描述是比较全面的。

（二）汉赋对祭祀的描写

“国之大事，在祀与戎。”（《左传·成公十三年》）祭祀是国家的头等大事之一，同时祭祀也是一种具有功利性的活动，祭祀寻求神灵的庇护，达到消灾祈福的目的。在祭祀时间的选择、祭品的使用、祭祀过程等环节，人们都十分重视和虔敬。首先祭祀的时间选择，是祭祀前的准备工作之一。在认为万物有灵的古代宗教社会里，祭祀时间的选择对祭祀的成败有着至关重要的作用，因此祭祀之前要进行严格的祭祀选日。在扬雄的《蜀都赋》中记载了祭祀选日问题：“若夫慈孙孝子，宗厥祖祢，鬼神祭祀，练时选日，沥豫斋戒。”① 选日是一个严肃的问题，要进行斋戒选择良时吉日。怀有虔诚之心，“蒸蒸之心，感物曾思，躬追养于庙祧”② 以奉祭“紏宗绥族”③。《上林赋》说：“于是历吉日以斋戒，袭朝服，乘法驾，建华旗，鸣玉鸾。”④《甘泉赋》中也有“命群僚，历吉日，协灵辰，星陈而天行”的词句，颜师古注曰：“历选吉日而合善时也。”⑤ 并不是所有的祭祀都需要选择吉日的，而祭祖宗则不一定在吉日良辰。同时汉代人还会根据不同的季节进行春夏秋冬四时之祭，如《后汉书·祭祀志》所载有迎春：“立春之日，皆青幡帻，迎春于东郭外，令一童男冒青巾，衣青衣，先在东郭外野中。迎春至者，自野中出，则迎者拜之而还，弗

---

① 费振刚、仇仲谦、刘南平校注：《全汉赋校注》，广东教育出版社2005年版，第214页。

② 同上书，第681页。

③ 同上书，第727页。

④ 同上书，第91页。

⑤ （汉）班固撰，（唐）颜师古注：《汉书》，中华书局1962年标点本，第3523页。

祭。”《东京赋》说：“春秋改节，四时迭代……躬追养于庙祧，奉蒸尝与禴祠。”[①]《南都赋》谓：“及其糺宗绥族，禴祠蒸尝。”[②]

汉代更注重祭祀场地的选择，《东京赋》《东都赋》《南都赋》《甘泉赋》《长杨赋》等篇中所出现“明堂”“灵台”“祖庙”“庙祧”“圆丘”“清庙”的次数多达20余次。在他们的心目中，“明堂”“灵台”是上帝神灵降临的场所，如《东京赋》中“宗上帝于明堂”[③]，在其处祭祀可以达到“和欢安福”[④]，“听庙中之雍雍，受神人之福祜”[⑤]的目的。班固在《东都赋》对“明堂”“灵台”“辟雍”在祭祀中的作用进行了描述，《明堂诗》对明堂在祭祀中的作用进行描述：“圣皇宗祀，穆穆煌煌。上帝宴飨，五位时序。”[⑥]汉代在“辟雍”可以进行宗庙祭祀、学校教育和射礼、养老之礼等多种礼仪，《辟雍诗》对其进行了描述：“圣皇莅止，造舟为梁。皤皤国老，乃父乃兄。抑抑威仪……鸿化惟神，永观厥成。”[⑦]《灵台诗》：“帝勤时登，爰考休征。三光宣精，五行布序。习习祥风，祁祁甘雨。百谷溱溱，庶卉蕃芜。屡惟丰年，于皇乐胥。”[⑧]

《汉书》记载灵台主要是用于观测星象和天气，如元始五年五月王莽以王太后名义发布的《策安九公锡文》曰：“《诗》之灵台，《书》之作雒，镐京之制，商邑之度，于今复兴。师古曰：‘灵台，所以观气象者也。文王受命，作邑于丰，始立此台，兆庶自劝，就其功作，故《大雅·灵台》之诗曰：‘经始灵台，经之营之，庶人攻之，不日成之。’”（《汉书·王莽传》）关于灵台祭祀场所的意义《诗经·大雅·灵台》曰：“经始灵台，经之营之，庶民攻之，不日

① 费振刚、仇仲谦、刘南平校注：《全汉赋校注》，广东教育出版社2005年版，第681页。

② 同上书，第727页。

③ 同上书，第618页。

④ 同上书，第679页。

⑤ 同上书，第275页。

⑥ 同上书，第498页。

⑦ 同上。

⑧ 同上。

成之。……虡业维枞，贲鼓维镛；于论鼓钟，于乐辟雍，于论鼓钟，于乐辟雍。鼍鼓逢逢，蒙瞍奏公。”郑玄笺云：“天子有灵台者所以观祲象，察气之妖祥也。”[①]《释文》云“灵台，谓心有灵智能任持也”，同时灵台也是君主实行政治教化的地方，《汉书·终军传》曰：“建三宫之文质，章厥职之所宜，封禅之君无闻焉。”班固注谓：“服虔曰：‘三宫，明堂、辟雍、灵台也。’郑氏曰：‘于三宫班政教，有文质者也。’”《说苑·修文》：“积恩为爱，积爱为仁，积仁为灵，灵台之所以为灵者，积仁也。神灵者，天地之本，而为万物之始也。”

《后汉书·肃宗孝章帝纪》范晔赞曰：“肃宗济济，天性恺悌。于穆后德，谅惟渊体。左右艺文，斟酌律礼。思服帝道，弘此长懋。”李贤注为：“艺文谓诸儒讲《五经》同异，帝亲称制论决也。律谓诏云‘立春不以报囚’也。礼谓修禘祫，登灵台之属。”《通典·封禅》记载：“后汉光武建武三十年三月，幸鲁，过泰山，祭山及梁父。章帝元和二年二月，东巡狩，使使者奉一太牢祠帝尧于济阴成阳灵台。至泰山，辛未，柴祭天地群神如故事。”[②]张衡《东京赋》曰：“左制辟雍，右立灵台。因进距衰，表贤简能。冯相观祲，祈褫禳灾。”[③]从班固的《灵台诗》和汉代文献典籍我们可以知道“灵台”当是帝王观天象祭星神的地方。

“明堂”“辟雍”是同一座建筑，但它包含两种建筑名称的含义，它是中国古代最高等级的皇家礼制建筑之一。明堂是古代帝王颁布政令，接受朝觐和祭祀天地诸神以及祖先的场所。辟雍即明堂外面环绕的圆形水沟，环水为雍（意为圆满无缺），圆形像辟（辟即璧，皇帝专用的玉制礼器），象征王道教化圆满不绝。《后汉书·祭祀》引：“蔡邕《明堂论》曰：‘明堂者，天子太庙，所以崇礼其祖，以配上帝者也。夏后氏曰世室，殷人曰重屋，周人曰明堂。东曰青阳，南曰

---

① （汉）郑玄笺，（唐）孔颖达疏：《毛诗正义》，中华书局1957年版，第1395—1402页。

② （唐）杜佑：《通典》，中华书局2003年版，第1504页。

③ 费振刚、仇仲谦、刘南平校注：《全汉赋校注》，广东教育出版社2005年版，第679页。

明堂，西曰总章，北曰玄堂，中曰太室。易曰离也者，明也，南方之卦也。圣人南面而听天下，向明而治。人君之位，莫正于此焉，故虽有五名而主以明堂也。其正中（焉）皆曰太庙。谨承天随时之令，昭令德宗祀之礼，明前功百辟之劳，起尊老敬长之义，显教幼诲稚之学。朝诸侯选造士于其中，以［明］制度。生者乘其能而至，死者论其功而祭。故为大教之宫，而四学具焉，官司备焉。譬如北辰，居其所而众星拱之，万象翼之。［政］教之所由生（专），（受作）［变化］之所（自）［由］来，明一统也。故言明堂，事之大，义之深也。取其宗祀之清貌，则曰清庙。取其正室之貌，则曰太庙。取其尊崇（矣），则曰太室。取其（堂）［向明］，则曰明堂。取其四门之学，则曰太学。取其四面周水圆如璧，则曰辟雍。异名而同事，其实一也。'"

圆丘是帝王祭天的地方，扬雄《甘泉赋》曰："崇崇圆丘，隆隐天兮。登降峛崺……上天之縡，杳旭卉兮。圣皇穆穆，信厥对兮。俫祇郊禋，神所依兮。"① 圆丘，《广雅》解释为："大坛祭天也。"《汉官旧仪补遗》记载："桓帝祭天，居玄云宫，斋百日，上甘泉通天台，高三十丈，以候天神之下。见如流火，舞女童三百人，皆年八岁。天神下坛所，举烽火，桓帝就竹宫中，不至坛所。甘泉台去长安三百里，望见长安，成帝以来所祭天之圆丘也。"② 此说当误。圆丘祭天之礼当由来已久，据《周礼》记载："圆丘祭天，方泽祭地。"《通典·郊天上》记载："周制，《大司乐》云：'冬日至，祀天于地上之圆丘。'"③《周礼·春官宗伯》曰："六变而致象物。及天神。凡乐。圆钟为宫。黄钟为角。大蔟为征。姑洗为羽。雷鼓雷鼗。孤竹之管。云和之琴瑟。云门之舞。冬日至。于地上之圆丘奏之。若乐六变。则天神皆降，可得而礼矣。"据《史记·孝武本纪》正义引《括地志》曰："通天台，即黄帝以来祭天圆丘之处。"同样《太平御览》

---

① 费振刚、仇仲谦、刘南平校注：《全汉赋校注》，广东教育出版社 2005 年版，第 233 页。

② （清）孙星衍等辑：《汉官六种》，中华书局 1990 年版，第 57 页。

③ （唐）杜佑：《通典》，中华书局 2003 年版，第 1162 页。

也记载："黄帝以来所祭天之圆丘也。"① 可知圆丘祭天由来已久。那为什么在汉初的赋文祭天礼仪里没有提到圆丘呢，陈澧认为："扬雄以前赋家言郊祀，不言'圆丘'，而扬雄《甘泉赋》写郊祀始有'崇崇圆丘，隆隐天兮'之语，原因在'以圆丘与郊为二，则汉初之制也。王肃以圆丘与郊为一，汉成帝时之制也'。"②

据《汉书·礼乐志》记载，汉代圆丘祭天应当始于武帝时期，"至武帝定郊祀之礼……以正月上辛用事甘泉圆丘"，颜师古注曰："用上辛，用《周礼》郊天日也。辛，取齐戒自新之义也。为圆丘者，取象天形也。"同时祭天于圆丘多在冬至之日。"冬日至，于地上之圆丘奏乐六变，则天神皆降；夏日至，于泽中之方丘奏乐八变，则地祇皆出。"（《汉书·郊祀志》）王充《论衡》当中也记载了圆丘祭天一事："于郊筑泰坛，象圆丘之形。以丘言之，本诸天地之性，故《祭法》云：'燔柴于泰坛。'则圆丘也。《礼记·祭法》疏云：'其祭天之处，冬至则祭圆丘。圆丘所在，应从阳位，当在国南。'"③"祖庙""庙祧""清庙"是祖先神灵所在的地方，祭祀祖先可以获得祖先的庇护，《东都赋》说："登祖庙兮享圣神，昭灵德兮弥亿年。"④

除了时间和地点的选择，祭祀人员的穿着也很讲究。如"被服杂错，履蹑华英"⑤，"修初服之娑娑兮，长余佩之参参，文章奂以粲烂兮，美纷纭以从风"⑥。这些都是讲巫师沐浴后的鲜亮服饰。这些华丽芳洁的服饰，除了表示对祭祀的重视外，主要目的在于娱神。同时参加祭祀的帝王和大臣也要注重衣着，表现对神灵的重视，帝王要服最高等级的礼服——冕服，大臣也要依礼制服礼服。《东京赋》关于郊天的记载有："奉禋祀，曰允天子者也。乃整法服，正冕带，珩紞

---

① （宋）李昉：《太平御览》，中华书局1960年影印本，第2393页。

② 陈澧：《东塾读书记》（外一种），生活·读书·新知三联书店1998年版，第288页。

③ 黄晖撰：《论衡校释》，中华书局1995年版，第1048页。

④ 费振刚、仇仲谦、刘南平校注：《全汉赋校注》，广东教育出版社2005年版，第499页。

⑤ 同上书，第727页。

⑥ 同上书，第596页。

纮綎，玉笄綦会。火龙黼黻，藻繂鞶厉结飞云之袷辂……”①

《河东赋》还记载有：“伊年暮春，将瘗后土，礼灵祇，谒汾阴于东郊，因兹以勒崇垂鸿，发祥隤祉，钦若神明者，盛哉铄乎，越不可载已！于是命群臣，齐法服，整灵舆，乃抚翠凤之驾，六先景之乘。”② 何为法服呢？《文选·京都赋》李善注曰：“法服，谓衣服并有法度。”③《孝经·卿大夫章》：“非先王之法服不敢服，非先王之法言不敢道，非先王之德行不敢行。……三者备矣，然后能守其宗庙。”法服并不是祭祀的专用服装，而是帝王权力的象征。据《旧唐书·舆服志》记载：“昔黄帝造车服，为之屏蔽，上古简俭，未立等威。而三、五之君，不相沿习，乃改正朔，易服色，车有舆辂之别，服有衮冕之差，文之以染缋，饰之以缔绣，华虫象物，龙火分形，于是典章兴矣。周自夷王削弱，诸侯自恣。穷孔翚之羽毛，无以供其侈；极随和之掌握，不足慊其华。则皮弁革舄之容，非珠履鹬冠之玩也。迨秦诛战国，斟酌旧仪，则有卤簿、金根、大驾、法驾，备千乘万骑，异《舜典》《周官》。汉氏因之，号乘舆三驾，仪卫之盛，无与比隆。东京帝王，博雅好古，明帝始令儒者考《曲台》之说，依《周官》五辂六冕之文，山龙藻火之数，创为法服。虽有制作，竟寝不行。”由此可见，汉代没有专门的祭服，只是以法服代替祭服，据《旧唐书·舆服志》记载，到隋代才有专门的祭服，“衣裳有常服、公服、朝服、祭服四等之制”。汉代法服分为很多种，《后汉书·杨震列传》记载：“况以先王法服而私出盘游！”刘昭注：“法服谓天子服，日、月、星辰、山、龙、华虫、藻、火、粉、米十二章。”这是帝王等级最高的十二章纹冕服。

虽然法服不是专门的祭服，但每种形式的法服对应不同的祭祀种类，《旧唐书·舆服志》曰：“迨有周氏，乃以日月星辰为旌旗之饰，又登龙于山，登火于宗彝，于是乎制衮冕以祀先王也。九章者，法阳

① 费振刚、仇仲谦、刘南平校注：《全汉赋校注》，广东教育出版社2005年版，第680页。

② 同上书，第248页。

③ 高步瀛：《文选李注义疏》，中华书局1985年版，第610页。

数也，以龙为首章。衮者，卷也，龙德神异，应变潜见，表圣王深沉远智，卷舒神化也。又制鷩冕以祭先公也。鷩者，雉也，有耿介之志，表公有贤才，能守耿介之节也。又制毳冕以祭四望也。四望者，岳渎之神也。武蜼者，山林所生，明其象也。制絺冕以祭社稷也。社稷者，土谷之神也。粉米由之而成，象基功也。又制玄冕以祭群小祀也。百神异形，难可遍拟，但取黻之相背，昭异名也。夫以周公之多才也，故制定制礼，功成作乐。夫以孔宣之将圣也。故行夏之时，服周之冕。先王之法服，乃此之自出矣；天下之能事，又于是乎毕矣。”

关于汉代的祭祀法服，《后汉纪·明帝纪》载：“汉初，文学既阙，时亦草创，舆服旗帜，一承秦制，故虽少改，所用尚多。”西汉时期祭服规定还不够统一。一些汉代文献中是这样记载的：班固《东都赋》云：“至于永平之际，重熙而累洽。盛三雍之上仪，修衮龙之法服。铺鸿藻，信景铄。扬世庙，正予乐。人神之和允洽，群臣之序既肃。”①《东观汉记》曰：“永平二年春，宗祀光武皇帝于明堂，帝及公卿列侯始服冕冠衣裳。祀毕，升灵台。望云气，大赦天下。”②明帝在继承了前代光武帝祭祀礼仪的基础上，以祭服和礼仪服饰为中心，对祭服及各项礼仪活动中所对应的不同服饰等作出了一系列的等级化规定。《续汉书·舆服志》曰：“秦以战国即天子位，灭去礼学，郊祀之服皆以袀玄。汉承秦故。至世祖践祚，都于土中，始修三雍，正兆七郊。显宗遂就大业，初服旒冕，衣裳文章，赤舄絇屦，以祠天地，养三老五更于三雍，于时致治平矣。”皇帝及臣下在进行祭天地、明堂等重大祭祀活动的仪式中，皆要头戴带有垂旒的冕冠，所穿衣服的底色皆为上黑下红。“天子、三公、九卿、特进侯、侍祠侯，祀天地明堂，皆冠旒冕”，“衣裳玄上纁下”（《续汉书·舆服志》）。《汉官解诂·列侯》记载：“车驾巡狩幸其国，诸侯衣玄端之衣，冠九旒之冕，其盛法服以就位也。今列侯自不奉朝请侍祠祭者，不得服此，

---

① 费振刚、仇仲谦、刘南平校注：《全汉赋校注》，广东教育出版社 2005 年版，第 496 页。

② （汉）刘珍：《东观汉记》，齐鲁书社 2000 年版，第 18 页。

皆当三梁冠，皂单衣，其归国流黄衣皂云。”[①]规定了列侯只有祭祀才得服法服。

祭服主要是皇后春天带领桑祭的蚕丝加工而成，《汉官旧仪》曰：“春桑生而皇后亲桑，于苑中蚕室，养蚕千薄以上。祠以中牢羊豕，祭蚕神曰苑窳妇人、寓氏公主，凡二神。群臣妾从桑还，献于茧观，皆赐从采桑者乐。皇后自行。凡蚕丝絮，织室以作祭服。祭服者，冕服也。天地宗庙群神五时之服。孙星衍按：《后汉书·东平王苍传》‘五时衣各一袭’，李贤注：‘谓春青，夏朱，季夏黄，秋白，冬黑。’《晋书·职官志》有‘五时朝服’，盖朝祭皆以为法服也。”[②]《后汉书·祭祀志》对此进行了如下记载：

立春之日，迎春于东郊，祭青帝句芒。车旗服饰皆青。歌《青阳》，八佾舞《云翘》之舞。

立夏之日，迎夏于南郊，祭赤帝祝融。车旗服饰皆赤。歌《朱明》，八佾舞《云翘》之舞。

先立秋十八日，迎黄灵于中兆，祭黄帝后土。车旗服饰皆黄。歌《朱明》，八佾舞《云翘》《育命》之舞。

立秋之日，迎秋于西郊，祭白帝蓐收。车旗服饰皆白。歌《西皓》，八佾舞《育命》之舞。

立冬之日，迎冬于北郊，祭黑帝玄冥。车旗服饰皆黑。歌《玄冥》，八佾舞《育命》之舞。

由以上可知，迎气五郊仪式中，乐人们遵守《后汉书·舆服志》中所载祭祀时的相关制度：“冠衣各如其行方之色”，“五时衣各一袭”。可见不仅帝王祭祀要穿祭服，诸侯皇室贵族都要穿祭服，而且不同的季节所穿的祭服还有不同的规定。

---

① （清）孙星衍等辑：《汉官六种》，中华书局1990年版，第22页。

② （汉）刘珍：《东观汉记》，齐鲁书社2000年版，第45页。

祭祀的食物是十分丰盛的，汉赋中描写祭品是“荐三牺、效五牲”[①]，“包炰豚胉，亦有和羹。涤濯静嘉，礼仪孔明”[②]，祭品丰盛美味，装祭品的器具清洁明亮。“玄瓒𩵦𩵦，秬鬯泔淡。肸向丰融，懿懿芬芬”。[③] 巫师们在燃烧着的香草上烤着香喷喷的牲肉，奠祭上祭祀的香酒美汤，可以说是“珍羞琅玕，充溢四方”[④]。以美酒佳肴达到诱神和娱神的目的。

祭祀的场面宏大而热闹，《东京赋》描绘祭祀乐舞的场面，“撞洪钟，伐灵鼓，旁震八鄙，……若疾霆转雷而激迅风也”，在“钟鼓”声中，巫女们“冠华秉翟，列舞八佾……万舞奕奕，鼓喤喤”。[⑤] 祭祀队伍是何等的庞大，《长杨赋》也以生动的笔触描绘了这一场面：“陈钟鼓之乐，鸣鞀磬之和，建碣磍之虡，拮隔鸣球，掉八列之舞”，“听庙中之雍雍，受神人之福祜，歌投《颂》，吹合《雅》”。[⑥] 在香烟弥漫的祭祀场上，巫师们“酌允铄，肴乐胥”[⑦]，美酒佳肴、酣歌醉舞，无不令人心动神摇。

神灵酒足饭饱向人间降福，这时祭祀已经接近尾声，“灵祖皇考，来顾来飨，神具醉止，降福穰穰”[⑧]，“皇祖歆而降福，弥万祀而无衰”[⑨]。于是“傧暗蔼兮降清坛，瑞穰穰兮委如山，……天阃决兮地垠开，八荒协兮万国谐。……云飞扬兮雨滂沛，于胥德兮丽万世。……辉光眩耀，降厥福兮；子子孙孙，长无极兮”[⑩]。“其勤若

---

① 费振刚、仇仲谦、刘南平校注：《全汉赋校注》，广东教育出版社 2005 年版，第 496 页。

② 同上书，第 681 页。

③ 同上书，第 232 页。

④ 同上书，第 727 页。

⑤ 同上书，第 681 页。

⑥ 同上书，第 275 页。

⑦ 同上。

⑧ 同上书，第 681 页。

⑨ 同上书，第 728 页。

⑩ 同上书，第 232—233 页。

此，故真神之所劳也，方将俟元符。”[①]

三　汉赋祭祀描写的文化内涵

汉赋中还细致地描绘了天子的祭祀活动，从中可见天人合一观念对汉赋题材影响的深刻。汉赋对祭祀的描写充满了神奇而丰富的想象，如扬雄的《甘泉赋》：“靡薜荔而为席兮，折琼枝以为芳。吸清云之流瑕兮，饮若木之露英。”[②] 而最能表现天人合一观念的是祭祀的过程，天子调动日月星辰，驱使神仙鬼怪，“丽钩芒与骖蓐收兮，服玄冥及祝融，敦众神使式道兮，奋六经以抒颂”。[③] 至于祭祀的结果，扬雄在《甘泉赋》中这样写道：“于是事毕功弘，回车而归，度三峦兮偈棠黎，天阃决兮地垠开，八荒协兮万国谐。”[④] 由此可见，不管是祭祀的过程，还是祭祀的结果，祭祀的主持者——帝王与上天都是相通的，互为一体的。同时汉代帝王尤其注重郊祀礼，《汉书·郊祀志》载：“成帝即位，丞相衡、御史大夫谭奏言：‘帝王之事莫大于承天之序，承天之序莫重于郊祀。’”扬雄《甘泉赋》就是成帝时为郊祀而作，今存东京文士邓耽《郊祀赋》残篇，其中说“承皇极，稽天文，舒优游，展弘仁”，“自天降康，保定我民”[⑤]，由此可见，汉赋有为帝王宣扬帝统皇天所赐的神圣性的政治功用。

汉赋在祭祀描写的同时还表现了人神同乐共飨的和谐氛围，班固《东都赋》曰：“人神之和允洽，群臣之序既肃，乃动大路，遵皇衢，省方巡狩……天官景从，祲威盛容。山灵护野，属御方神，雨师泛洒，风伯清尘。千乘雷起，万骑纷纭。”[⑥] 东汉黄香的《九宫赋》描写得更为典型：“乘根车而驾神马，骖騩騆而俠穷奇，使织女骖乘，王良为之御，三台执兵而奉引，轩辕乘駏驉而先驱。招摇丰隆骑师子

---

① 费振刚、仇仲谦、刘南平校注：《全汉赋校注》，广东教育出版社 2005 年版，第 275 页。

② 同上书，第 232 页。

③ 同上书，第 248 页。

④ 同上书，第 233 页。

⑤ 同上书，第 825 页。

⑥ 同上书，第 496 页。

而侠毂，名先后以为云车，左青龙而右觜觿，前七星而后腾蛇，征太一而聚群神，趣荧惑而叱太白，东井辍而播洒彗，勃仿佛以梢击。”①文中众多神灵不是作为至上神出现，而是作为臣仆的形式出现的，这些神灵本是天上的星神，如织女、王良、三台、轩辕、招摇、觜、太一、荧惑、太白、东井，还有天神太一、丰隆，本来是人间帝王出行，却由天上的星神前呼后拥，天子成了半人半神的形象。是人神关系的和谐，人神狂欢，同时也是君王长生愿望的反映，希望能与天神比寿。汉赋在对祭祀礼仪描写同时也显露了大一统，希望汉代飨祀不绝的愿望。“高祖膺箓受图，顺天行诛，杖朱旗而建大号……武有大启土宇，纪禅肃然之功。宣重威以抚和戎狄，呼韩来享。咸用纪宗存主，飨祀不辍。”②

汉赋是汉代一种重要的文体，汉大赋的铺陈描写对人们认识汉王朝有积极意义，赋中所隐规劝之意，反对帝王过分奢淫意义重大，汉赋使文学逐渐取得独立的地位。同时汉赋中对帝王祭祀礼仪的描写对研究汉代祭祀文化与文学无疑具有一定的借鉴之功，从文学发展看，两汉辞赋的繁兴，对中国文学观念的形成，也起到一定的促进作用。

第三节　汉代小说及散文中所体现的祭祀现象

汉代是我国文言小说的早期阶段，汉代小说虽然还不十分发达，但汉代谶纬巫术盛行，帝王信鬼好祭祀，这样的社会风气对汉代小说的创作也产生了一定的影响，汉代小说中有很多内容对汉代帝王祭祀给予了反映。同时汉代祭祀盛行对汉代散文也产生了很大的影响，尤其是诸子散文，诸子对汉代的祭祀礼仪文化进行记录和论述。

---

①　费振刚、仇仲谦、刘南平校注：《全汉赋校注》，广东教育出版社 2005 年版，第 562 页。

②　同上书，第 677 页。

一　汉代小说的发展及其对祭祀的描写

（一）汉代小说的界定

小说是当今最发达的文体之一，从古至今小说的创作可以说蔚为大观，是内容情节最为丰富和生动的一种文体。最初的"小说"概念与现在的"小说"概念大不相同。先秦时期"小说"最早出现在《庄子·外物篇》："饰小说以干县令，其于大达亦远矣。是以未尝闻任氏之风俗，其不可与经于世亦远矣。"在这里"小说"只是一种小的技能，与现在的"小说"相差悬殊，鲁迅在《中国小说史略》中指出《庄子》中的"小说"为"琐屑之言，非道术之所在。与后来小说固不同"[1]。文学史上所说的小说概念正式出现于汉代。《汉书·艺文志》将"小说家"列为诸子十家之末，著录"小说十五家，千三百八十篇"，班固曰："小说家者流，盖出于稗官，街谈巷语，道听途说者之所造也。孔子曰'虽小道，必有可观焉者，致远恐泥，是以君子弗为也。'然亦弗灭也。闾里小知者之所及，亦使缀而不忘。如或一言可采，此亦刍荛狂夫之议也。"桓谭《新论》云："小说家合丛残小语，近取譬喻，以作短书，治身理家，有可观之辞。"这里的"小说"一词，大大不同于先秦子书中所说的"小说"，已是一个全新的概念。不论是桓谭所说的"丛残小语"，还是班固所说的"街谈巷语""道听途说"，都说明汉代小说具有记录见闻、搜集逸异、尚奇重譬、长短随宜的笔记体作品的特点。记录见闻会有一些形象和生动的故事，虽然还比较简单和粗俗，但应当具有了小说的文体意义。正如鲁迅先生所说，汉代的这种小说，"始若于后之小说近似"。侯忠义《汉魏六朝小说史》中认为汉代小说不仅对研究目录学、图书馆学有重要价值，而且也是中国小说史的开篇。周蔚《刘向小说的定位思考》一文认为刘向《说苑》《新序》诸作"是汉代的短篇小说集"，"堪称中国古代早期小说精品"[2]，沈海波《汉代小说略论》也

---

① 鲁迅：《中国小说史略》，人民文学出版社 2007 年版，第 4 页。

② 周蔚：《刘向小说的定位思考》，《南京师大学报》（社会科学版）2002 年第 3 期。

认为汉代是中国古代小说的肇始时期。李悔吾《中国小说史漫稿》认为，“后汉至唐代以前，是中国小说的童年时期或者说是中国小说的初步形成时期”①，则把东汉视作为中国小说史的起点。所以可以说汉代小说已经具备文体意义的小说，但与文学史概念上的小说还有一定的差距。汉魏以前，小说并无自觉的创作意识、宏大的思想和严肃的社会作用，而是与稗官相连称为“稗官小说”，其创作者当为士，余嘉锡先生在《小说家出于稗官说》中说稗官系指收集庶人之言传达给天子的“士”。

虽然汉代小说是我国古代小说的童年时期，但汉代小说在记录见闻、街谈巷语、搜集逸异、尚奇重譬等方面已具有后世笔记、野史的性质，因此本书在考察汉代祭祀制度文化及人物、事件时，也引以为参考。

（二）汉代小说对祭祀的描写

汉代流行谶纬迷信，神仙方术兴盛，上层统治者信鬼神好祭祀，这不能不对汉代小说的创作产生一定的影响。据《汉书·艺文志》和袁行霈的《中国文言小说书目》著录汉代流行的小说有《伊尹说》（佚）、《鬻子说》（佚）、《周考》（佚）、《青史子》（佚）、《师旷》（佚）、《务成子》（佚）、《宋子》《天乙》（佚）、《黄帝说》（佚）、《封禅方说》（佚）、《待诏臣饶心术》（佚）、《待诏臣安成未央术》《臣寿周纪》（佚）、《虞初周说》（佚）、《百家》（佚）、《南越行纪》（佚）、《神异经》《十洲记》《六博经》（佚）、《西京杂记》《李陵别传》（佚）、《赵飞燕传》《汉武帝禁中起居注》（佚）、《汉武故事》《汉武内传》《汉武洞冥记》《东方朔传》（佚）、《西王母传》《异闻记》（佚）、《汉杂事秘辛》等。史仲文主编的《中国文言小说百部经典》中汉代小说还包括《吴越春秋》。从以上篇目存佚情况可见汉代小说已经亡之八九。现所存篇目作品的成书年代和作者还有待考证，有些已被认定非汉代人所作，如《西王母传》旧题（汉）桓嶙，实出杜光庭《墉城集仙录》；《西京杂记》旧题（汉）刘歆撰或题

---

① 李悔吾：《中国小说史漫稿》，湖北教育出版社 1992 年版，第 2 页。

(晋) 葛洪撰，其作者到底为谁还存在争议，《隋书·经籍志》著录为2卷，不著撰者，《旧唐书·经籍志》题葛洪撰。《郡斋读书志》曰："江左人或以为吴均依托为之。"《直斋书录解题》著录作6卷，陈振孙认为乃后人所分。余嘉锡《四库提要·西京杂记辨证》首倡《西京杂记》为葛洪编集之说，"张彦远《历代名画记》载毛延寿画王昭君事，亦引为葛洪《西京杂记》。则指为葛洪者起于唐，故《旧唐书·经籍志》遂注曰葛洪撰。然《酉阳杂俎·语资篇》别载庾信作诗用《西京杂记》事……今考《晋书·葛洪传》，载洪所著有《抱朴子》《神仙》《良吏》《集异》等传、《金匮要方》《肘后备急方》，并诸杂文，共五百余卷，并无《西京杂记》之名，则作洪撰者，自属舛误。谨案隋志于此书，不著撰人名氏者，盖以为此系葛洪所抄，非所自撰，故不题其名。"李宗邺在《中国历史要籍介绍》中说："《西京杂记》二卷集是刘歆所撰，《唐书·经籍志》误题为葛洪"；但金少英《中国历史要籍选读》中却肯定为葛洪撰。鲁迅把《西京杂记》列入《今所见汉人小说》篇，在"目次"中列了刘歆，这样就否定了葛洪。程章灿在《〈西京杂记〉的作者》一文认为"《西京杂记》的作者既非刘歆，也不是葛洪、吴均、萧贲或者别的什么人。它实际上是葛洪利用汉晋以来流传的稗史野乘、百家短书抄撮编集而成的，故意假刘歆《汉书》以自重，以今托古，以野史推记托之正史，可谓双重假托，其用心不可谓不灵巧，其手段不可谓不精密。"①丁宏武《〈西京杂记〉非葛洪伪托考辨》一文认为"葛洪《西京杂记跋》所言真实可信。《西京杂记》一书，确系刘歆草创，经后汉三国时期的漫长流传，至葛洪始编集成书。其文本内容虽然已非刘氏之旧，但它作为补遗之作的史料价值，决不可轻易否认前人关于此书系葛洪伪托的论断，也根本不能成立葛洪自觉整理保存汉代逸史的学术功绩应该得到客观公允的评价。"② 还有学者认为是吴均作，有人认为是萧贲作，各家学者提出的证据虽有一定的道理，但还不够确凿，

---

① 陈章餐：《〈西京杂记〉的作者》，《中国文化》1994年第9期。

② 丁宏武：《〈西京杂记〉非葛洪伪托考辨》，《图书馆杂志》2005年第11期。

不能令人完全信服。《西京杂记》的文献学、史学、文学、艺术文化价值是不可忽略的，如对祭祀用酒的记录，《西京杂记·八月饮酎》："汉制宗庙。八月饮酎。用九酝太牢。皇帝侍祠以正月旦作酒。八月成。名曰酎。一曰九酝。一名醇酎。"[①] 根据此段我们可以知道，汉代的宗庙祭祀制度帝王八月份饮用的是酿过两次或多次的好酒。而在祭祀仪式上则献上九次酿过的酒，用九酝太牢。皇帝在这个仪式上会出现，祭酒是从正月的第一天酿造的，八月份才能酿成，这种酒被称为酎。可见对神灵的敬重。另一条《西京杂记·止雨如祷雨》："京师大水。祭山川以止雨。丞相御史二千石祷祠。如求雨法。"[②] 说明汉代在发生涝灾，止雨的时候不仅要攻社还要祭祀山川以止雨。

《汉书·艺文志》注云《封禅方说》十八篇，武帝时。《封禅方说》是汉武帝时方士所言封禅之说，其内容包括封禅故事、传说、意旨、仪礼、器物、方法等，可通过《史记·封禅书》知其一二。《封禅方说》，班固未注作者。沈钦韩对此有论："此方士所本，史迁所云其文不雅训。"[③] 李剑国也认为："《封禅方说》从书名推测，当是方士言封禅的。"[④] 侯忠义亦云："《封禅方说》是祭祀天地时的方士之言。"[⑤]《史记·封禅书》记载："上念诸儒及方士言封禅人人殊不经，难施行。"余嘉锡据《史记·封禅书》指出，它"盖即当时诸儒及方士所言封禅事也"，"疑此十八篇，皆方士之言……故名其书曰《方说》。方者方术也"[⑥]。袁行霈《〈汉书·艺文志〉小说家考辨》认为："从书名看来，内容是关于封禅的方术，无疑是方士之言。最早记封禅之事的是《管子·封禅篇》。《管子》是战国及其后齐国的一些零碎著作的总集。齐国又是出方士的地方，武帝时方士多燕齐之士，小说《封禅方说》很可能是武帝时齐地方士献上的书。据《史

① （汉）刘歆撰，（晋）葛洪辑，向新阳、刘克任校注：《西京杂记校注》，上海古籍出版社1991年版，第5页。

② 同上书，第6页。

③ （清）王先谦：《汉书补注》，书目文献出版社1995年版，第873页。

④ 李剑国：《唐前志怪小说史》，南开大学出版社1984年版，第218页。

⑤ 侯忠义：《中国文言小说史稿》，北京大学出版社1990年版，第8页。

⑥ 王枝忠：《汉魏六朝小说史》，江苏古籍出版社1997年版，第31页。

记·封禅书》所载，武帝时方士之中说封禅最力的有公孙卿和丁公，都是齐人。《封禅方说》也许同他们有关。”[①] 万晴川在《巫文化视野中的中国古代小说》一书中认为“其中《封禅方说》十八篇，内容为关于封禅的方术，作者为武帝时方士”[②]。卢世华在《〈汉书·艺文志〉之“小说”的由来和观念实质》一文中认为：“小说家以推行自己的学说和主张（就是某种方术知识）为目的，这里是推行自己的礼仪方法和祭祀理论。这里的佚文也和前面所说的《封禅方说》相一致……汉代的儒生和方士的行为和战国时期的诸子没有两样：通过推行自己的学问取得皇帝的重用，实现自己的政治目的或者获取禄利。这样，儒生和方士就是汉代的诸子。其实，无论方士和儒生，在积累一些礼仪知识和神巫知识作为皇帝顾问上，二者的特征是一致的。”[③]《封禅方说》虽然已佚，但它是记述封禅祭祀之事是无可怀疑的。

《青史子》，《汉书·艺文志》载五十七篇，在梁代还存。刘勰说“《青史》曲缀于街谈”[④]，鲁迅先生还辑录有《青史子》佚文三篇，分别讲胎教的方法、坐车的礼仪和用鸡作为祭祀东方的理由：“鸡者，东方之牲也，岁终更始，辨秩东作，万物触户而出，故以鸡祀祭也。”[⑤] 实际上可称作胎教方、车礼方、鸡祀方。

《汉武故事》，又名《汉武帝故事》，旧题（汉）班固撰，《说郛》引作《汉孝武故事》。关于《汉武故事》的作者，历来有争议，《钦定四库全书简明目录》云：“旧本题汉班固撰或以为齐王俭作，语出唐人或不诬也，所说与《史记》《汉书》相出入，但杂以妖妄之语。自《三辅黄图》已引用，然诸书所引今本往往不载，疑其钞合

① 袁行霈：《〈汉书·艺文志〉小说家考辨》，《文史》第7辑，中华书局1979年版，第185页。

② 万晴川：《巫文化视野中的中国古代小说》，中国社会科学出版社2003年版，第63页。

③ 卢世华：《〈汉书·艺文志〉之小说的由来和观念实质》，《中国社会科学院研究生院学报》2004年第4期。

④ 周振甫：《文心雕龙今译》，中华书局1986年版，第157页。

⑤ （汉）应劭撰，王利器校注：《风俗通义校注》，中华书局1981年版，第374页。

而成又非王俭原本也。”《隋书·经籍志》《旧唐书·经籍志》《新唐书·艺文志》皆不注班固撰，唐张柬在《书洞冥记后》云《汉武故事》王俭造，《宋史·艺文志》载《汉武故事》班固撰。关于《汉武故事》的作者曾有下列几种说法：班固撰、王俭撰、葛洪撰、班周撰以及六朝人撰、文人所为、西汉成帝时文人作和汉末建安时邺下文人所为。刘化晶在《〈汉武故事〉的作者与成书时代考》一文认为，“《汉武故事》至少有三个传本，一是锡山秦汝操绣石书堂本，一是陈文烛晦伯家本，一是世传本，三个传本又互异。秦本、陈本今已不见。传世本仅存一卷，载于明本《说郛》卷五二、（明）陆楫《古今说海》、李栻《历代小说史》、吴管《古今逸史》《四库全书》子部十二等。《说郛》题作《汉武故事》。《续谈助》节录十五条，多不见今本，《类说》二一亦十五条，均简。传世本当为汉成帝时人作。此外，《艺文类聚》《三辅黄图》《太平御览》诸书所引有甲帐珠帘、王母青雀、茂陵玉碗、柏谷亭事等云出《汉武故事》，很可能为西汉末年东汉初年文人增补本。长期以来，学者们对《汉武故事》的成书疑惑不解，其主要原因在于他们把《汉武故事》的多个传本以及增补本强合为一，进而论其时代所造成的。”[①]

刘文忠在《〈汉武故事〉写作时代新考》中也将其断为汉末建安时期之小说。[②] 林飞云《关于“今所见汉人小说”写作年代的研究》一文认为《汉武帝故事》是汉末作品，并且依据明代《说郛》本《汉孝武故事》“‘长陵徐氏号仪君，善传朔术，至今上元延中已百三十七岁矣，视之如童女’一句中，‘元延’为西汉汉成帝年号，班固乃东汉人，不可能称汉成帝为‘今上’。这既可以成为《汉武故事》非班固所作的证据，还可以说明该书在西汉汉成帝时已有流传”[③]。汉代帝王好祭祀，如汉武帝好鬼神祭祀，成帝时祭祀很盛，《汉武故

① 刘化晶：《〈汉武故事〉的作者与成书时代考》，《沈阳师范大学学报》（社会科学版）2006年第2期。

② 刘文忠：《中古文学与文论研究》，学苑出版社2000年版，第40页。

③ 林飞云：《关于“今所见汉人小说”写作年代的研究》，《梧州学院学报》2007年第5期。

事》对汉武帝好祭祀进行了描述："薄忌奏：'祠太一用一太牢，为坛开八通鬼道，令太祝立其祠长安东南。'上祀太畤祭，常有光明照长安城如月光。上以问东方朔曰：'此何神也？'朔曰：'此司命之神，总鬼神者也。'上曰：'祠之能令益寿乎？'对曰：'皇者寿命悬于天，司命无能为也。'"① 汉武帝迷信鬼神可以治病："天子至鼎湖，病甚，游水发根言于上曰：'上郡有神，能治百病。'上乃令发根祷之即有应。上体平，遂迎神君会于甘泉，置之寿宫。神君最贵者大夫，次大禁司命之属，皆从之。非可得见，闻者音与人等。来则肃然风生，帷幄皆动。于北宫设钟簴羽旗以礼神君。神君所言，上辄令记之，命曰画法。率言人事多，鬼事少。其说鬼事与浮屠相类；欲人为善，责施与，不杀生。"② 汉武帝迷信鬼神，但更爱追求长生。武帝重用方士李少翁，希望李少翁能帮他达成长生的梦想："齐人李少翁，年二百岁，色如童子，上甚信之，拜为文成将军，以客礼之。于甘泉宫中画太一诸神像，祭祀之。少翁云：'先致太一，然后升天，升天然后可至蓬莱。'岁余而术未验。"③ 汉武帝曾企图亲自海上求仙，"上欲浮海求神仙，海水暴沸涌，大风晦冥，不得御楼船，乃还。"④ 据《汉书·郊祀志》记载："成帝末年好鬼神……多上书言祭祀方术者，皆得待诏，祠祭上林苑中长安城旁，费用甚多。"文学是对社会现实的反映，据以上材料，加之林飞云的论证，可推测《汉武故事》可能为西汉末期的作品。

《汉武内传》又称《汉武帝内传》《汉孝武内传》《汉孝武皇内传》《汉武帝传》《武帝内传》，旧题班固作。《钦定四库全书简明目录》载："旧本题汉班固撰，然《隋志》著录二卷，不云班固，殆后人以《汉武故事》托名于固，并举此书而归之也。"关于《汉武帝内传》的创作年代存在争议，李剑国《唐前志怪小说史》、张松辉《先秦两汉道家与文学》，认为是汉代人所作，但证据不够充足。李丰楙

① 鲁迅校录：《古小说钩沉》，齐鲁书社 1997 年版，第 216 页。

② 同上书，第 218 页。

③ 同上书，第 214 页。

④ 同上书，第 226 页。

撰《汉武内传的著成及其流传》，根据《内传》所采用之资料，推断此书乃“东晋末期或刘宋初年上清派道教徒编造，则较具说服力”①。杨义《中国古典小说史论》认为此书是“魏晋道教形成、传播之后，急于向世人宣传的产物，成书时间在葛洪写《抱朴子》前后或晚一些，此书的叙述者是道士”②。多数人认为是魏晋成书。《汉武帝内传》中对汉武帝信鬼神好祭祀以及祭祀求长生的奢望进行了记录：“及即位，好神仙之道，常祷祈名山大川以求神仙。”“元封五年正月甲子，登嵩山起道宫，帝斋七日，祠讫乃还。”接着描写了迎接西王母的准备工作，“乃修除宫掖。以紫罗荐地，燔百合之香，张云锦之帏，然九光之灯，列玉门之枣，酌蒲萄之醴，宫监香果，为天宫之馔。帝乃盛服立于阶下”③，众仙降临，西王母赐予武帝仙桃并教与成仙的方法。

《吴越春秋》，东汉赵晔撰，是一部记述春秋时期吴、越两国史事为主，在记录史实的同时掺杂了不少逸闻传说，其中多渲染神异怪诞，多载小说家言，如越女试剑、老人化猿、公孙圣三呼三应之类，常为后世史家诟病。就其记载的内容与风格而言，《吴越春秋》是一部介于史家与小说家之间的作品，是后代历史演义小说的滥觞。在叙述吴越史实的同时不免有作者的杜撰和写作时代的影子。《吴越春秋·勾践阴谋外传》：“立东郊以祭阳，名曰东皇公；立西郊祭阴，名曰西王母；祭陵山会稽，祀水泽于江汉州。事鬼神一年，国不被灭。越王曰：‘善哉，大夫之术。愿论其余。’”④“东皇公”不见于先秦典籍，而且是与西王母作为配偶神出现的，极其可能就是东汉时期出现的东王公。东王公是在东汉时期伴随西王母祭祀信仰兴盛，作为西王母的配偶神而出现的（后面的西王母研究有详细论述）。《吴越春秋》这段记录是汉代西王母、东王公祭祀信仰兴盛的体现，可做研

---

① 王国良：《魏晋南北朝志怪小说研究》，文史哲出版社1984年版，第308页。

② 杨义：《中国古典小说史论》（新版图志本），中国社会科学出版社2004年版，第137页。

③ 史仲文：《中国文言小说百部经典》，北京出版社2004年版，第125页。

④ 鲁迅校录：《古小说钩沉》，齐鲁书社1997年版，第241页。

究汉代祭祀文学和文化的一条很好的例证。汉代小说是中国古代小说的初级阶段，小说的体制发展得还不够成熟，但对研究后代小说和祭祀文学还是有很大的帮助的。

二 汉代散文对祭祀的记录

汉代对祭祀这种重要文化现象加以表述的文体除了诗歌、汉赋、小说外，还有一种重要的文体，那就是汉代政论散文、诸子散文对汉代祭祀文化的书写和弘扬。

（一）从政论散文中的诏策议对看汉代君主的祭祀情况

诏策议对是汉代政论散文中一种重要的文体，同时也是记载汉代祭祀文化制度现象最多的一种文体。据《全上古三代秦汉三国六朝文》所收材料统计西汉时期的诏策议对中涉及祭祀的共有 70 多处，大致可分为：祭天、祭地、祭人鬼、灾异祭祀等几类。从诏策的情况来看西汉帝王重祭祀的主要有武帝、景帝、成帝和哀帝等，武帝是西汉帝王下诏祭祀次数最多的帝王，12 次下达有关祭祀的诏策，分别为《修山川祠诏》《郊祠泰畤诏》《增太室山祠诏》《尊灵星祠诏》《祠后土诏》《增封泰山诏》《礼首山祠后土诏》《幸河东诏》《议后土诏》《议郊祀礼乐》《改元大赦诏》及后元元年《赦诏》。龙文玲在《汉武帝与西汉文学》中对汉武帝时期的祭祀诏策进行了概括："神道设教，完善郊祀礼、进行封禅泰山和改制更化活动，彻底解决汉代秦的合理性问题，以进一步神化皇权，巩固政权。受此影响，后期武帝关于礼乐教化问题的诏策较前期明显减少，而关注祭祀活动，宣扬天命符瑞的诏策则较前期大量增多。"① 西汉建立初期礼法制度很不完善，高祖令叔孙通制礼，完善汉代的礼法，其中就包括重要的祭祀礼。帝王下诏对各种祭祀礼仪制度进行讨论，其中包括祭祀的方方面面。如武帝《议郊祀乐》、宣帝《议武帝庙乐诏》讨论祭祀用乐问题。《正毁庙迁主礼仪诏》是汉元帝永光五年对已逝汉代帝王传承祭祀问题的诏书。汉代皇天后土的观念十分强烈，如武帝《议后土

① 龙文玲：《汉武帝与西汉文学》，社会科学文献出版社 2007 年版，第 327 页。

诏》、司马谈《祠后土议》，匡衡《奏徙南北郊》，王商《徙南北郊议》，王莽《奏定郊祀》《复奏长安南北郊》《奏改郊祀礼》，匡衡《对成帝甘泉太畤问》，倪宽《封禅对》都是有关祭祀天地的诏策和大臣的奏议。除了对天地的崇拜外，汉代人十分注重对祖先的祭祀，如汉元帝《议毁庙诏》、燕王旦《上书请立武帝庙》、孔光《奏请毁庙议》，申屠嘉《奏议孝文为太庙》，韦玄成《罢郡国庙议》《毁庙议》《奏请正定庙制》《复言罢文昭太后寝祠园》，贡禹《奏请正定庙制》，张骞《明堂议》等。汉代帝王十分关注农业神祭祀，除了藉田、祭社稷、后土外，汉高帝时期下诏立灵星祠，武帝时期也有《尊祠灵星诏》。

东汉时期有关祭祀的诏诰近20篇，帝王注重宗庙祭祀如光武帝时期就有《庙祭诏》《行禘祫祭诏》。从《后汉文》中所收录的有关祭祀的诏策、议对发现，东汉时期也比较注重祭祀礼仪，章帝时祭祀礼乐古制已经破坏，“汉遭秦余，礼坏乐崩，且因循故事，未可观省，有知其说者，各尽所能”（《后汉·曹褒传》）。于是颁布了《议定礼乐诏》，讨论祭祀礼乐。明帝时东平王苍的《世祖庙乐舞议》认为：“汉制旧典，宗庙各奏其乐，不皆相袭，以明功德。……光武皇帝受命中兴，拨乱反正，武畅方外，震服百蛮，戎狄奉贡，宇内治平，登封告成，修建三雍，肃穆典祀，功德巍巍，比隆前代。以兵平乱，武功盛大。歌所以咏德，舞所以象功，世祖庙乐名宜曰大武之舞。”（《后汉书·祭祀志》）汉代前期祭祀没有专门的祭服，东平王苍在《南北郊冕服议》中对南北郊祀时所用冕服的装饰图案提出了自己的意见：“光武受命中兴，建明堂，立辟雍。陛下以圣明奉遵，以礼服龙衮祭五帝。礼缺乐崩，久无祭天地冕服之制。案尊事神祇，絜斋盛服，敬之至也。日月星辰，山龙华藻，天王衮冕十有二旒，以则天数。旗有龙章日月，以备其文。今祭明堂宗庙，圆以法天，方以则地，服以华文，象其物宜，以降神明，肃雍备思，博其类也。天地之礼，冕冠裳衣，宜如明堂之制。”（《后汉书·舆服志下》）除了郊祀祭天、庙祭祭祀祖先等外，两汉时期的帝王比较注重封禅，如汉武帝、光武帝关于封禅都进行了讨论并组织了封禅祭祀之礼。汉代帝王对农业十分关心，每当干旱发生的时候会下诏祭祀求雨，如明帝时有《祷雨诏》《得雨劳公卿诏》，章帝时有《祷雨诏》，顺帝时有《祈雨诏》《敕祷雨》等。汉人认为干旱是由于阴阳失调导致，阳气过旺才会导致少雨。如董仲舒在干旱时曾经上书求雨《奏江都王求雨》："求雨之方，损阳益阴。"（《续汉书·礼仪志》中注补引仲舒奏江都王）雨水过多时汉人认为是阴气过盛，要止雨，如《止雨祝》："天生五谷以养人。今淫雨太多，五谷不和，敬进肥牲清酒，以请社灵，幸为止雨，除民所苦。无使阴灭阳，阴灭阳，不顺于天。天之常意，在于利人。人愿止雨，敢告于社。"（《春秋繁露·止雨》）

（二）诸子散文对祭祀习俗及制度的叙述

两汉时期是一个阴阳、五行、道家、儒学、谶纬等各种思想盛行的社会，各种思想影响着人们的思想，同时上层统治者又十分好鬼信神，祭祀活动频繁，武帝、宣帝、元帝、成帝、光武帝、明帝、章帝诸世，上层统治者组织有关祭祀的讨论并举行多种的祭祀活动，同时民间也巫风盛行，这样的社会环境对散文产生了一定的影响。诸子散文对祭祀习俗及制度进行了记述和评论。

1. 贾谊的散文

贾谊是汉代创作散文数量比较多的文人之一，在其文章中多处论及祭祀，贾谊在这些文章中多是从仪礼方面论述祭祀的。

首先，依据等级着装和进行祭祀。贾谊《服疑》篇曰："制服之道，取至适至和以予民，至美至神进之帝。奇服文章，以等级上下而差贵贱。是以高下异则名号异……则祭祀异，则死丧异。"[①] 制定服饰应适合身体肌肤的给百姓，把最好的献给帝王。以裁剪样式奇特和装饰的不同来区别上下等级贵贱的不同。因此地位高低不同，则名号不同，那么祭祀对象也会不同。

其次，掌管祭祀官员的职责问题。贾谊《辅佐》篇是贾谊建议汉文帝应设置的官职，并规定了其所司之职，不同官职在不同方面辅佐君王，文中就涉及了一些祭祀官员，如典方，典方主管天子仪容，同

① 王洲明、徐超校注：《贾谊集校注》，人民文学出版社 1996 年版，第 48 页。

时还要负责祭祀宗庙的事务“典方典容仪……朝觐宗遇”；在祭祀方面比较重要的官员是奉常，奉常掌管祭天、宗庙社稷、天神地祇人鬼、山川的祭祀，以及国家的礼仪等：“奉常典天，以掌宗庙社稷之祀，天神地祇人鬼，凡山川四望国之诸祭，吉凶妖祥占相之事；序礼乐丧纪，国之礼仪毕居其宜，以识宗室；观风俗，审诗商，修宪命，禁邪言，息淫声；于四时之交，有事于南郊，以报祇天明。故历天时不得，事鬼神不序，经礼仪人伦不正，奉常之任也。”① 祧师主掌春天祭祀，“祧师典春，以掌国之众庶、四民之序，以礼义伦理教训人民。方春三月，缓施生遂，动作百物，是时有事于皇祖皇考”②。

再次，贾谊在《容经》中介绍了对参加祭祀者的仪容要求，祭祀时要神情严肃、虔诚，祭神如神在：“祭祀之志，愉然思以和”③，“祭祀之容，遂遂然粥粥然敬以婉”④，“祭祀之视，视如有将”⑤，“祭祀之言，屏气折声”⑥。

最后，贾谊在《道德说》篇认为祭祀的主要目的就是求福，祭祀鬼神是为了让鬼神知道自己的请求，让人遵从他的旨意而取得成功，并让神灵给予帮助和庇佑。“人能修德之理，则安利之谓福，莫不慕福，弗能必得，而人心以为鬼神能兴于利害，是故具牺牲俎豆粢盛，斋戒而祭鬼神，欲明其指，令人缘之以自成也……故曰‘祭祀鬼神为此福者也’。”⑦

2. 董仲舒的《春秋繁露》

董仲舒是汉代新儒学的创始者和提倡者，其著作《春秋繁露》是其思想的最集中表述之作，《春秋繁露》在阐述董仲舒天人合一、大一统等新儒学思想的同时，也对汉代的祭祀情况进行了记述和阐释。农业祭祀是汉代的重要祭礼之一，在董仲舒的《春秋繁露》中有多

---

① 王洲明、徐超校注：《贾谊集校注》，人民文学出版社 1996 年版，第 210—211 页。
② 同上书，第 211 页。
③ 同上书，第 225 页。
④ 同上书，第 226 页。
⑤ 同上。
⑥ 同上书，第 227 页。
⑦ 同上书，第 328—329 页。

处提及，董仲舒运用天人合一、阴阳和谐思想来解释农业中的灾害及消除灾害的祭祀：如认为干旱是阴阳失调，阳灭阴，要举行雩祭，击鼓以攻之。《春秋繁露·精华》介绍了雩祭："大雩者何？旱祭也。难者曰：大旱雩祭而请雨，大水鸣鼓而攻社，天地之所为，阴阳之所起也。或请焉，或怒焉者何？曰：大旱者，阳灭阴也。阳灭阴者，尊厌卑也，固其义也。虽大甚，拜请之而已，敢有加也。大水者，阴灭阳也。阴灭阳者，卑胜尊也，日食亦然，皆下犯上、以贱伤贵者，逆节也，故鸣鼓以攻之，朱丝而胁之，为其不义也。"在有干旱发生时人们要进行祭祀求雨，每个季节求雨祭祀的神灵和所用的祭品不同。《求雨》篇介绍了四时求雨："春旱求雨。令县邑以水日祷社稷山川，家人祀户……其神共工，祭之以生鱼八，玄酒，具清酒……祝斋三日，服青衣。"舞苍龙，祭祀用蛙。"夏求雨，令县邑以水日，家人祀灶……其神蚩尤，祭之以赤雄鸡七，玄酒，具清酒、脯脯……祝斋三日，服赤衣。……季夏祷山陵以助之……其神后稷……衣黄衣而舞之。""秋暴巫尪至九日……其神少昊，祭之以桐木鱼九，玄酒，具清酒、脯脯。衣白衣。""冬舞龙六日，祷于名山以助之。家人祠井……其神玄冥，祭之以黑狗子六，玄酒，具清酒、脯脯。祝斋三日，衣黑衣，礼祝如春。"

除了干旱求雨之外，洪涝发生时还要进行祭祀止雨，发生洪涝，人们认为是由阴盛阳衰造成的，女子属阴，举行祭祀的时候藏匿而不准出门，"凡止雨之大礼，女子欲其藏而匿也，丈夫欲其和而乐也。开阳而闭阴，阖水而开火"①。汉武帝二十一年"八月甲申，朔。丙午……阴雨太久，恐伤五谷，趣止雨。止雨之礼，废阴起阳。书十七县，八十离乡，及都官吏千石以下，夫妇在官者，咸遣妇令归。鼓用牲于社。祝之曰：'雨以太多，五谷不和，敬进肥牲，以请社灵，社灵幸为止雨，除民所苦，无使阴灭阳。阴灭阳，不顺于天。天意常在于利民，愿止雨。'"② 以上三篇关于汉代求雨、止雨的祭祀，无不显

① （清）苏舆：《春秋繁露义证》，中华书局1992年版，第438页。

② 同上书，第438—439页。

示出董仲舒的阴阳五行、阴阳和谐观念。

郊天礼是古代最重要的一种祭礼，帝王在岁首最先进行的祭祀。古人对郊天之礼十分重视。正如董仲舒在《春秋繁露·郊语》中所说："以郊为百神始，始入岁首，必以正月上辛日先享天，乃敢于地，先贵之义也。……天子者，则天之子也。以身度天，独何为不欲其子之有子礼也。今为其天子，而阙然无祭于天，天何必善之？"董仲舒认为郊天是最为重要的祭祀，天神是百神之首，"郊义，春秋之法，王者岁一祭天于郊，四祭于宗庙。宗庙因于四时之易，郊因于新岁之初，圣人有以起之，其以祭不可不亲也。天者，百神之君也，王者之所最尊也。以最尊天之故，故易始岁更纪，即以其初郊。郊必以正月上辛者，言以所最尊，首一岁之事。每更纪者以郊，郊祭首之，先贵之义，尊天之道也"①。郊天是国家重要的祭礼，即使国家有大的丧事，郊天之礼也不会被终止。"《春秋》之义，国有大丧者，止宗庙之祭，而不止郊祭，不敢以父母之丧，废事天地之礼也。"② 董仲舒极为赞同天子郊天，并认为："奈何为天子之号，而无天子之礼？天子不可不祭天也，无异人之不可以不食父。为人子而不事父者，天下莫能以为可。今为天之子而不事天，何以异是？是故天子每至岁首，必先郊祭以享天，乃敢为地，行子礼也；每将兴师，必先郊祭以告天，乃敢征伐，行子道也。"③ 董仲舒认为君王是天的儿子，天子祭天是理所当然之事，臣民是天子的臣民，这样将天与人完满地结合起来，这正是其天人合一思想的重要体现。天人合一，天下人都得听从天的安排，而天的儿子是皇帝，所以大家要听从皇帝的命令，从而实现汉代的大一统，为统治集团服务，这也是新儒家的大一统思想的体现。这种学说使宗教祭祀的政治功能得到进一步的加强。"天若不予是家，是家者安得立为天子？立为天子者，天予是家。天予是家者，天使是家者……不祭天者，乃不可祭小神也。郊因先卜，不吉不敢

① （清）苏舆：《春秋繁露义证》，中华书局1992年版，第402—403页。

② 同上书，第404页。

③ 同上书，第404—405页。

郊。百神之祭不卜，而郊独卜，郊祭最大也。”① 祭天是最盛大的祭礼，不祭天不可以举行其他的祭礼，因此每年的年初，汉代帝王首先要举行祭天之礼。

董仲舒极力提倡祭祀之礼，为汉代的统治服务，要求人们要以虔敬之心去对待祭祀，极力夸大祭祀的作用，“尊天，美义也；敬宗庙，大礼也。圣人之所谨也。不多而欲洁清，不贪数而欲恭敬。君子之祭也，躬亲之，致其中心之诚，尽敬洁之道，以接至尊，故鬼享之。享之如此，乃可谓之能祭。祭者，察也，以善逮鬼神之谓也。善乃逮不可闻见者，故谓之察。吾以名之所享，故祭之不虚，安所可察哉！祭之为言际也与？祭然后能见不见。见不见之见者，然后知天命鬼神。知天命鬼神，然后明祭之意。明祭之意，乃知重祭事。孔子曰：‘吾不与祭，如不祭。祭神如神在。’重祭事，如事生。故圣人于鬼神也，畏之而不敢欺也，信之而不独任，事之而不专恃”②。

3.《淮南子》对汉代祭祀的描述

《淮南子》本名《鸿烈》，由西汉时期淮南王刘安招致宾客集体创作而成。《淮南子》一书是以道家思想为指导，吸收诸子百家学说，融会贯通而成，是战国至汉初黄老之学理论体系的代表作。该书在总结道家思想的同时对一些祭祀礼仪也有涉及，如古代的四时、五祀之祭：《淮南子·时则训》记载天子四时祭祀，孟春、季春、孟夏、仲夏、孟秋、仲秋、季秋、孟冬、仲冬的祭祀情况，其中四时天子穿着不同颜色的衣服与其对应，这是阴阳五行思想的明显反映，如春衣青衣，孟夏、仲夏衣赤衣，季夏衣黄衣，秋衣白衣，冬衣黑衣。

同时，依据四时祭祀不同的方位，依据四时用不同的祭品进行祭祀。如：孟春迎春，“孟春之月，招摇指寅，昏参中，旦尾中。其位东方，其日甲乙，盛德在木，其虫鳞，其音角，律中太蔟，其数八，其味酸，其臭膻，其祀户，祭先脾……天子衣青衣，乘苍龙，服苍玉，建青旗……立春之日，天子亲率三公、九卿、大夫以迎岁于东

---

① （清）苏舆：《春秋繁露义证》，中华书局1992年版，第409页。

② 同上书，第441—442页。

郊，修除祠位，币祷鬼神，牺牲用牡”。

季春举行桑蚕礼，“季春之月，招摇指辰，昏七星中，旦牵牛中，其位东方，其日甲乙，其虫鳞，其音角，律中姑洗，其数八，其味酸，其臭膻，其祀户，祭先脾……天子衣青衣，乘苍龙，服苍玉，建青旗……后妃斋戒，东向亲桑，省妇使，勤蚕事……令国傩，九门磔攘，以毕春气”。

孟夏迎夏于南郊，“孟夏之月，招摇指巳，昏翼中，旦婺女中，其位南方，其日丙丁，盛德在火，其虫羽，其音征，律中仲吕，其数七，其味苦，其臭焦，其祀灶，祭先肺。……天子衣赤衣，乘赤骝，服赤玉，建赤旗……立夏之日，天子亲率三公、九卿、大夫以迎岁于南郊”。

仲夏为民祈祀山川百源，大雩帝，“仲夏之月，招摇指午，昏亢中，旦危中。其位南方，其日丙丁，其虫羽，其音征，律中蕤宾，其数七，其味苦，其臭焦，其祀灶，祭先肺……天子衣赤衣，乘赤骝，服赤玉，建赤旗……命有司，为民祈祀山川百源，大雩帝，用盛乐”。

“季夏之月，招摇指未，昏心中，旦奎中……其祀中溜，祭先心……天子衣黄衣，乘黄骝，服黄玉。”

孟秋迎秋，“孟秋之月，招摇指申，昏斗中，旦毕中，其位西方，其日庚辛，盛德在金，其虫毛，其音商，律中夷则，其数九，其味辛，其臭腥，其祀门，祭先肝……天子衣白衣，乘白骆，服白玉，建白旗……立秋之日，天子亲率三公、九卿、大夫以迎秋于西郊……是月农始升谷，天子尝新，先荐寝庙”。

“仲秋之月，招摇指酉，昏牵牛中，旦觜嶲中。其位西方，其日庚辛，其虫毛，其音商，律中南吕，其数九，其味辛，其臭腥，其祀门，祭先肝……天子衣白衣，乘白骆，服白玉，建白旗……天子乃傩，以御秋气，以犬尝麻，先荐寝庙”。

“季秋之月，招摇指戌，昏虚中，旦柳中，其位西方，其日庚辛，其虫毛，其音商，律中无射，其数九，其味辛，其臭腥，其祀门，祭先肝……天子衣白衣，乘白骆，服白玉，建白旗……农事备收，举五谷之要，藏帝籍之收于神仓……是月，天子乃以犬尝麻，先荐寝庙。”

孟冬北郊迎冬，“孟冬之月，招摇指亥，昏危中，旦七星中，其位北方，其日壬癸，盛德在水，其虫介，其音羽，律中应钟，其数六。其味碱，其臭腐，其祀井，祭先肾……天子衣黑衣，乘玄骊，服玄玉，建玄旗……立冬之日，天子亲率三公、九卿、大夫以迎岁于北郊。还，乃赏死事，存孤寡。是月，命太祝，祷祀神位，占龟策，审卦兆，以察吉凶……是月也，大饮蒸，天子祈来年于天宗，大祷祭于公社，毕，飨先祖。劳农夫，以休息之”。

“仲冬之月，招摇指子，昏壁中，旦轸中，其位北方，其日壬癸，其虫介，其音羽，律中黄钟，其数六，其味碱，其臭腐，其祀井，祭先肾……天子衣黑衣，乘玄骊，服玄玉，建玄旗……天子乃命有司，祀四海大川名泽。”

“季冬之月，招摇指丑，昏娄中，旦氐中，其位北方，其日壬癸，其虫介，其音羽，律中大吕，其数六，其味碱，其臭腐，其祀井，祭先肾……天子衣黑衣，乘玄骊，服玄玉，建玄旗……命有司，大傩旁磔，出土牛……将更始，令静农民，无有所使，天子乃与公、卿、大夫饰国典，论时令，以待嗣岁之宜。乃命太史，次诸侯之列，赋之牺牲，以供皇天上帝社稷之刍享。乃命同姓之国，供寝庙之刍豢；卿、士、大夫至于庶民，供山林名川之祀。”

《淮南子·时则训》记载的四时之祭，每一季节祭祀古代五祀中的一神，而且所采用的祭品也不相同，春以脾祭户神，孟夏、仲夏以肺祭灶神，季夏以心祭中溜神，秋以肝祭门神、冬以肾祭井神。《说文解字》曰：“肾，水藏也。肺，金藏也。脾，土藏也。肝，木藏也。”① 四时祭祀所用祭品的不同，有可能是受阴阳五行观念影响所致。

在《淮南子·齐俗训》中还记录了三代的社祭情况：“有虞氏之祀，其社用土，祀中溜，葬成亩，其乐咸池、承云、九韶，其服尚黄。夏后氏其社用松，祀户，葬墙置翣，其乐夏钥、九成、六佾、六

---

① （汉）许慎撰，（清）段玉裁注：《说文解字注》，浙江古籍出版社2006年版，第168页。

列、六英，其服尚青。殷人之礼，其社用石，祀门，葬树松，其乐大濩、晨露，其服尚白。周人之礼，其社用栗，祀灶，葬树柏，其乐大武、三象、棘下，其服尚赤。”

4. 司马相如《封禅文》

封禅是古代帝王的重要祭礼之一，帝王通过封禅向天报功，向天下宣告自己的统治，宣扬帝统，维护自己的统治地位，教化人民，希望神灵给予庇佑。同时也是古帝王寻求长生的一种办法。如《史记·封禅书》引《五经通义》云：“易姓而王，致太平，必封泰山，禅梁父，天命以为王，使理群生，告太平于天，报群神之功。”封禅是古代帝王最为重视的祀典之一，汉代的帝王对其也尤其热衷，皇帝重视和热衷封禅，一些大臣也对此事十分热衷，如司马相如为迎合汉武帝的封禅祭祀作《封禅文》。司马相如的《封禅文》大肆铺陈武帝时代的种种“符瑞”，如“一茎六穗”之谷、灵龟黄龙之兽等，并特作“颂诗”三首，作为“天人之际已交”的证据。他还联系阴阳五行之学，鼓吹和敦促汉武帝封禅，“然后囿驺虞之珍群，徼麋鹿之怪兽，导一茎六穗于庖，牺双觡共抵之兽，获周馀放龟于岐，招翠黄乘龙于沼。鬼神接灵圉，宾于闲馆……夫修德以锡符，奉符以行事，不为进越也。故圣王弗替，而修礼地祇，谒款天神，勒功中岳，以章至尊，舒盛德，发号荣，受厚福，以浸黎民。皇皇哉斯事，天下之壮观，王者之卒业，不可贬也。愿陛下全之……披艺观之，天人之际已交，上下相发允答。圣王之事，兢兢翼翼。故曰于兴必虑衰，安必思危。是以汤武至尊严，不失肃祇，舜在假典，顾省厥遗，此之谓也。”①

5. 桓宽《盐铁论》

桓宽《盐铁论》是根据昭帝始元六年（前81年）召开的盐铁会议的文件写成的政论性散文集。它比较生动地记述了御史大夫桑弘羊和从全国各地召集来的“贤良”“文学”们的辩论，保存了许多西汉中叶的经济思想和风俗习惯史料，揭露了当时社会的一些问题和矛盾。在保存的风俗史料中就有一些关于祭祀的记录，汉人受楚人巫风

---

① （清）严可均：《全上古三代秦汉三国六朝文》，中华书局1958年版，第248页。

的影响及统治者的信鬼神好祭祀的提倡，使汉代巫风盛行。在《盐铁论·散不足》中的记载反映了当时社会巫风盛行，淫祀泛滥的现实："古者庶人粝食藜藿，非乡饮酒，膢腊祭祀。无酒肉。""古者庶人鱼菽之祭，春秋修其祖祠。士一庙，大夫三，以时有事于五祀，盖无出门之祭。今富者祈名岳，望山川，椎牛击鼓，戏倡儛像。中者南居当路，水上云台，屠羊杀狗，鼓瑟吹笙。贫者鸡豕五芳，卫保散腊，倾盖社场。"巫风盛行使人们过分相信鬼神而不注重自己的德行修养，"古者德行求福，故祭祀而宽；仁义求吉，故卜筮而希。今世俗宽于行而求于鬼，怠于礼而笃于祭，嫚亲而贵势。至妄而信日，听訑言而信得，出实物而享虚福。"于是导致了"世俗饰伪行诈，为民巫祝，以取厘谢，坚頟健舌，或以成业致富，故惮事之人，释本相学。是以街巷有巫，闾里有祝"①。

祭祀之风如此之兴盛，《盐铁论·执务》中也表达了对这种祭祀之风的批判："人愁苦而怨思，上不恤理，则恶政行而邪气作。邪气作，则虫螟生而水旱起。若此，虽祷祀雩祝，用事百神无时，岂能调阴阳而息盗贼矣？"并认为灾异由鬼神主掌是无中生有的说法，"大夫曰：巫祝不可与并祀，诸生不可与逐语。信往疑今，非人自是。夫道古者稽之今，言远者合之近。日月在天，其征在人。灾异之变，夭寿之期，阴阳之化，四时之叙，水火金木，妖祥之应，鬼神之灵，祭祀之福，日月之行，星辰之纪，曲直之故，何所本始？不知则默，无苟乱耳。"②

6. 桓谭《新论》

据《后汉书·桓谭传》记载，桓谭生活于成帝至光武帝时期，当时社会崇尚神仙方士，"成帝末年颇好鬼神……多上书言祭祀方术者，皆得待诏，祠祭上林苑中长安城旁，费用甚多。"③ 桓谭对成帝的此种做法非常反感。桓谭认为帝王治国应该推行礼让，而不是靠卜筮、

---

① （汉）桓宽：《盐铁论》，《诸子集成》，中华书局1954年点校本，第7册，第34页。

② 同上书，第55页。

③ （汉）班固撰，（唐）颜师古注：《汉书》，中华书局1962年标点本，第1260页。

祭祀来求得国家的太平，“圣王治国，崇礼让，显仁义，以尊贤爱民为务，是为卜筮维寡，祭祀用稀。”[①] 并以楚灵王好祭祀丢国做事例，劝谏皇帝不要因为祭祀而误了国事，“昔楚灵王骄逸轻下，简贤务鬼，信巫祝之道。斋戒洁鲜，以祀上帝，礼群神躬执羽绂，起舞坛前。吴人来攻，其国人告急。而灵王鼓舞自若，顾应之曰：‘寡人方祭上帝，乐明神，当蒙福佑焉。’不敢赴救，而吴兵遂至，俘获其太子及后姬。甚可伤。……王翁好卜筮，信时日，而笃于事鬼神多作庙兆，洁斋祀祭。牺牲殽膳之费，吏卒辨治之苦，不可称道。为政不善，见叛天下。及难作兵起，无权策以自救解，乃驰之南郊告祷，搏心言冤，号兴流涕，叩头请命幸天哀助之也。当兵入宫日，矢射交集，燔火大起，逃渐台下，尚抱其符命书，及所作威斗，可谓蔽惑至甚矣！”[②]

除了讽谏之外，桓谭《新论·正经》还对明堂进行了介绍：“王者造明堂辟雍，所以承天行化也。天俩明，故命曰明堂，上圆法天，下方法地，八窗法八风，四达法四时，九室法九州岛，十二坐法十二月，三十六户法三十六雨，七十二牖法七十二风为四面堂，各从其色，以仿四方。王者作圆池如璧形，实水其中，以环壅之，故曰辟雍，言其上承天地，以班教令，流转王道，周（《御览》作‘终’）而复始。”[③]

7. 王充《论衡》

东汉时期，儒家思想在意识形态领域里占主导地位，但与春秋战国时期的儒家学说不同，与谶纬学说的结合，给儒学蒙上了神秘的面纱，使儒学变成了“儒术”。王充《论衡》一书针对这种儒术和神秘主义的谶纬说进行批判。《论衡》一书不仅对汉儒思想进行了尖锐而猛烈的抨击（但它并不完全否定儒学），还批判地吸取了先秦以来各家各派的思想，特别是道家黄老学派的思想，对先秦诸子百家的“天道”“礼和法”“鬼神与薄葬”“命”“性善和性恶”等，都进行了系统的评述，其中也不乏批判祭祀之篇。首先《论衡·乱龙》对雩祭

---

① （清）严可均：《全上古三代秦汉三国六朝文》，中华书局1958年版，第540页。

② 同上。

③ 同上书，第546页。

用土龙的事给予反驳："董仲舒申《春秋》之雩，设土龙以招雨，其意以云龙相致。《易》曰：'云从龙，风从虎。'以类求之，故设土龙。阴阳从类，云雨自至。儒者或问曰：夫《易》言'云从龙'者，谓真龙也，岂谓土哉？楚叶公好龙，墙壁盘盂皆画龙。必以象类为若真，是则叶公之国常有雨也。《易》又曰'风从虎'，谓虎啸而谷风至也。风之与虎，亦同气类。设为土虎，置之谷中，风能至乎？夫土虎不能而致风，土龙安能而致雨？古者畜龙，乘车驾龙，故有豢龙氏、御龙氏。夏后之庭，二龙常在，季年夏衰，二龙低伏。真龙在地，犹无云雨，况伪象乎？礼，画雷樽象雷之形，雷樽不闻能致雷，土龙安能而动雨？顿牟掇芥，磁石引针，皆以其真是，不假他类。他类肖似，不能掇取者，何也？气性异殊，不能相感动也。"

古人祭祀要选择吉日，尤其大的祭祀之前要进行占卜选日，王充在《论衡·讥日》对祭祀选日这种现象，举生活中的例子加以批判："祭祀之历，亦有吉凶。假令血忌月杀之日固凶，以杀牲设祭，必有患祸。夫祭者，供食鬼也；鬼者，死人之精也。若非死人之精，人未尝见鬼之饮食也。推生事死，推人事鬼，见生人有饮食，死为鬼当能复饮食，感物思亲，故祭祀也。及他神百鬼之祠，虽非死人，其事之礼，亦与死人同。盖以不见其形，但以生人之礼准况之也。生人饮食无日，鬼神何故有日？如鬼神审有知，与人无异，则祭不宜择日。如无知也，不能饮食，虽择日避忌，其何补益？实者，百祀无鬼，死人无知。百祀报功，示不忘德。死如事生，示不背亡。祭之无福，不祭无祸。祭与不祭，尚无祸福，况日之吉凶，何能损益？如以杀牲见血，避血忌月杀，则生人食六畜亦宜辟之。海内屠肆，六畜死者，日数千头，不择吉凶，早死者，未必屠工也。天下死罪，各月断囚，亦数千人，其刑于市，不择吉日，受祸者未必狱吏也。肉尽杀牲，狱具断囚。囚断、牲杀，创血之实，何以异于祭祀之牲？独为祭祀设历，不为屠工、狱吏立见，世俗用意，不实类也。祭非其鬼，又信非其讳，持二非往求一福，不能得也。"

王充在《解除》篇、《祀义》篇、《祭意》篇分别对祭祀的意蕴进行了分析：

《解除》篇中王充对时人祭祀的目的和原因进行了分析，认为人们祭祀是为了求福，“国期有远近，人命有长短，如祭祀可以得福，解除可以去凶，则王者可竭天下之财，以兴延期之祀；富家翁妪可求解除之福，以取逾世之寿。”王充认为人们之所以进行祭祀除了求福，更为重要的是人们相信鬼神的存在：“祭祀不为福，福不由祭祀。世信鬼神，故好祭祀。祭祀无鬼神，故通人不务焉。祭祀，厚事鬼神之道也，犹无吉福之验，况盛力用威，驱逐鬼神，其何利哉！”在《祀义》篇中进一步分析，认为由于人们相信鬼神的存在推动了祭祀的兴盛，“世信祭祀，以为祭祀者必有福，不祭祀者必有祸。是以病作卜祟，祟得修祀，祀毕意解，意解病已，执意以为祭祀之助，勉奉不绝。”王充站在唯物主义的角度以死者——鬼神，无法接受歆享这一事实对祭祀进行批判：“祭祀谓死人有知，鬼神饮食，犹相宾客，宾客悦喜，报主人恩矣。其修祭祀，是也；信其享之，非也。实者，祭祀之意，主人自尽恩勤而已，鬼神未必欲享之也。何以明之？今所祭者报功，则缘生人为恩义耳，何歆享之有？今所祭死人，死人无知，不能饮食，何以审其不能歆享饮食也？”

《祭意》篇中阐述帝王、诸侯和庶人依据等级祭祀自己的祭祀对象，人们祭祀神灵是因为神灵对人们有功德的缘由。“礼，王者祭天地，诸侯祭山川，卿大夫祭五祀，士庶人祭其先；宗庙社稷之祀，自天子达于庶人……王者父事天，母事地，推人事父母之事，故亦有祭天地之祀。山川以下，报功之义也。缘生人有功得赏，鬼神有功亦祀之。山出云雨润万物，六宗居六合之间，助天地变化，王者尊而祭之。故曰六宗。社稷报生万物之功：社报万物，稷报五谷。五祀报门户井灶中溜之功：门户人所出入，井灶人所饮食，中溜人所托处。五者功钧，故俱祀之。”

王充认为帝王祭祀有两层含义：“一曰报功，二曰修先。报功以勉力，修先以崇恩。力勉恩崇，功立化通，圣王之务也。是故圣王制祭祀也，法施于民则祀之，以死勤事则祀之，以劳定国则祀之，能御大灾则祀之，能捍大患则祀之……宗庙先祖，己之亲也，生时有养亲之道，死亡义不可背，故修祭祀，示如生存。推人事鬼神，缘生事死人。有赏功供养之道，故有报恩祀祖之义。”[①]

王充在《祀义》篇还对社稷、五祀、宗庙等祭祀的意蕴进行了分析，古人对人与自然的关系已经有了一定的认识，但这种认识比较朦胧，认为自然中存在着一些神灵掌控着人与自然的关系，因此古人发明了一些神灵，并想出了祭祀这些神灵的理由：“社、稷报生谷物之功。万民生于天地，犹毫毛生于体也。祭天地，则社、稷设其中矣；人君重之，故复别祭。必以为有神，是人之肤肉当复食也。五祀初本在地。门户用木与土，土、木生于地，井、灶、室中溜皆属于地。祭地，五祀设其中矣。人君重之，故复别祭。必以为有神，是人食已，当复食形体也。风伯、雨师、雷公，是群神也。风犹人之有吹煦也，雨犹人之有精液也，雷犹人之有腹鸣也，三者附于天地。祭天地，三者在矣，人君重之，故复别祭。必以为有神，则人吹煦、精液、腹鸣当复食也。日月犹人之有目，星辰犹人之有发，三光附天。祭天，三光在矣，人君重之，故复别祭。必以为有神，则人之食已，复食目与发也。”宗庙是汉代人祭祀先辈的地方：“宗庙，己之先也。生存之时，谨敬供养，死不敢不信，故修祭祀，缘生事死，示不忘先。五帝、三王郊宗黄帝、帝喾之属，报功坚力，不敢忘德。”[②] 从王充的分析中可见，原始宗教的万物有灵和祖先崇拜思想在汉代对人们的影响仍然根深蒂固，汉人对自然万物的认识还处于不够发达阶段。

8. 班固《白虎通义》

《白虎通义》东汉班固撰，汉代经学分为今文经学和古文经学两大派别，各派对同一经文的解释都存在很大的分歧，令学者无所适从，因此需要统一经义，统一经义也是当时的政治需要。西汉宣帝于甘露三年“诏诸儒讲《五经》同异，太子太傅萧望之等平奏其议，上视称制临决”[③]。东汉章帝时期也进行了一次统一经义的讨论，《后汉书·章帝纪》记载：“于是下太常，将、大夫、博士、议郎、郎官

---

① （汉）王充著，张宗祥校注，郑绍昌标点：《论衡校注》，上海古籍出版社2013年版，第512页。

② 同上书，第505页。

③ （汉）班固撰，（唐）颜师古注：《汉书》，中华书局1962年标点本，第272页。

及诸生、诸儒会白虎观，议讲五经同异，使五官中郎将魏应承制问，侍中淳于恭奏，帝亲称制临决，如孝宣甘露石渠故事，作白虎议奏。”班固依据《白虎议奏》这些原始材料，对议论中的统一看法和皇帝的决策进行整理编写成书，就是《白虎通义》。可以说《白虎通义》是汉代的一个学术总集，它的内容涉及了古代社会生活、政治制度、文化、伦理道德等各个方面，作为古代政治制度、文化、伦理交叉体的祭祀在该书中占有很大的比重。对五祀、社稷、封禅、明堂、灵台、宗庙、农事祭祀等一些重要的祭礼进行讨论，并且分析祭祀的意蕴。

《白虎通义·五祀》对何为五祀进行了解释：“五祀者，何谓也？谓门、户、井、灶、中溜也。所以祭何？人之所处出入，所饮食，故为神而祭之。”接着《右论祭五祀顺五行》篇依据阴阳五行观念对五祀的祭祀意蕴进行了介绍，人们依据阴阳五行观念不同的季节祭祀不同的对象，“祭五祀所以岁一徧何？顺五行也。故春即祭户。户者，人所出入，亦春万物始触户而出也。夏祭灶。灶者，火之主，人所以自养也。夏亦火王，长养万物。秋祭门。门以闭藏自固也。秋亦万物成熟，内备自守也。冬祭井。井者，水之生藏在地中。冬亦水王，万物伏藏。六月祭中溜。中溜者，象土在中央也。六月亦土王也。”

在《右论祭祀所用牲》中对五祀的祭品进行了介绍：“祭五祀，天子诸侯以牛，卿大夫以羊，因四时祭牲也。一说户以羊。灶以鸡。中溜以豚。门以犬。井以豕。或曰：中溜用牛，不得用牛者用豚。井以鱼。”

社稷礼是古代帝王的重要祭礼，《白虎通义·社稷》用十三章的篇幅记录了当时人们对社稷礼的认识和对社稷礼制度的有关讨论。“王者所以有社稷何？为天下求福报功。人非土不立，非谷不食，土地广博，不可徧敬也。五谷众多，不可一一祭也。故封土立社，示有土也。稷，五谷之长，故立稷而祭之也。”① 介绍了社稷的时间、用牲等问题，并对社稷的意蕴进行了讨论：帝王进行社稷主要是为宣扬

① （清）陈立撰，吴则虞点校：《白虎通疏证》，中华书局1994年版，第83页。

帝统、维护其统治地位而服务的，“社无屋何？达天地气……社稷所以有树何？尊而识之，使民望见既敬之，又所以表功也”①。“王者亲祭社稷何？社者，土地之神也。土生万物，天下之所王也。尊重之，故自祭也。”②

《白虎通义·辟雍·灵台明堂》认为天子立灵台、明堂的作用是：“天子所以有灵台者何？所以考天人之心，察阴阳之会，揆星辰之证验，为万物获福无方之元……天子立明堂者，所以通神灵，感天地，正四时，出教化，宗有德，重有道，显有能，褒有行者也。”③ 明堂具有政治教化功能，明堂可以通天、通神，古人在明堂观天，通过观天象预测祸福，达到治理和统治人民的目的。

农业是立国之本，汉代帝王十分重视农业祭祀，在《白虎通义》这一大讨论中也有关于农业祭祀礼的讨论，王者亲耕，藉田的收获用来祭祀，桑蚕的收获用来制作祭服。“王者所以亲耕，后亲桑何？以率天下农蚕也。天子亲耕以供郊庙之祭，后亲桑以供祭服。《祭义》曰：‘天子三推，三公五推，卿大夫七推。’耕于东郊何？东方少阳，农事起始。桑于西郊何？西方少阴，女功所成。故《曾子问》曰：‘天子耕东田而三反之。’《周官》曰：‘后亲桑，率外内命妇蚕于北郊。’《礼祭义》曰‘古者天子诸侯必有公桑蚕室，近外水为之筑宫，棘墙而外闭之’者也。”④

《白虎通义·封禅》对封禅之礼进行了讨论，认为帝王封禅是报天之功，君权神授。在泰山封禅由于泰山是万物之始，泰山是高山，离天最近容易传达帝王对上天的诚心。“王者易姓而起，必升封泰山何？报告之义也。始受命之日，改制应天，天下太平功成，封禅以告太平也。所以必于泰山何？万物之始，交代之处也。必于其上何？因高告高，顺其类也。故升封者，增高也。下禅梁甫之基，广厚也。皆刻石纪号者，著己之功迹以自效也。天以高为尊，地以厚为德。故增

① （清）陈立撰，吴则虞点校：《白虎通疏证》，中华书局1994年版，第89页。
② 同上书，第91页。
③ 同上书，第263—265页。
④ 同上书，第276—277页。

泰山之高以报天，附梁甫之基以报地。明天之命，功成事就，有益于天地，若高者加高，厚者加厚矣。”

《白虎通义·郊祀》对帝王郊祀祭天配神进行了讨论：“王者所以祭天何？缘事父以事天也。祭天必以祖配何？自内出者，无匹不行，自行外至者，无主不止。故推其始祖，配以宾主，顺天意也。五帝三王祭天，一用夏正何？夏正得天之数也。天地交，万物通，始终之正。”

宗庙祭祀是历代帝王都必须进行的祖先神祭祀，表达了在位者对祖先鬼神的崇敬与厚报，正如《礼记·祭义》说：“君子反古复始，不忘其所由生。”《白虎通义·宗庙》中也讨论了宗庙祭祀的意蕴：“王者所以立宗庙何？曰：生死殊路，故敬鬼而远之。缘生以事死，敬亡若事存，故欲立宗庙而祭之。此孝子之心所以追养继孝也。宗者，尊也。庙者，貌也。象先祖之尊貌也。所以有室何？所以象生之居也。祭宗庙所以禘祫何？尊人君，贵功德，广孝道也。位尊德盛，所及弭远。谓之禘祫何？禘之为言谛也。序昭穆，谛父子也。祫者，合也。毁庙之主，皆合食于太祖也。”

9. 王符《潜夫论》

王符的《潜夫论》就性质而言，实是一本政论之书，书中探讨的重点是王符的社会、政治、经济主张。但是除了论政的部分之外，还有关于宇宙、天道、鬼神、命运等形而上学的探讨，有关祭祀求福的探讨。对于祭祀求福这种行为，王符的观点仍然是唯心的：“凡人吉凶，以行为主，以命为决。行者，己之质也；命者，天之制也。在于己者，固可为也；在于天者，不可知也。巫觋祝请，亦其助也，然非德不行。巫史祝祈者，盖所以交鬼神而救细微尔，至于大命，末如之何。……由此观之，德义无违，鬼神乃享；鬼神受享，福祚乃隆。故《诗》云：‘降福穰穰，降福简简，威仪板板。既醉既饱，福禄来反。’此言人德义美茂，神歆享醉饱，乃反报之以福也。”① 汉代是一

① （汉）王符著，（清）汪继培笺，彭铎校正：《潜夫论笺》，中华书局1979年版，第301—302页。

个巫风盛行的时代，人们好淫祀，对于这种社会现象王符进行了大胆的批判："圣人甚重卜筮，然不疑之事，亦不问也。甚敬祭祀，非礼之祈，亦不为也。故曰：'圣人不烦卜筮'，'敬鬼神而远之'。夫鬼神与人殊气异务，非有事故，何奈于我？故孔子善楚昭之不祀河，而恶季氏之旅泰山。今俗人筴于卜筮，而祭非其鬼，岂不惑哉！"①

10. 应劭的《风俗通义》

《风俗通义》为东汉应劭所作，《风俗通义》记述了很多有关汉代的社会风俗，其中也不乏祭祀的记述，是研究汉代社会不可忽视的一部著作。汉代帝王信鬼好祀，巫风盛行。应劭的《风俗通义》对汉代巫风盛行这一现象也有记载："自高祖受命，郊祀祈望，世有所增，武帝尤敬鬼神，于时盛矣。至平帝时，天地六宗已下，及诸小神，凡千七百所。"②《风俗通义》中有多处记录汉代祭祀礼俗，其中《风俗通义·正失》篇就有关于泰山封禅的记述，首先叙述了古代为何要在泰山封禅的原因，"盖王者受命易姓，改制应天，天下太平，功成封禅，以告平也。所以必于岱宗者，宗者，长也，万物之宗，阴阳交代，云触石而出，肤寸而合，不崇朝遍雨天下，唯泰山乎。"除了报功，宣布帝统的至高无上外，还体现了帝王的长生梦想，"俗说岱宗上有金箧玉策，能知人寿长短。武帝探策得十八，因读曰八十，其后果用耆长……孝武皇帝时，齐人公孙卿言'汉之圣者，在高祖之孙；今历正值黄帝之日，圣主亦当上封，则能神仙矣。'"接着应劭介绍了先秦及汉代一些帝王的封禅："封者，立石高一丈二尺，克之曰：'事天以礼，立身以义，事父以孝，成民以仁，四守之内，莫不为郡县，四夷八蛮，咸来贡职，与天无极，人民蕃息，天禄永得。祭上玄尊而俎生鱼。坛广十二丈，高三尺，阶三等，必于其上，示增高也。克石纪号，著已绩也……三皇禅于绎绎，明己功成而去，德者居之，绎绎者，无所指斥也。五帝禅于亭也，德不及于皇，亭亭名山，其身禅予圣人。三王禅于梁父，梁者，信也，信父者子，言父子相信

① （汉）王符著，（清）汪继培笺，彭铎校正：《潜夫论笺》，中华书局1979年版，第295页。

② （汉）应劭撰，王利器校注：《风俗通义校注》，中华书局1981年版，第350页。

舆也。孝武皇帝封广丈二尺，高九尺，其下有玉牒书秘书，江、淮间一茅三脊为神藉，五色土益杂封，从远方奇兽飞禽及白雉，加祠，兕牛犀象之属。”[①] 应劭对祭祀不是简单的记录而是进行考证和分析，在《风俗通·祀典》中应劭根据古代典籍，结合汉代当时祭祀现实，对每种祭祀之礼进行溯源分析，其所述“自高祖受命，郊祀祈望，世有所增，武帝尤敬鬼神，于时盛矣。至平帝时，天地六宗已下，及诸小神，凡千七百所。今营夷寓泯，宰器阙亡，盖物盛则衰，自然之道，天其或者，欲反本也，故记述神物曰《祀典》也”。《祀典》中对先农、社神、稷神、灵星、灶神、风伯、雨师、腊、膢、祖、禊、司命等神灵都进行了溯源分析。

除了对诸神进行溯源分析外，应劭还记述了五岳、四渎祭祀。这是汉代其他散文中所未见的，对研究汉代祭祀有重要的意义。《风俗通义·山泽》首先记载了泰山封禅：“东方泰山，《诗》云：‘泰山严严，鲁邦所瞻。’尊曰岱宗，岱者，长也，万物之始，阴阳交代，云触石出，肤寸而合，不崇朝而徧雨天下，其惟泰山乎！故为五岳之长。王者受命易姓，改制应天，功成封禅，以告天地。孔子曰‘封泰山，禅梁父，可得而数，七十有二。’”其次还介绍了泰山的一些岁时祭祀：“岱宗庙在博县西北三十里，山虞长守之。十月曰合冻，腊月曰涸冻，正月曰解冻，皆太守自侍祠，若有秽疾，代行事，法七十万五千三牲，燔柴，上福脯三十朐，县次传送京师。四岳皆同王礼。”[②]

《风俗通义·四渎》记载了汉代重要河渎的祭祀，河渎祭祀礼仪与祭祀五岳相同；“河出炖煌塞外昆仑山，发源注海。《易》：‘河出图，圣人则之。’《禹贡》：‘九河既道。’《诗》曰：‘河水洋洋。’庙在河南荥阳县。河堤谒者掌四渎，礼祠与五岳同。江出蜀郡湔氐徼外崏山，入海。《诗》云：‘江、汉陶陶。’《禹贡》：‘江、汉朝宗于海。’庙在广陵江都县。淮出南阳平氏桐柏大复山东南，入海。《禹贡》：‘海、岱及淮，淮、沂其乂。’《诗》云：‘淮水汤汤。’庙在平

① （汉）应劭撰，王利器校注：《风俗通义校注》，中华书局1981年版，第68页。
② 同上书，第447页。

氏县。济出常山房子赞皇山，东入泜。《禹贡》：‘浮于汶，达于济。’庙在东郡临邑县。”

第四节 汉代祭祀文学对楚文学与文化的继承和发展

楚文化对汉代文学产生了深远的影响，李长之认为：“原来就政治上说，打倒暴秦的是汉，但就文化上说，得到胜利的乃是楚。”[①]李泽厚认为“汉文化就是楚文化，楚汉不可分”[②]。笔者认为汉承秦制，战国时期其他区域文化如齐鲁的儒家学说，燕赵的任侠之风，秦国的政治制度，中原的尚农精神等都为汉文化的形成作出了贡献，只是楚文化的贡献更大一些，虽然不能把汉文化与楚文化视为等同，但楚文化确实对汉文化与文学，尤其是祭祀文学产生了深远的影响。

一 楚文化与文学对汉代文学及文化的影响

在楚文学与汉代文学的关系上，刘云生认为：“大体说来，汉文学是楚文学的直接延伸和改造，楚文化对汉文学的影响超过了任何其他区域文化。不惟从形式上看，汉文学的骚体赋是楚骚体的翻版；就是汉代的大部分诗歌，也是楚文化影响的直接结果。”[③]汉代的开国君臣大多是楚人，因此楚辞对他们的文学创作产生了重要影响。首先是诗歌上的影响，《文心雕龙·时序》篇说：“爰自汉室，迄至成帝，虽世渐百龄，辞人九变，而大抵所归，祖述《楚辞》，灵均余影，于是乎在。”如刘邦的《大风歌》在句式节奏文辞上明显都带有楚辞特色，外戚夫人的《舂米歌》、唐山夫人的《安世房中歌》也是楚歌。同时《白麟之歌》《宝鼎之歌》《芝房之歌》《西极天马歌》等无不带有楚歌的特色。作为祭祀用的《安世房中歌》深受楚文化的影响，

---

① 李长之：《司马迁之人格与风格》，上海开明书店1949年版，第3页。

② 李泽厚：《美的历程》，文物出版社1981年版，第70页。

③ 刘云生：《楚文化与汉文学》，《绵阳师专学报》（哲学社会科学版）1994年第3期。

《汉书·礼乐志》云："凡乐，乐其所生，礼不忘本。高祖乐楚声，故《房中乐》楚声也。孝惠二年，使乐府令夏侯宽备其箫管，更名曰《安世乐》。""从长安到淮南、吴、梁，天下渐为楚辞所发动，文坛一片楚韵。嗣后的汉昭帝刘弗陵的《鹄歌》、燕王刘旦及华容夫人有《归空城歌》和《发纷纷歌》、广川王刘去为望卿、修成二姬所作二歌，广陵王刘胥所作《欲久生歌》、乌孙公主刘细君所作《悲秋歌》，都是楚歌的汉唱。所以楚辞对汉代文学的影响上下四方皆是很大。"①"楚汉之际，诗教已熄，民间多乐楚声"②，项籍困于垓下，歌曰："力拔山兮气盖世，时不利兮骓不逝！骓不逝兮可奈何？虞兮虞兮奈若何？"高祖还乡之歌，"大风起兮云飞扬。威加海内兮归故乡。安得猛士兮守四方！"（《汉书·项籍传》）"初，高祖既定天下，过沛，与故人父老相乐，醉酒欢哀，作'风起'之诗，令沛中僮儿百二十人习而歌之。"（《汉书·礼乐志》）以上数歌都是楚声。刘邦即位，此风传入宫中。"凡乐乐其生，乐其所生。礼不忘本，高祖乐楚声。"（《汉书·礼乐志》）《史记·高祖本纪》集解引《风俗通义》："沛人初发声皆言'其'。'其'者，楚声也，高祖始登帝位，教令言'其'，后以为常。"汉代帝王对楚声十分喜爱和重视，郊祀中也有专门人员演奏楚声，"至孝惠时，以沛宫为原庙，皆令歌儿习吹以相和，常以百二十人为员。文、景之间，礼官肄业而已。至武帝定郊祀之礼，祠太一于甘泉，就干位也；祭后土于汾阴，泽中方丘也。乃立乐府，采诗夜诵，有赵、代、秦、楚之讴"（《汉书·礼乐志》）。刘邦不但喜楚声还喜楚服，《史记·刘敬叔孙通列传》曰："叔孙通儒服，汉王憎之。乃变其服，服短衣，楚制，汉王喜。"甚至汉初的黄老无为而治也是楚地固有的思想传统。

东汉时期班固的诗歌创作也喜用楚声，如一些表现符瑞的诗，班固《宝鼎诗》：

---

① 黄震云：《楚辞和两汉文化》，《贵州社会科学》1994年第5期。

② 鲁迅：《汉文学史纲要》，《鲁迅全集》第九卷，人民文学出版社2012年版，第402页。

岳修贡兮川效珍，吐金景兮歊浮云。宝鼎见兮色纷缊，焕其炳兮被龙文。登祖庙兮享圣神，昭灵德兮弥亿年。(《后汉书·班固传》)

班固《白雉诗》：

启灵篇兮披瑞图，获白锥兮效素乌。发皓羽兮奋翘英，容洁朗兮补纯精。章皇德兮侔周成，永延长兮膺天庆。(《后汉书·班固传》)

班固还作《论功歌诗》（《御览》《玉海》作《颂论功歌诗灵芝歌》；《乐府诗集》《古乐府》《古乐苑》《御定渊鉴类函》《御定佩文斋咏物诗选》作《灵芝歌》；《事类赋》作《汉颂论功歌诗灵芝歌》；《御定佩文斋广群芳谱》《古诗纪》《汉魏六朝百三家集》作《郊祀灵芝歌》)，其辞云："因露寝兮产灵芝，象三德兮瑞应图。延寿命兮光此都，配上帝兮象太微。参日月兮扬光辉。"（《灵芝歌》）

《天平预览》卷一有《汉颂论功歌诗》，其辞曰：

后土化育兮四时行，修灵液养兮元气覆。冬同云兮春霡霂，膏泽洽兮殖嘉谷。(《嘉禾歌》)

汉赋可以说是对楚辞的承继，《文心雕龙·诠赋》："然则赋也者，受命于诗人，而拓宇于《楚辞》也。"楚文学对汉文学尤其是汉初文学产生了重要的影响，"刘家王朝'文尚楚风'，朝野上下读楚辞、作辞赋的风气蔚然。师法屈骚的骚体诗创作，便成了汉初诗歌创作的主流，并且至汉武帝时代达到极盛。皇家子弟多好楚辞，但所作之骚体诗，实以武帝独绝。脍炙人口的《秋风辞》，仿效《九歌》而借鉴《九辩》，在中国文学史上再次兴起了'悲秋'之作的波澜"①。

① 蔡靖泉：《楚文学略论》，《中国文学研究》1996年第3期。

汉初的骚体大赋深受楚风影响，如贾谊的《吊屈原赋》、董仲舒《士不遇赋》等常以楚骚为体。司马相如的《大人赋》、扬雄《太玄赋》等不仅都带兮字调，句子长短相差无几，而且其夸张浪漫的手法也都继承于楚辞。综观汉代骚体文学虽然少了屈原的悲世激情和批判精神，却多了些对生命价值的反省，可以更好地抒写个人情感。主要表现在两个方面：一是人生短暂，祸福无常的感叹。如贾谊的《鹏鸟赋》。贾谊作长沙王太傅时，有一天一只乌鸦飞进贾谊宅，贾谊认为不祥，对人生祸福发出了一番感慨："万物变化兮，固无休息。干流而迁兮，或推而还。形气转续兮，变化而蟺。沕穆无穷兮，胡可胜言！祸兮福所倚，福兮祸所伏；忧喜聚门兮，吉凶同域……夫祸之与福兮，何异纠墨。命不可说兮，孰知其极！"① 二是事业难成，徒伤老大。如贾谊的《吊屈原赋》、董仲舒的《士不遇赋》等，"以辩诈而期通兮，贞士耿介而自束，虽日三省于吾身，繇怀进退之惟谷。彼寋瀿之有徒兮，指其白以为黑。目信嫮而言眇兮，口信辩而言讷"②。表现了抱负不得施展的苦闷。散体大赋对楚辞的铺陈给予吸收，散体大赋辞赋在写作上的特征是铺陈，擅长于运用比喻和排比。如张衡的《东京赋》《西京赋》、扬雄《蜀都赋》等。汉赋中的"楚风"也是带有楚地方言特点、体现楚文化精神的文学，其最突出的语言标志即我们所熟知的"兮"字。"兮"字的使用是楚风独有的语言特点，其突出的文化精神是强烈的抒情性和浪漫性，以及所体现的对生命意义的讴歌。如贾谊的《旱云赋》、张衡《思玄赋》等带有大量的"兮"字句运用就是受这一风气的影响。

二　楚人"畏鬼""信巫"之风对汉代祭祀文化及文学的影响

《吕氏春秋·异宝篇》曰："荆人畏鬼而越人信祀"南方文化的这种"畏鬼""信祀"的特点在楚文化中表现得也十分强烈。《汉

① 费振刚、仇仲谦、刘南平校注：《全汉赋校注》，广东教育出版社2005年版，第9页。

② 同上书，第146页。

书·地理志》："楚人信巫鬼，重淫祀。"桓谭《新论》曰："昔楚灵王矫逸轻下，信巫祝之道，躬舞坛前。吴人来攻，其国人告急，而灵王鼓舞自若。"以致吴人"俘获太子及后姬以下"。[①]《汉书·郊祀志》云："楚怀王隆祭祀，事鬼神，欲以获神助，却秦师。"结果"卒破其国，神不佑之"。楚人好巫，先秦的巫风，楚国最盛。《九歌》《天问》等就是楚地巫风的反映。王逸《楚辞章句·九歌》也说："昔楚国南郢之邑，沅湘之间，其俗信鬼而好祠，其祠必作歌乐鼓舞，以乐诸神。"鲁迅先生在《汉文学史纲要》当中同样指出："况《离骚》产地，与《诗》不同，彼有河渭，此则沅湘，彼惟朴樕，此则兰茝；又重巫，浩歌曼舞，足以乐神，盛造歌辞，用于祀祭。"[②]

楚文化的这种特点对汉文化及文学产生了重要的影响。受先秦楚地巫风的影响，汉代巫风尤为盛行。据《汉书·郊祀志》记载每个地方的巫师有不同的职责，"其梁巫祠天、地、天社、天水、房中、堂上之属；晋巫祠五帝、东君、云中君、巫社、巫祠、族人炊之属；秦巫祠杜主、巫保、族累之属；荆巫祠堂下、巫先、司命、施糜之属；九天巫祠九天：皆以岁时祠宫中。其河巫祠河于临晋，而南山巫祠南山、秦中。秦中者，二世皇帝也。各有时日。"巫风盛行对人民生活产生了一定的影响。应劭在《风俗通义·怪神》中有这样的叙述："九江逡遒有唐、居二山，名有神，众巫共为取公妪，岁易，男不得复娶，女不得复嫁，百姓苦之。"这是对人性的何等破坏。巫风盛行不但给人们造成了身心的痛苦，同时也造成了经济上的巨大损失，形成了民怨。"会稽俗多淫祀，好卜筮，民一以牛祭，巫祝赋敛受谢，民畏其口，惧被祟，不敢拒逆；是以财尽于鬼神，产匮于祭祀。或贫家不能以时祀，至竟言不敢食牛肉，或发病且死，先为牛鸣，其畏惧如此。"[③]《潜夫论·浮侈篇》："今多不修中馈，休其蚕织，而起学巫祝，鼓舞祀神。"《汉书·郊祀志》中不仅有关于巫、

① （清）严可均：《全上古三代秦汉三国六朝文》，中华书局1958年版，第540页。

② 鲁迅：《汉文学史纲要》，《鲁迅全集》第九卷，人民文学出版社2012年版，第373页。

③ （汉）应劭撰，王利器校注：《风俗通义校注》，中华书局1981年版，第401页。

觋、祠的多次记载，而且高祖还下诏说："吾甚重祠而敬祭，今上帝之祭及山川诸神当祠者，各以其时礼祠之如故。"这种崇巫好祠之风，汉武帝时有增无减。据《汉书·郊祀志》载，成帝晚年由于没有子嗣的缘故，十分注重鬼神祭祀："成帝晚年颇好鬼神，亦以无继嗣故，多上书言祭祀方术者，皆得待诏，祠祭上林苑中长安城旁，费用甚多。"成帝时由国家派专官祠祀的诸神之庙已有683所，民间的神庙尚不在内。"当时自皇帝、诸侯王以至地方官的祭祀，都有巫祝降神，美酒媚神，肥猪肥牛飨神，并且有乐队迎神送神。"①

楚人信奉的诸神形形色色，有楚人自己的神灵，如风伯、雨伯、山、水、日、月诸神；有来自北方诸夏之神，如高辛、轩辕等；还有南方夷越之神，如女娲、湘君、湘夫人等。

同时从《汉书·礼乐志》和《汉书·郊祀志》中可以看到汉代人祭祀的神灵有很多就是楚人祭祀的对象如太一、司命、东君、雨师、蚩尤等。伏羲、女娲的神话在汉代获得了进一步的发展，伏羲女娲的创世神话在先秦时期最初在南方各部族流传，在屈原的《楚辞·天问》中有"女娲有体，孰制匠之"。到汉代伏羲女娲神话兴盛，尤其在汉画像石中有大量伏羲、女娲的画像，同时汉代人也祭祀伏羲、女娲。这可以说是汉代祭祀文化对南方楚文化的借鉴与发展。

汉武帝、汉成帝等汉代帝王重鬼神祭祀促进了汉代祭祀文学的发展，同时汉代的祭祀文学也借鉴了楚文学的模式，如唐山夫人的《安世房中歌》也是楚歌，有学者认为《郊祀歌》祭祀内容是模仿《楚辞·九歌》的祭神模式。朱熹在《楚辞集注》中写道："《九歌》者，屈原之所作也。昔楚南郑之邑，沅、湘之间，其俗信鬼而好祀，其祀必使巫觋作乐，歌舞以娱神。蛮荆陋俗，词既鄙俚，而其阴阳人鬼之间，又或不能无亵慢淫荒之杂。原既放逐，见而感之，故颇为更定其词，去其泰甚，而又因彼事神之心，以寄吾忠君爱国眷恋不忘之意。"②《楚辞·九歌》可以说一组祭神组歌，《郊祀歌》对《楚辞·

① 翦伯赞：《秦汉史》，北京大学出版社1983年版，第556页。

② （宋）朱熹集注，吴广平校点：《楚辞集注》，岳麓书社2013年版，第25页。

九歌》的祭神模式给予了继承，迎神、礼神、送神如《练时日》中神灵浩浩荡荡的队伍降临，以及对神灵的宴飨，《赤蛟》中神灵已醉赐予吉祥："百君礼，六龙位，勺椒浆，灵已醉。灵既享，锡吉祥，芒芒极，降嘉觞。灵殷殷，烂扬光，延寿命，永未央。"（《汉书·礼乐志》）人们恭送神灵，"灵禗禗，象舆轙，票然逝，旗逶蛇。礼乐成，灵将归，托玄德，长无衰"（《汉书·礼乐志》）。此外，汉代对太一神祭祀崇拜兴盛，楚人最早祭祀太一，《楚辞·九歌》第一首就是《东皇太一》，可以说汉代祭祀太一是对楚人祭祀东皇太一这一祭祀制度的继承与发展。汉代太一是最尊贵的天神，在甘泉设太一祭坛，连五帝之坛都"环居其下"。《汉书·郊祀志》："合好郊欢虞太一……《九歌》毕奏斐然殊。"汉代巫风盛行，刘邦及其功臣起自楚地，政治上的统一必然带来地域文化的繁盛，因此促进了汉代文学与文化对楚文化的学习与继承。

第三章　两汉的重要祭礼与文学

"'祭祀仪式'，英文作'sacrificial rites'，中国古代称作'祭礼'、'吉礼'、'祭祀'或简称'祭'。就其一般特征而言，祭祀仪式是采用特定手段沟通神灵、取悦神灵、祈求神灵，即和神灵打交道的一种仪式活动。"① 巫是祭祀仪式的主持者，巫代表人与祭祀中的神灵如天神、地祇、祖仙鬼怪、精灵等进行交流，向神献礼取悦神灵、祈求神灵帮助人达成一定的愿望。祭祀仪式是祭祀的外在表现形式，研究祭祀仪式对研究祭祀本质有着十分重要的作用。

爱弥尔·涂尔干说："不管宗教仪典的重要性是多么小，它都能使群体诉诸行动，能使集体集合起来，举行仪式。所以说宗教仪典的首要作用就是使个体聚集起来，加深个体之间的关系，使彼此更加亲密。"② 祭祀仪式这种原始宗教仪式也具有相同的作用。汉代祭礼仪式，既有团结个体的作用，又能深入社会结构，对国家的政治产生深远的影响。尤其是在"大一统""天人感应""阴阳五行"等学说的影响下，从祭天、祭地、祭祖，到封禅礼，再到农业祭祀，都具有其独特的代表性。

---

① 薛艺兵：《神圣的娱乐——中国民间祭祀仪式及其音乐的人类学研究》，方志出版社2003年版，第108—109页。

② ［法］爱弥尔·涂尔干：《宗教生活的基本形式》，渠东、汲喆译，上海人民出版社1999年版，第456页。

第一节　两汉郊祀礼与文学

一　两汉郊祀礼概况

郊祀是古代祭礼的重要组成部分，从周代起便已初具雏形，以后历代封建王朝无不重视郊祀，以宣扬其统治的合法性，同时从思想意识上团结民众，强调民众道德教化。郊祀礼以其独特的形式存在，并始终和国家政权紧密结合在一起，深受古代帝王的喜爱和重视，对中国古代社会产生了深远影响。

关于郊祀礼，古籍中多有记载。郊祀礼古已有之，古人认为郊祀是为了报本反始。如《礼记·郊特牲》云：“万物本乎天，人本乎祖，此所以配上帝也。郊之祭也，大报本反始也。”《汉书·郊祀志》载祭祀是古已有之，并且是人人行之的：“《洪范》八政，三曰祀。祀者，所以昭孝事祖，通神明也。旁及四夷，莫不修之；下至禽兽，豺獭有祭。”圣王制定祭祀礼仪，人民虔诚祭祀神灵，巫觋替人民与鬼神沟通，设置神位，摆放祭品、祭器，“是以圣王为之典礼。民之精爽不贰，齐肃聪明者，神或降之，在男曰觋，在女曰巫，使制神之处位，为之牲器”（《汉书·郊祀志》）。掌管祭祀的人被称为祝或宗，建立祭祀场所，祭祀天地之神，建立掌故，民神各安其业，“使先圣之后，能知山川，敬于礼仪，明神之事者，以为祝；能知四时牺牲，坛场上下，氏姓所出者，以为宗。故有神民之官，各司其序，不相乱也。民神异业，敬而不黩，故神降之嘉生，民以物序，灾祸不至，所求不匮”（《汉书·郊祀志》）。古人认为五礼当中最重要的是祭礼，祭礼当中最重要的是祭天。认为天为百神之君，天子为百姓之主，因此要祭天，“《周礼》冬日至祀昊天上帝于圜丘，冬至取阳生南郊，取阳位圜丘，取象天燔柴取达气”（《五礼通考·圜丘祀天》）。李善《文选》卷七《郊祀》注说：“祭天曰郊。郊者，言神交接也。祭地曰祀，祀者，敬祭神明也。郊天正于南郊，郭外曰郊。”① 由此可知郊祀之大概。另有“《周颂·昊天有成命》郊祀天地也，疏周人木德，感苍帝灵威仰而生，祭之于南郊。神州之神，则祭之于北郊。虽南北有异，祭俱在郊，故总言郊祀”（《玉海·郊祀》）。广义的郊祀，泛指统治者亲临或主持的祭祀天地日月、名山大川、四时百神、鬼魂祖先等神灵的祭祀，一般多由国家举行。董仲舒在其《春秋繁露·郊事对》中认为：“古者天子之礼，莫重于郊，郊常以正月上辛者，所以百神而最居前。礼，三年丧，不祭其先，而不敢废郊，郊重于宗庙，天尊于人也。”可见郊祀礼的重要性。本书主要是从狭义角度研究汉代的“郊祀”。

郊祀由来已久，最初只是祭天，“《舜典》正月上日，肆类于上帝，禋于六宗，注告天及五帝，疏以事类而祭也”（《玉海·郊祀》）。商周时期都有祭天的记载，“冬日至，祀天于圆丘，大宗伯以禋祀，祀昊天上帝，礼神玉以苍璧，牲币□玉色”（《玉海·郊祀》）。到了周代伴有祭地，《周颂·昊天有成命》“昊天有成命郊祀天地也”。秦时祭天有白、青、黄、赤帝之祠，汉高祖时立黑帝祠名曰北畤，“有司进祠，上不亲往。悉召故秦祀官，复置太祝、太宰，如其故仪礼。下诏曰：‘吾甚重祠而敬祭。今上帝之祭及山川诸神当祠者，各以时礼祠之如故’”（《汉书·郊祀志》）。汉代正式的郊祀礼始于文帝，文帝十五年下《议郊祀诏》讨论郊祀礼：“‘有异物之神见于成纪，毋害于民，岁以有年。朕几郊祀上帝诸神，礼官议，毋讳以朕劳。’有司皆曰：‘古者天子夏亲郊祀上帝于郊，故曰郊。’于是，夏四月文帝始幸雍郊见五畤，祠衣皆上赤。”② 这一时期郊祀礼主要指的是祭天地之礼。汉王朝为了维护帝统的权威和合法性，维护其大一统的统治地位，大肆宣扬皇帝是天的儿子，天是世间一切的主宰。到了武帝时期，其发展尤甚。“至武帝定郊祀之礼，祠太一于甘泉，就干位也，祭后土于汾阴，泽中方丘也……以正月上辛用事甘泉圜丘，使童男女

① （南朝·梁）萧统编，（唐）李善注：《文选》，中华书局1981年版，第111页。

② （汉）班固撰，（唐）颜师古注：《汉书》，中华书局1962年标点本，第1213页。

七十人俱歌，昏祠至明。”（《汉书·礼乐志》）汉武帝将“太一”列为至尊天神，认为“太一”是天神中最尊贵的神灵，而五帝则退居为“太一”的配神。《汉书·郊祀志》中记载了对“太一”的祭祀情况：“亳人谬忌奏祠太一方，曰：‘天神贵者太一，太一佐曰五帝。古者天子以春秋祭太一东南郊，日一太牢，七日，为坛开八通之鬼道。’于是，天子令太祝立其祠长安城东南郊，常奉如忌方。”后来又有人上书“古者三年一用太牢祠三一：天一、地一、太一”。汉武帝许之。

汉武帝时期，郊祀礼到得到进一步的完备和发展。汉武帝即位后八年，“初至雍郊见五畤，后常三岁一郊”。《史记索隐》司马贞云：“元年祭天，二年祭地，三年祭五畤，三岁一遍，皇帝自行也。”[①] 这时已经开始有了祭地之礼。元鼎四年（前113年），汉武帝郊祀五畤，他认为仅郊祀上帝是不够的，“今上帝朕亲郊，而后土无祀，则礼不答”[②]。让大臣们讨论祭祀后土的事情，太史令司马谈和祠官宽舒建议在汾阴县祭祀后土：“今陛下亲祠后土，后土宜于泽中圆丘为五坛，坛一黄犊牢具。已祠尽瘗，而从祠衣上黄。”[③] 于是汉武帝便“立后土祠于汾阴上”，十一月甲子率领群臣到汾阴祭祀后土，“上亲拜望，如上帝礼”（《史记·封禅书》），祭祀后土的制度开始被确定下来。

“后土”又被称为“句龙”，这在先秦文献中多次提及。如《左传·昭公二十九年》：“共工氏有子曰句龙，为后土。此其二祀也。后土为社；稷，田正也。”《国语·鲁语》：“共工氏之伯九有也，其子曰后土，能平九土，故祀以为社。”汉代也有此种论述：《论衡·祭意篇》：“共工氏有子曰句龙，为后土，此其二祀也。后土为社。……共工氏之霸九州岛也，其子曰后土，能平九土，故祀以为社。”但实际上，“后土”与“句龙”两者的概念并不完全等同。孙诒让在《周礼正义》“王大封则先后土”一条的训释中，对后土的含

---

① （汉）司马迁撰，（南朝宋）裴骃集解，（唐）司马贞索引，（唐）张守节正义：《史记》，中华书局1959年版，第1384页。

② 同上书，第1389页。

③ 同上。

义进行了总结："通校诸经注义，后土盖有三：一为大地之后土，即《左传》'覆后土'是也；一为五祀之土神，即此经'告后土'是也；一为社，则因后土为社，遂通称社亦后土。"① 据王柏中考证，汉以前"后土"一词有三种含义：其一，是指与上天对应的大地或地神。如据《左传·僖公十五年》，晋大夫与秦穆公质证时说："君履后土而戴皇天，皇天后土，实闻君之言。"《国语·越语下》越王勾践也对范蠡说："后世子孙，有敢侵蠡之地者，使无终没于越国，皇天后土、四乡地主正之。"这里后土就是与皇天对应的地神。其二，是指五行之官的"土正"。《左传·昭公二十九年》载蔡墨言于魏献子道："故有五行之官，是谓五官。实列受氏姓，封为上公，祀为贵神。社稷五祀，是尊是奉。木正曰句芒，火正曰祝融，金正曰蓐收，水正曰玄冥，土正曰后土。"《左传·文公十八年》载：舜"举八恺，使主后土，以揆百事，莫不时序，地平天成"。后来，五行之官的土正，又演化成五方神之中央土神，《礼记·月令》："中央土，其日戊己，其帝黄帝，其神后土。"其三，是指社神。《国语·鲁语》："共工氏之伯九有也，其子曰后土，能平九土，故祀以为社。"武帝把后土和上帝相并而提，显然其把后土看成是与皇天或上帝相对应的地神而不是其他。②

汉武帝祭祀后土是与祭天相对应的，是取自于《礼记·郊特牲》之言："地载万物，天垂象，取材于地，取法于天，是以尊天而亲地也。"东汉的应劭也已指出汉代社神后土与汉武帝祭地亓中的后土的不同："《孝经》：'社者，土地之主，土地广博，不可偏敬，故封土以为社而祀之，报功也。'《周礼》说：'二十五家置一社。'但为田祖报求。《诗》云：'乃立冢土。'又曰：'以御田祖，以祈甘雨。'谨按：《春秋左氏传》曰：'共工氏有子曰句龙佐颛顼，能平九土，为

① （清）孙诒让：《周礼正义》，中华书局1987年版，第1419页。

② 王柏中：《神灵世界秩序的构建与仪式的象征——两汉国家祭祀制度研究》，民族出版社2005年版，第53页。

后土，故封为上公，祀以为社，非地祈。'"①另有，汉代郊祀歌《帝临》即为祭祀后土之歌，其言："后土富媪，昭明三光。穆穆优游，嘉服上黄。"颜师古注引张晏说："媪，老母称也。坤为母，故称媪。海内安定，富媪之功耳。"（《汉书·礼乐志》）在阴阳观念盛行的汉代，天是阳的代表，地是阴的代表，此处将其比喻成女性老母，更进一步证明了汉武帝宣布祭祀的后土当为与天对应的地神，而不是社神及其他。

汉代郊祀之礼是不断发展和建置的，"帝王之事莫大乎承天之序，承天之序莫重于郊祀，故圣王尽心极虑以建其制"（《汉书·郊祀志》）。汉武帝确立郊祀礼，认为太一是最尊天神，春秋祭太一于南郊。汉代郊祀天地的地点多次有所改动。汉武帝时期祭太一于甘泉，祭后土于汾阴；汉成帝初即位，丞相衡、御史大夫谭奏言："往者，孝武皇帝居甘泉宫，即于云阳立泰畤，祭于宫南。今行常幸长安，郊见皇天，反北之泰阴，祠后土，反东之少阳，事与古制殊。又至云阳，行溪谷中，厄陕且百里，汾阴则渡大川，有风波舟楫之危，皆非圣主所宜数乘，郡、县治道共张，吏民困苦，百官烦费。劳所保之民，行危险之地，难以奉神灵而祈福佑，殆未合于承天子民之意。"于是将郊天移到长安南郊，祀地移到长安北郊，后期又恢复了甘泉祭太一，汾阴祭后土的制度；汉平帝时期，王莽改制，将郊天、祀地之礼合并举行，但实质上还是延续了南北郊祀的做法。东汉承之，少有改动。实质上，汉代人南郊祭天、北郊祭地是明显受到了当时阴阳观念的影响。"帝王之事莫大乎承天之序，承天之序莫重于郊祀……祭天于南郊，就阳之义也，瘗地于北郊，即阴之象也"（《汉书·祭祀志》），是其明证。

汉代郊祀时间，在《汉旧仪》中有明确记载："汉制：天地以下，群臣所祭凡一千五百四十。新益为万五千四十。汉法：三岁一祭天于云阳宫甘泉坛，以冬至日祭天，天神下。三岁一祭地于河东汾阴

① （汉）应劭撰，王利器校注：《风俗通义校注》，中华书局1981年版，第354—355页。

后土宫，以夏至日祭地，地神出。”武帝时的郊天礼场面十分盛大，要以三百人舞来招引天神，“五帝祭于雍畤……武帝祭天，上通天台。舞八岁童女三百人，置祠具，招仙人。祭天已，令人升通天台，以候天仙。天神既下祭所，若大流星，乃举烽火，而就竹宫望拜”①。皇帝带领大臣亲自祭天，“皇帝祭天自行，群臣从之，斋皆百日，他祠不出。祭天紫坛幄帐。高皇帝配天，居堂下西向，绀幄，绀席”②。“祭天，用六彩绮席六重，长一丈，中一幅，四周缘之。玉几、玉饰器，凡七千三百物备具。养牛五岁，至三千斤。”③ 东汉光武帝延续了西汉时期的郊祀之礼，光武帝在洛阳南郊以圆坛祭天，洛阳北郊以方坛祭地。郊祀礼是汉代最为重要的一种祭礼，即使是国家有大的丧事的时候，也不能延误郊祀的进行，正如董仲舒在《春秋繁露·郊祭》中所言：“《春秋》之义，国有大丧者，止宗庙之祭，而不止郊祭，不敢以父母之丧，废事天地之礼也。”

汉代郊祀用乐，据《史记·封禅书》记载当始于汉武帝灭南越之后，“既灭南越，嬖臣李延年以好音见。上善之，下公卿议，曰：‘民间祠有鼓舞乐，今郊祀而无舞乐，岂称乎？’公卿曰：‘古者祠天地皆有乐，而神祇可得而礼。’……于是塞南越，祷祠太一、后土，始用乐舞，益召歌儿，作二十五弦及空侯琴自此起。”由此可见，文景时期，国家祭祀礼乐制度并不完备，至汉武帝时，方才定其制度。同时，东汉时期的郊祀，也皆用乐舞，见《后汉书·祭祀志》：“凡乐奏青阳、朱明、西皓、玄冥，及云翘、育命舞。”郊祀虽然是汉代国家中最重要的祭典，但由于汉代的祭祀制度无明确的理论指导和严格的法规规定，祭祀典礼的举行不被汉代所有帝王认可，不是每个帝王都热衷于此项活动，据《汉书·郊祀志》记载：昭帝从来不亲自参加对天地之神的祭祀；宣帝即位后12年内“上帝之祠阙而不亲”。成帝时期曾经听信匡衡的建议废除郊祀，后来在刘向等人的建议下郊祀又得以恢复。哀平两帝不实行郊祀。东汉时期也只有光武帝热衷于

---

① （清）孙星衍等辑：《汉官六种》，中华书局1990年版，第97—98页。

② 同上书，第98页。

③ 同上。

郊祀。

二　郊祀的祭祀意蕴

上古时期，人们认为天是宇宙万物的主宰，天是最高的神灵，天神中的主神是上帝，日月、星辰、风雷、雨师等是次神。而且，商代以前，人神不分，民族始祖即上帝至尊神。周朝以后，上帝至尊神与民族始祖神开始逐渐分离。这一时期的统治者，为了维护帝王的统治，把对天的崇拜在思想层面上进行了改造，将上帝至尊的地位由一个民族扩展到一个国家。而且，祭祀昊天上帝的权利开始为帝王所垄断，这种垄断是非常有利于宣扬和维护帝王至高无上的权力和地位的。天子祭祀天地报答天地之功，“天地有覆载大功，天子王有四海，故得总祭天地以报其功”（《礼记正义·曲礼》孔颖达疏）。古人祭天于南郊，取其为阳位，圆丘象征天的形状。燔柴祭天，认为祭祀所用的牺牲的香气可以直达天上，供神灵更好地享用，郊祀可以明天道。祀地于北，主阴义，圆丘象天，方泽象地。

汉代，为了维护大一统的政治需要，天神的至尊地位又一次被凸显出来。董仲舒认为：“天者，百神之君也，王者之所以最尊也。以最尊天之故，故易始岁更纪，即以其初郊。郊必以正月上辛者，言以所最尊，首一岁之事。每更纪者以郊，郊祭首之，先贵之义，尊天之道也。”[①] 班固亦云：“王者即位，必郊祀天地，祷祈神祇，望秩山川，怀柔百神，亡不宗事。慎其斋戒，致其严敬，鬼神歆飨，多获福助。此圣王所以顺事阴气，和神人也。至发号施令，亦奉天时。”[②]

三　郊祀对两汉文学的影响

元鼎六年（前111年），汉武帝曾向公卿提出了郊祀用乐的问题：“民间祠有鼓舞乐，今郊祀而无乐，岂称乎？”[③] 汉代郊祀用乐

---

① （清）苏舆：《春秋繁露义证》，中华书局1992年版，第402—403页。

② （汉）班固撰，（唐）颜师古注：《汉书》，中华书局1962年标点本，第1342页。

③ （汉）司马迁撰，（南朝宋）裴骃集解，（唐）司马贞索引，（唐）张守节正义：《史记》，中华书局1959年版，第1396页。

当始于此。郊祀不但有乐还要有配乐朗诵或演唱的颂辞，乐府为郊祀创作了郊祀诗歌并为之配乐、编舞，这就是武帝命司马相如等人所作的《郊祀歌》，《汉书·礼乐志》记载了这一事情："多举司马相如等数十人造为诗赋，略论律吕以合八音之调，作十九章之歌，以正月上辛用事甘泉圆丘，使童男女七十人俱歌。"汉代郊祀的兴盛也丰富了汉赋的题材，很多文人为此作赋，如邓耽的《郊祀赋》，扬雄的《甘泉赋》，刘歆的《甘泉宫赋》，王褒的《甘泉赋》，班固的《东都赋》《西都赋》，张衡的《西京赋》《东都赋》等文中都有关于郊祀的记录。

据《汉书·礼乐志》记载，"武帝定郊祀之礼，乃立乐府"，可以说，郊祀制度的完善在某种程度上促进了汉代乐府的发展。乐府的发展促进了汉代文学的发展，《汉书·艺文志》曰："自孝武帝立乐府而采歌谣，于是有赵、代之讴，秦、楚之风，皆感于哀乐，缘事而发，亦可以观风俗、知薄厚云。"汉武帝命乐府采诗，除为考察民风外，同时还丰富了乐府的乐章，为地方民歌的保留作出了贡献。汉乐府为中国的诗体发展作出了一定的贡献。汉乐府歌诗以五言和杂诗为主。杂言诗在建安之后开始兴盛，曹操、曹丕、李白等杂言诗莫不源于此。乐府对五言诗的影响更大，东汉时模仿者甚多，至建安时出现了"五言腾踊"的局面。另外，汉乐府中的《安世房中歌》《郊祀歌》十九章等，这些用于祭祀的歌诗不但在汉代具有特殊的意义，在中国文学史上也有着深远的影响，正如梁启超说，"这十九章在韵文史里头所以有特殊价值，因为它总算创作"，"十九章中，三言、四言、五言、七言皆有，又或一章中长短并用，开后世作家无限法门"，"各章价值，又自分高下，邹子四章最醇古，有《雅》《颂》遗音。……《练时日》《天门开》二章，想象力丰富，选辞腴而不缛，实诸章最上乘。《景星》章七言句，遒丽浑健，远非《秋风辞》靡靡之比。《天马》二章亦有逸气，其余诸章便稍差了"。[①]

① 梁启超：《中国历史及其美文》，东方出版社1996年版，第41、47页。

第二节　两汉封禅与文学

一　封禅礼溯源

“封禅”一词，“封”为“祭天”，多指天子登上泰山筑坛祭天；“禅”为“祭地”，多指在泰山下的小丘除地祭地。封禅即古代帝王在太平盛世或天降祥瑞之时的祭祀天地的大型典礼（后世说）。

封禅，最早见于《管子·封禅篇》，后司马迁在《史记·封禅书》中曾引用《管子·封禅篇》中的内容，并对其加以阐释。张守节著《史记正义》时进一步论述“封禅”之意：“此泰山上筑土为坛以祭天，报天之功，故曰封。此泰山下小山上除地，报地之功，故曰禅。言禅者，神之也。”张守节还指出了封禅的目的：“天命以为王，使理群生，告太平于天，报群神之功。”① 关于封禅还有另外一种解释，《白虎通义·封禅》中说“或曰封者，金泥银绳，或曰石泥金绳，封之印玺也”，后世学者认为这是封禅过程中的仪式，是指将封禅所用的文书以“金泥银绳”或“石泥金绳”封之，埋于地下。

封禅起源很早，应源于原始先民的自然崇拜中的山川崇拜，山川崇拜体现了原始先民对自然界的各种现象认识的一种原始态度，认为冥冥中有神主宰着世间的一切。在其对自然现象不能准确理解的情况下，特别是在恐惧的状态下，对日月山川、风雨雷电更是敬畏有加，于是对天地山川的祭祀也就应运而生了。从最开始的郊野之祭，逐渐发展到对名山大川的祭祀，而对名山大川的祭祀则以“泰山封禅”最具代表。“按着当时人的思想，天地相隔并不太远可以相通。交通的道路就是靠着‘上插云霄’的高山。”② 原始先民认为万物有灵，一些神灵在高高的天上，高山是与天最为接近的物体，人们通过祭祀山川达到与神灵相通的目的。另外人们也认为山上住着很多神灵，祭

---

① （汉）司马迁撰，（南朝宋）裴骃集解，（唐）司马贞索引，（唐）张守节正义：《史记》，中华书局1959年版，第1355页。

② 徐旭生：《中国古史的传说时代》，文物出版社1985年版，第75页。

拜高山也可以使神灵知道人们的诉求。《山海经·大荒西经》:“大荒之中……有灵山，巫咸、巫即、巫肦、巫彭、巫姑、巫真、巫礼、巫抵、巫谢、巫罗十巫，从此升降，百药爰在。”因此可知，人们对山川的崇拜历史悠久。帝王祭泰山之礼，起源也很早，如古代先王的巡狩之礼，巡狩之礼中祭祀山川以泰山为最。《尚书·舜典》中就曾记载:“岁二月，东巡狩，至于岱宗，柴。望秩于山川，肆觐东后。”《礼记·王制》也有:“天子祭天地，诸侯祭社稷，大夫祭五祀。天子祭天下名山大川，五岳视三公，四渎视诸侯。诸侯祭祀名山大川之在其地者。”《史记·封禅书》也说明了“自古受命帝王，曷尝不封禅”，“厥旷远者千有余载，近者数百载”。《史记·封禅书》载有春秋时期齐相管仲论封禅一段话，说齐桓公称霸后想行封禅之祀，管仲反对，管仲的劝谏中可知古代封泰山、禅梁父的有七十二代的帝王，著名的有无怀氏、伏羲、神农氏、炎帝、黄帝、颛顼、帝喾、尧、舜、禹、汤、周成王等。

史籍有详细记载的封禅之礼，最初兴于秦始皇。《史记·封禅书》言始皇即帝位三年（前219年）带领文武大臣及儒生博士去泰山举行封禅大典，诸儒生对封禅之事观点各异，最后始皇抛弃诸儒上山封禅，“上自泰山阳至颠，立石颂秦始皇帝德，明其得封也。从阴道下，禅于梁父。其礼颇采太祝之祀雍上帝所用，而封藏皆秘之，世不得而记也”。至武帝时，封禅之礼大盛，“登封报天，降禅除地”（《史记·封禅书》)，以彰其功。据《史记·封禅书》和《汉书·武帝纪》武帝巡狩和封禅的活动有八次:

1. 太初“三年春正月，行东巡海上。夏四月，还，修封泰山”。(《汉书·武帝纪》)

2. 天汉，“二年春，行幸东海”。(《汉书·武帝纪》)

3. 太始三年，“行幸东海，获赤雁，作《朱雁之歌》。幸琅琊，礼日成山。登之罘，浮大海”。(《汉书·武帝纪》)

4. 太始“四年春三月，行幸泰山。……夏四月，幸不其，祠神人于交门官，若有向坐拜者。作《交门之歌》”。(《汉书·武帝纪》)

5. 征和“四年春正月，行幸东莱，临大海”。“三月，……还幸

泰山，修封”。（《汉书·武帝纪》）

6. 元鼎四年“六月，得宝鼎后土祠旁。秋，马生渥洼水中。作《宝鼎》《天马》之歌”。（《汉书·武帝纪》）

7. “往者朕郊上帝，西登陇首，获白麟以馈宗庙。”（《汉书·武帝纪》）

8. 元封元年三月，武帝东上泰山立石之后，“遂东巡海上，行礼祠八神”。元封元年四月，汉武帝登泰山行封禅之礼。（《史记·封禅书》）

东汉时期沿袭了封禅制度，光武帝曾下诏议论封禅之事。并于建武三十二年（56年）东游巡狩至岱宗举行封禅大典，光武帝封禅是史书记载其之前所有帝王封禅最为详细的一位，据《后汉书·祭祀志》记载了其封禅的过程：

其一，二十二日辛卯晨，光武帝采取晨燎祭天于泰山下南方，群神皆从，用乐与南郊之乐相同。

其二，上山之前用“一特牲”（古代用一牛或一猪祭祀）告祠泰山，其礼仪形式与亲耕、先祠、先农、先虞等礼同。

其三，日中至上山行祭祀礼：更衣，升坛，尚书奉玉牒，皇帝亲封，发坛石，藏玉牒，覆盖，封石检。玉牒即刻有皇帝祈祷文字的玉石薄片，放在石检中封好埋于山顶祭坛之中，皇帝的祷语秘不可宣，只有上天才可以知道。

其四，礼成，皇帝再拜，群臣称万岁。

其五，立刻石碑，纪年封禅之事。

二十五日甲午，禅，祭地于梁阴，以高后配，山川群神从之，如元始中北郊故事。

汉代帝王如此热衷封禅主要出于政治目的，《史记·封禅书》引据《五经通义》曰：“易姓而王，致太平，必封泰山，禅梁父，天命以为王，使理群生，告太平于天，报群神之功。”《风俗通义·山泽》曰：“《诗》云：‘泰山严严，鲁邦所瞻。’尊曰岱宗。岱者，长也。万物之始，阴阳之交代，云触而出，肤寸而合，不崇朝而遍雨天下，其惟泰山乎？故为五岳之长。王者受命易姓，改制应天，功成封禅，以告天地。”封禅活动实质上是帝王向天下宣告自己地位的权威，是强调君权神授的手段。

二　封禅的政治意义

汉代帝王如此热衷封禅主要出于政治目的，向天下宣布自己的帝统合法，同时要报答群神的庇护，《史记·封禅书》引据《五经通义》曰：“易姓而王，致太平，必封泰山，禅梁父，天命以为王，使理群生，告太平于天，报群神之功。”古人认为山川能兴云雨，孕育万物，是万物之始，《风俗通义·山泽》曰：“《诗》云：‘泰山严严，鲁邦所瞻。’尊曰岱宗。岱者，长也。万物之始，阴阳之交代，云触而出，肤寸而合，不崇朝而遍雨天下，其惟泰山乎？故为五岳之长。王者受命易姓，改制应天，功成封禅，以告天地。”《白虎通义·道德论·封禅》云：“王者易姓而起，必升封泰山，何？报告之义也。始受命之时，改制应天，天下太平，功成封禅，以告太平。所以必于泰山，何？万物之始，交代之处也。必于其上，何？因高告高，顺其类也。故升封者，增高也。下禅梁甫之基，广厚也。刻石纪号者，著己之功迹以自劝也。……或曰封者，广也。言禅者，明以成功相传也。”封禅活动实质上是帝王向天下宣告自己地位的权威，是强调君权神授的手段。

同时认为泰山处于东方，是神灵所居之地，是万物的发源所在。中国古代帝王为加强自己的统治，不约而同地宣传“神权天授”的理论，为了使这种理论得以证明，用封禅表明新主“受命于天”，使泰山祭天的作用得以延续，封建统治者的这种行为让泰山在人们心中的神山地位进一步强化，随后成为每代帝王一生必须做的大事之一。正如《东观汉记·郊祀志》载太尉赵熹上言：“自古帝王，每世之隆，未尝不封禅……海内清平，功成治定，群司礼官城咸以为宜登封告成，为民报德，百王所同，当仁不让。宜登封岱宗，正三雍之礼，以明灵契，望秩群神，以承天心也。”

袁宏也曾对古代帝王为何进行封禅进行了阐述，其认为帝王虽然可以靠武力征伐来获得天下，但帝王要以德治天下，才能长治久安。

"夫揖让受终，必有至德于天下；征伐革命，则有大功于万物。是故王者初基则有封禅之事，盖以其成功告于神明者也。"[①] 又因古代以东方为贵，认为东方是万物初始的地方，同时山岳是灵气所聚集的地方，故此选择在东岳泰山举行封禅祭祀，"夫东方者，万物之所始；山岳者，灵气之所宅。故求之物本，必于其始；取其所通，必于所宅。崇其坛场，则谓之封；明其代兴，则谓之禅。然则封禅者，王者开务之大礼也"[②]。倪宽言："陛下躬发圣德，统楫群元，宗祀天地，荐礼百神，精神所向，征兆必报，天地并应，符瑞昭明。其封泰山，禅梁父，昭姓考瑞，帝王之盛节也。然享荐之义，不著于经，以为封禅告成，合祛于天地神祇，祇戒精专以接神明。总百官之职，各称事宜而为之节文。唯圣主所由，制定其当，非群臣之所能列。……唯天子建中和之极，兼总条贯，金声而玉振之，以顺成天庆，垂万世之基。"（《汉书·倪宽传》）

曹充《封禅议》则说："殷统未绝，黎庶继命，高宗久劳，犹为中兴。武王因父受命之列，据三代郊天，因孔子甚美其功，后世谓之圣王。……兴复祖宗，集就天下，海内治平，夷狄慕义，功德盛于高宗、武王。宜封禅为百姓祈福，亲定刻石纪号文，太常奏仪制。"[③] 可见，封禅除了祭告神灵宣布其帝之功外，还可以为人民祈福。

三　封禅祭祀的文化意蕴及对文学的影响

（一）封禅的文化意蕴

我国古代文化中心在泰山附近，古代帝王常在此举行封禅，所谓封泰山禅梁父，泰与太通，泰山即太山，其义犹泰坛、泰社。泰坛是古人祭天的场所，《礼记·祭法》："燔柴于泰坛，祭天也。"泰为尊称，《独断》曰："天子之宗社曰泰社，天子所为群姓立社也。"泰山所以称泰有天下群山最尊的意思，吴澄《大都东岳仁圣宫碑》："天子祭天下名山，岳为众山之宗，岱又诸岳之宗也。"（《钦定日下旧闻

① （东汉）荀悦，（东晋）袁宏：《两汉纪》，中华书局 2002 年版，第 154 页。

② 同上。

③ （清）严可均：《全上古三代秦汉三国六朝文》，中华书局 1958 年版，第 632 页。

考》卷八十七）泰山又被称为岱岳、岱宗，《说文解字》释："岱，大山也；从山，代声。"岳是高大的山，是山的尊称；宗，《风俗通义·山泽》曰："泰山，山之尊。一曰岱宗，岱，始也；宗，长也。"因此，在古人的心目中泰山是天下群山之首。

封禅是古代帝王的重要祭礼之一，帝王通过封禅向天报功，向天下宣告自己的统治，宣扬帝统，维护自己的统治地位，教化人民，希望神灵给予庇佑。《白虎通义·封禅》云："王者易姓而起，必升封泰山何？报告之义也。始受之日，改制应天，天下太平功成。封禅以告太平也。所以必于泰山何？万物之始，交待之处也。必于其上何？因高告高，顺其类也。故升封者，增高也。下禅梁甫之基，广厚也。"

古人认为泰山在东方是万物所始，古人认为山岳者承载天地灵气，所以认为泰山为万物之本始，所以帝王即位要泰山封禅感谢其功。袁宏曰："夫天地者，万物之官府；山川者，云雨之丘墟。万物生遂，则宫府之功大；云雨施润，则丘墟之德厚。故化洽天下，则功配于天地；泽流一国，则德合于山川。是以王者经略，必以天地为本；诸侯述职，必以山川为主。体而象之，取其陶育；礼而告之，归其宗本。"① 因此古代帝王认为封禅是顺应天意的，汉武帝封禅之前出现了种种符瑞现象。如司马相如的《封禅文》更是大肆铺陈武帝时代的种种"符瑞"，特作《颂诗》三首，作为"天人之际已交"的证据。又联系阴阳五行之学，鼓吹和敦促汉皇封禅，"然后囿驺虞之珍群，徼麋鹿之怪兽，导一茎六穗于庖，牺双觡共抵之兽，获周馀放龟于岐，招翠黄乘龙于沼。鬼神接灵圉，宾于闲馆……夫修德以锡符，奉符以行事，不为进越也。故圣王弗替，而修礼地祇，谒款天神，勒功中岳，以章至尊，舒盛德，发号荣，受厚福，以浸黎民。皇皇哉斯事，天下之壮观，王者之卒业，不可贬也。愿陛下全之……披艺观之，天人之际已交，上下相发允答。圣王之事，兢兢翼翼。故曰于兴必虑衰，安必思危。是以汤武至尊严，不失肃祗，舜在假典，顾

① （晋）袁宏撰，周天游校注：《后汉记校注》，天津古籍出版社1987年版，第252页。

省厥遗，此之谓也”[①]。

汉代帝王祭祀泰山也是神仙观念的体现，汉代人认为泰山是魂灵的所在地，如《孝经援神契》云：“泰山天帝孙也，主招人魂。东方万物之始，故知人生命长短。”[②] 同时《后汉书·方术传》载：“许峻自云：‘尝笃病三年不愈，乃谒泰山请命。”后《博物志》亦云：“泰山一曰天孙。言为天帝之孙，主召人魂魄，东方万物始成，故知生命之长短者。”[③]《风俗通义·山泽》云：“五岳：东方泰山，诗云：‘泰山岩岩，鲁邦所瞻。’尊曰岱宗，岱者，长也，万物之始，阴阳交代，云触石而出，肤寸而合，不崇朝而遍雨天下，其惟泰山乎！故为五岳之长。”《盐铁论·散不足》云：“古者庶人鱼菽之祭，春秋修其祠。士一庙，大夫三，以时有事于五祀，盖无出门之祭。今富者祈名岳，望山川，椎牛击鼓，戏倡舞像。”汉代帝王相信鬼神、寻仙，希望长生不死，如汉武帝勤于泰山封禅，与其追求长生有关。《史记·封禅书》记载申公授予公孙卿以鼎书，其书曰：“汉兴复当黄帝之时……汉之圣者在高祖之孙且曾孙也。宝鼎出而与神通，封禅。封禅七十二王，唯黄帝得上泰山封”。申公曰：“汉主亦当上封，上封能仙登天矣。黄帝时万诸侯，而神灵之封居七千。”这进一步增强了汉武帝封禅寻仙长生的愿望，因此汉武帝多次巡狩和封禅泰山。

（二）封禅对文学的影响

封禅对汉代文学的影响是广泛的，帝王好封禅祭祀，在汉代的一些诏策、奏议中也有对封禅的反映，如汉武帝元封五年四月的《增封泰山诏》，倪宽的《议封禅对》《东封颂》，东汉光武帝的《据群臣请封禅诏》、中元元年《诏许梁松等封禅》，张纯《奏宜封禅》、赵熹《上言宜封禅》、曹充《封禅议》《奏请封禅》（缺名）、《奏封禅故事》（缺名）等。封禅的兴盛丰富了碑文的内容，为了纪念封禅之事帝王命大臣在泰山刻石立碑叙述封禅之事。秦始皇时封禅后在泰山刻

① （清）严可均：《全上古三代秦汉三国六朝文》，中华书1958年版，第248页。

② ［日］安居香山、［日］中村璋八辑：《纬书集成》，河北人民出版社1994年版，第961页。

③ 史仲文主编：《中国文言小说百部经典》，北京出版社2004年版，第320页。

石，汉代武帝在泰山封禅立石但其文秘不可宣。至光武帝时封禅命张纯作文刻石立于泰山之上，张纯利用谶纬、符瑞之说宣扬光武帝的德行和帝统的合法性："《河图赤伏符》曰：'刘秀发兵捕不道，四夷云集龙斗野，四七之际火为主。'《河图会昌符》曰：'赤帝九世，巡省得中，治平则封，诚合帝道孔矩，则天文灵出，地祇瑞兴。帝刘之九，会命岱宗，诚善用之，奸伪不萌。赤汉德兴，九世会昌，巡岱皆当。天地扶九，崇经之常。汉大兴之，道在九世之王。封于泰山，刻石著纪，禅于梁父，退省考五。'《河图合古篇》曰：'帝刘之秀，九名之世，帝行德，封刻政。'《河图提刘予》曰：'九世之帝，方明圣，持衡拒，九州平，天下予。'《雒书甄曜度》曰：'赤三德，昌九世，会修符，合帝际，勉刻封。'《孝经钩命决》曰：'予谁行，赤刘用帝，三建孝，九会修，专兹竭行封岱青。'"（《后汉书·祭祀志》）

皇帝重视和热衷封禅，一些大臣文人也对此事十分热衷，因此在汉代的很多文体里都有对封禅的体现。《汉书·艺文志·诸子略》小说家类著录《封禅方说》十八篇，班固注云作于武帝时，于嘉锡先生《小说出于稗官说》谓："此《封禅方说》，盖当时诸儒及方士所言封禅事。"其于《六艺略》礼类也录有《古封禅群祀》《汉封禅群祀》等。

皇帝热衷封禅，随之出现了一些劝谏封禅的文章，比较突出的就是司马相如，司马相如《难蜀父老》的文尾极力鼓动武帝举行封禅，认为汉之德比五帝更盛，超越三王，应该举行封禅："且夫王事固未有不始于忧勤，而终于佚乐者也。然则受命之符，合在于此矣。方将增泰山之封，加梁父之事，鸣和鸾，扬乐颂，上咸五，下登三。观者未睹指，听者未闻音，犹鷦明已翔乎廖廓，而罗者犹视乎薮泽。悲夫！"[①] 司马相如的《封禅文》对汉武帝刘彻于元封元年（前110年）举行的第一次封禅大典，有着推波助澜的作用，促进了汉武帝封禅大典的举行。

---

① 费振刚、仇仲谦、刘南平校注：《全汉赋校注》，广东教育出版社2005年版，第138—139页。

新莽时期扬雄作《剧秦美新》，《剧秦美新》虽为扬雄所作但不见于《汉书·艺文志》，最先收于萧统《文选》，后见于《艺文类聚》，因此有人对此文的作者为扬雄持有疑义，王安石认为此文不是扬雄所作，真正的作者是谷永，还有的人认为是刘棻。全祖望在《鲒琦亭集外编·扬子云生卒考》指出："或又以谷永亦字子云，欲以《美新》之文嫁之，不知谷死于王根之世，不及见禅代；或又以刘当之，然总莫之征也。"但《后汉书·班固传》亦云："固又作《典引》篇，述叙汉德。以为相如《封禅》，靡而不典，扬雄《美新》，典而不实，盖自谓得其致焉。"所以《剧秦美新》为扬雄所作是可信的。关于其创作时间存在分歧还需进一步考订，汤炳正考证是王莽建国四年（汤炳正《扬子云年谱》），王青在《扬雄年谱》中认为是新王莽建国元年，扬雄为答谢升迁为散大夫所作。但依据《汉书·扬雄传》王莽代汉后，因为甄寻、刘棻等人利用符命来替甄丰争权势，就下令将甄丰父子诛死，并流放了刘歆的儿子刘棻。"莽诛丰父子，投棻四裔，辞所连及，便收不请。"刘棻因为曾经跟随扬雄学习过文字学方面的知识，"治狱使者来，欲收雄，雄恐不能自免，乃从阁上自投下，几死。"于是京城里流传这样的话："惟寂寞，自投阁；爰清静，作符命。雄以病免，复召为大夫。"王莽诛杀甄丰父子的事情，在《汉书·王莽传》以及《资治通鉴》卷三十七中都有记载，时间是在王莽始建国二年（10年）冬十二月。另据《剧秦美新序》曰："诸吏中散大夫臣雄……臣雄经术浅薄，行能无异，数蒙渥恩，拔擢伦比，与群贤并，愧无以称职。"① 所以《剧秦美新》的创作时间可能是王莽始建国四年，扬雄谢恩之作。关于扬雄的创作主旨，李充翰林论曰："扬子论秦之剧，称新之美，此乃计其胜负，比其优劣之义。"② 扬雄作文对王莽新政进行颂扬，据《汉书·王莽传》记载王莽曾于始建国四年计划封禅之事，扬雄作《剧秦美新》可能是为王莽歌功颂德为封禅寻找依据。此外东汉时期班固，模仿司马相如、扬雄之

① （南朝·梁）萧统编，（唐）李善注：《文选》，中华书局1981年版，第678页。
② 同上。

作，作《典引》，与前两篇同样充满符命、谶纬之词，为帝王歌功颂德。依据“永平十七年，臣与贾逵、傅毅、杜矩、展隆、郗萌等召诣云龙门，小黄门赵宣持《秦始皇帝本纪》问臣等曰：‘太史迁下赞语中，宁有非耶?’”“然后宣二祖之重光，袭四宗之缉熙”，根据蔡邕注“高祖、光武为二祖，孝文曰太宗，孝武曰世宗，孝宣曰中宗，孝明曰显宗”[①]，依据《后汉书·班固传》“及肃宗雅好文章，固愈得幸，数入读书禁中，或连口继夜。每行巡狩。辄献上赋颂，朝廷有大议，使难问公卿，辩论于前，赏赐恩宠甚渥……固又作《典引》篇，述叙汉德。以为相如《封禅》，靡而不典，扬雄《美新》，典而不实，盖自谓得其致焉”，可知《典引》当作在章帝初期，元和二年（85年）春，汉章帝东巡，幸泰山，“柴告岱宗”。至奉高，祀汶上明堂。诏“复博、奉高、嬴，无出今年田租、刍稾”。[②] 已有司马相如《封禅文》、扬雄《剧秦美新》，班固为何还作《典引》，正如序中所言：“伏惟相如《封禅》，靡而不典；扬雄《美新》，典而亡实，然皆游扬后世，垂为旧式。”[③] 班固想推陈出新，为汉室令作歌功颂德之文，他以太极、两仪开篇，将汉德与唐尧的盛德相提并论，“若夫上稽干则，降承龙翼，而炳诸《典谟》，以冠德卓绝者，莫崇乎陶唐。陶唐胤而禅有虞，有虞亦命夏后，稷、契熙载，越成汤武，股肱既周，天乃归功元首，将授汉刘，俾其承三季之荒末，值亢龙之灾孽……故先命玄圣，使缀学立制，宏亮洪业，表相祖宗，赞扬迪哲，备哉粲烂，真神明之式也。……然后钦若上下，恭揖群后，正位度宗，有于德不台渊穆之让……盖以膺当天之正统，受克让之归运，蓄炎上之烈精，蕴孔佐之弘陈云尔。洋洋乎若德，帝者之上仪，诰誓所不及已”[④]。班固在文中多处用典，运用了《周易》《尚书》《毛诗》《左传》《孝经》等经典，甚至还运用了《老子》《庄子》和纬书的典故，使总体

① （南朝·梁）萧统编，（唐）李善注：《文选》，中华书局1981年版，第682页。

② （南朝宋）范晔撰，（唐）李贤等注：《后汉书》，中华书局1965年标点本，第150页。

③ （南朝·梁）萧统编，（唐）李善注：《文选》，中华书局1981年版，第682页。

④ 同上书，第682—683页。

显得繁缛。班固仍然逃脱不了当时的符瑞谶纬思想的影响，如“若乃嘉谷灵草，奇兽神禽，应图合牒，穷祥极瑞者，朝夕坰牧，日月邦畿，卓荦乎方州，洋溢乎要荒。昔姬有素雉、朱乌、玄秬、……君臣动色，左右相趋，济济翼翼，峨峨如也”①。

刘勰在《文心雕龙·封禅》中对汉代的封禅文章如《封禅文》《剧秦美新》《典引》进行了评述：“观相如《封禅》，蔚为唱首。尔其表权舆，序皇王，炳［元］玄符，镜鸿业，驱前古于当今之下，腾休明于列圣之上，歌之以祯瑞，赞之以介丘，绝笔兹文，固维新之作也……及扬雄《剧秦》，班固《典引》，事非镌石，而体因纪禅。观剧秦为文，影写长卿，诡言遁辞，故兼包神怪；然骨［掣］制靡密，辞贯圆通，自称极思，无遗力矣。《典引》所叙，雅有懿［乎］采，历鉴前作，能执厥中，其致义会文，斐然馀巧；故称‘《封禅》［丽］靡而不典，《剧秦》典而不实’。岂非追观易为明，循势易为力欤！”②

《封禅游记》可以说是我国最早的成熟游记散文的代表，马第伯《封禅仪记》与司马相如《封禅文》、扬雄《剧秦美新》等相比，已脱去极力铺张扬厉、谶纬之词。结构自然，语言质朴、清新，描述具体生动，读之如身临其境。《封禅仪记》与东晋以后的游记散文还有很大的区别，马第伯以游记的叙述手法，记叙了登泰山的艰难而不是叙述、赞赏自然风景之美。用白描的手法叙述了山势的陡峭和登山的艰难，“是朝上山骑行，往往道峻峭，下骑，步牵马，乍步乍骑，且相半，至中观留马。去平地二十里，南向极望无不睹”③。采用白描的手法叙述了山势的险峻，“仰望天关，如从谷底仰观抗峰。其为高也，如视浮云。其峻也，石壁窅窱，如无道径。遥望其人，端如行朽兀，或为白石或雪，久之白者移过树，乃知是人也。”④ 钱锺书《管

① （南朝·梁）萧统编，（唐）李善注：《文选》，中华书局1981年版，第685页。

② 周振甫：《文心雕龙今译》，中华书局1986年版，第198—199页。

③ （南朝·宋）范晔撰，（唐）李贤等注：《后汉书》，中华书局1965年标点本，第3167页注。

④ 同上。

锥篇》云："古人格物，自然奇妙，已窥'保护色'之理矣……马第伯《封禅仪记》：'遥望其人，或以为冰雪；久之，白者移遇，乃知是人者也。'词章家以'移通乃知'之事合于一色莫辨之状，刻划遂进一解。"① 马第伯简单记述了封禅的过程，着重讲述了登山的过程和登山的艰难及山上的所见、所闻，脱去了司马相如、扬雄的为歌功颂德而作封禅之文的强烈的政治欲望。

班固之父班彪，也对帝王封禅之事怀有深厚的情结，其在《冀州赋》中云："嘉孝武之干干，亲饰躬于伯姬。建封禅于岱宗，瘗玄玉于此丘。遍五岳与四渎，观沧海以周流。鄙臣不及此事，陪后乘之下僚，今匹马之独征，岂斯乐之独足娱。且休精于敝邑，聊卒岁以须臾。"②

第三节　汉代几种农业祭祀礼略论

在以农业生产为主的古代社会，农业的丰歉直接关乎百姓的生存，所以农业是立国之本。中国历代统治者都十分注重发展农业，对农事活动中的祭祀也很重视。因此本节将汉代农业的几种重要祭礼作为考察对象。

一　社稷礼

（一）社稷概说

社稷是农业祭祀中最为重要的神灵。社稷是社神和稷神的合称，社神就是人们常说的土地神。稷神，就是五谷神。《孝经援神契》云："社，土地之主，稷，五谷之主，俱土神，而所主之功异。所主既异，故其配亦异。"③ 依据先秦典籍如《左传》《国语》等记载，社

---

① 钱锺书：《管锥篇》，中华书局 1986 年版，第 746 页。

② 费振刚、仇仲谦、刘南平校注：《全汉赋校注》，广东教育出版社 2005 年版，第 357 页。

③ ［日］安居香山、［日］中村璋八辑：《纬书集成》，河北人民出版社 1994 年版，第 970 页。

神为共工的儿子句龙，而稷神是神农氏的儿子柱，《左传·昭公二十九年》云：“共工氏有子，曰句龙，为后土，……后土为社。稷，田正也。有烈山氏之曰柱，为稷，自夏以上祀之。”《国语·鲁语》也云，“昔烈山氏之有天下也，其子曰柱，能殖百谷百蔬。夏之兴也，周弃继之，故祀以为稷。共工氏之伯九有也。其子曰后土，能平九土，故祀以为社”，在先秦祭祀社稷是国家祭祀中最为重要的祭祀。社稷与国家祖先神具有同等重要的地位，《周礼·春官·小宗伯》曰“右社稷，左宗庙”，国家每有大事，必须祭社稷以祈求福佑，而且是“以血祭祭社稷”。祭祀所用的牲为太牢，“天子社稷皆大牢，诸侯社稷皆少牢”①，《周礼·地官·大司徒》还记载了祭祀社稷的具体事宜，“设其社稷之壝而树之田主。各以其野之所宜木，遂以名其社与其野。”并认为社的神格意蕴是：“社所以神地之道。地载万物，天垂象。取财于地，取法于天。是以尊天而亲地，故教人美报焉。家主中溜而国主社，示本也……所以报本反始也。”

（二）汉代社稷祭祀

汉代最早开始祭祀社稷的是汉高祖刘邦。据《汉书·高帝纪》记载：汉二年“二月癸未，令民除秦社稷，立汉社稷”。《史记·封禅书》也记载了这一事情：“高祖十年春，有司请令县常以春月及腊祠社稷以羊豕，民里社各自财以祠。”平帝时，王莽奏议：“帝王建立社稷，百王不易……王者莫不尊重亲祭，自为之主，礼如宗庙……圣汉兴，礼仪稍定，已有官社，未立官稷。”② 于是在官社后立官稷，以夏禹配食官社，后稷配食官稷。东汉基本采用新朝制度。光武帝在洛阳建社稷，号称“太社稷”，在宗庙之右，每年的二月、八月、腊月祠祀，均以太牢祭。州郡县也立社，以羊豕供祭。

（三）汉代社稷神格演变及文化意蕴

在先秦，社稷是国家的大神，与宗庙祭祀同等重要，《周礼·春官·小宗伯》曰：“右社稷，左宗庙”，国家每有大事，必须祭社稷

---

① （清）阮元校刻：《十三经注疏·礼记》（清嘉庆刊本），中华书局 2009 年影印本，第 2894 页上栏。

② （汉）班固撰，（唐）颜师古注：《汉书》，中华书局 1962 年标点本，第 1269 页。

以祈求福佑。而汉代社稷神格地位已不像周代那么重要，已沦为国家的次祀。王柏中认为：汉代“社稷不再是地祈类的核心祭祀。作为地祈类核心的社神，从武帝将后土纳入郊的范畴以后，就失去了代表全载大地的属性，而仅余有与稷神相应的土地神性；与此相应，社稷虽然仍具有政权象征的政治意义，但也不再具有国家最高等级的祭祀资格”①。

汉代社稷虽然退居次祀的地位，但其土地神的神性仍然很重要，除了象征国家政权的固定祭祀外，在祭祀求雨和止雨时人们要祭祀社神，认为社神是土地神，是阴性的代表，所以在止雨时要祭社，如《春秋繁露·止雨》篇所云：“各衣时衣，黍盐美酒财足，祭社。击鼓三日，而祝。”在灵星祭祀时要祭祀稷神，如《后汉书·祭祀》云：“汉兴八年，有言周兴而邑立后稷之祀，于是高帝令天下立灵星祠。言祠后稷而谓之灵星者，以后稷又配食星也。”祭祀社稷是汉代比较重要的一项活动，国家祭祀中祭品是太牢三牲。正如《白虎通义·社稷》云：“祭社稷以三牲何？重功故也。”“王者所以有社稷何？为天下求福报功。人非土不立，非谷不食，土地广博，不可偏敬也。五谷众多，不可一一祭也。故封土立社，示有土也。稷，五谷之长，故立稷而祭之也。”“社报万物，稷报五谷”（《论衡·祭意》），土地承载万物，是五谷得以生长的根基，土地的衣食给养之功是不可替代的，王莽认为，“帝王建立社稷，百王不易。社者，土也。宗庙，王者所居。稷者，百谷之主，所以奉宗庙，共粢盛，人所食以生活也。王者莫不尊重亲祭，自为之主，礼如宗庙。”（《汉书·郊祀志》）可见，汉代时期人们对土地神的崇拜依然强烈。

二　藉田礼

“藉田”亦称“籍田之礼”，是古已有之的一项重要农业祭祀，指的是古代帝王为了劝课农桑、寻求丰收所举行的祭礼活动。

---

①　王柏中：《神灵世界秩序的构建与仪式的象征——两汉国家祭祀制度研究》，民族出版社2005年版，第34—35页。

（一）藉田礼的意蕴

关于藉田，有多种不同的称谓。《汉官仪》记载：“天子坛田，公卿耕讫，啬夫下种。凡称藉田为千亩，亦曰帝籍，亦曰耕籍，亦曰东耕，亦曰亲耕，亦曰玉籍。”①

汉代帝王耕藉田，往往和祭祀先农联系在一起。《汉旧仪补遗》曰：“春始东耕于籍田，官祠先农。先农即神农炎帝也。祠以一太牢。”② 耕藉既是祭祀活动，又是一项“劝农”的政治活动。

关于藉田礼的意蕴历来是争论的焦点。一种观点认为藉田是借民力，劝民进行耕种，而帝王获得好处。如《礼记·王制》注：“籍之言借也，借民力，治公田，美恶取于此，不税民之所自治也。”《诗·载芟笺》：“籍之言借也。”蔡邕《月令章句》认为：“籍者，借人力以成其功，故曰籍。”《国语·周语》注：“籍，借也，借民力以为之。”《孟子·滕文公上》疏引徐邈曰：“籍，借也，谓借民力治公田，不税民之私也。”另一种观点则认为藉田只是帝王亲耕，表示对农耕的重视及劝农，且藉田的收成用来祭祀之用，怀有对神灵的虔敬之心。应劭曰：“古者天子耕籍田千亩，为天下先。籍者，帝王典籍之常也。”③ 臣瓒曰：“景帝诏曰：‘朕亲耕，后亲桑，为天下先’，本以躬亲为义，不得以假借为称也。籍，谓蹈籍也。”④ 薛综注《二京赋》曰：“为天神借民力于此田，故曰帝藉。田在国之辰地。”以上两种观点，都存在一定的偏颇之处。东晋干宝在述两种观点的基础上，在《周礼》注中提出：“古之王者，贵为天子，富有四海，而必私置藉田，盖其义有三焉：一曰，以奉宗庙，亲致其孝也；二曰，以训于百姓在勤，勤则不匮也；三曰，闻之子孙，躬知稼穑之艰难无违也。”

汉代帝王实行藉田礼的目的，主要出于政治因素，劝农从事农业

---

① （清）孙星衍等辑：《汉官六种》，中华书局1990年版，第116页。

② 同上书，第102页。

③ （汉）司马迁撰，（南朝宋）裴骃集解，（唐）司马贞索引，（唐）张守节正义：《史记》，中华书局1959年版，第423页注。

④ 同上。

生产。汉初建时，农业生产落后，人民衣食不丰富，为了提高人民的生活水平和国库粮食的储备，国家大力提倡农耕。据《汉书·食货志》记载："汉兴，接秦之敝，诸侯并起，民失作业，而大饥馑。凡米石五千，人相食，死者过半。……自天子不能具醇驷，而将相或乘牛车……"而后来农业虽然有了一定的发展，但人们对农业重视不够，"孝惠、高后之间，衣食滋殖，文帝即位，公修节俭，思安百姓。时民近战国，皆背本趋末。"贾谊进谏劝汉文帝重视农业生产，认为发展农业是治理天下的根本："夫积贮者，天下之大命也。苟粟多而财有余，何为而不成？以攻则取，以守则固，以战则胜。怀敌附远，何招而不至？今殴民而归之农，皆著于本，使天下各食其力，末技游食之民转而缘南亩，则畜积足而人乐其所矣。可以为富安天下，而直为此廪廪也，窃为陛下惜之！""于是上感谊言，始开籍田，躬耕以劝百姓"（《汉书·食货志》）。汉文帝二年，"春正月丁亥，诏曰：'农夫，天下之本也，其开藉田，朕亲率耕，以给宗庙粢盛"（《汉书·文帝纪》）。在董仲舒《贤良对策》中记载了举行藉田礼的目的："今朕亲耕藉田以为农先，劝孝弟，崇有德，使者冠盖相望，问勤劳，恤孤独……"①

（二）藉田礼仪

汉代第一位实行藉田礼的是汉文帝，耕藉的地点在长安东郊。汉景帝后元二年，曾效法文帝举行藉田礼，汉景帝还规定了皇后亲蚕的做法，进一步完善了藉田亲桑之礼。"朕亲耕，后亲桑，以奉宗庙粢盛祭服，为天下先。"② 汉武帝时期，依然举行藉田礼劝农耕桑，"今朕亲耕藉田以为农先，劝孝弟，崇有德，使者冠盖相望，问勤劳，恤孤独……"（《汉书·董仲舒传》）。汉昭帝始元二年、六年也举行过藉田礼。东汉时期，藉田制度被沿袭下来，明帝、顺帝、献帝都亲耕藉田。

藉田礼是汉代比较盛大的一个礼仪，《汉旧仪补遗》记载："乘

① （汉）班固撰，（唐）颜师古注：《汉书》，中华书局1962年标点本，第2507页。
② 同上书，第151页。

舆大驾仪，公卿奉引，大仆御，大将军参乘，属车八十一乘，备千乘万骑。"[①] 而且，藉田千亩场面十分壮观。《东汉会要》记载了汉代藉田礼的过程："正月始耕，昼漏上水初纳，执事告祠先农，已享。耕时，有司请行事，就耕位，天子、三公、九卿、诸侯、百官以次耕。力田种各耰讫，有司告事毕。是《月令》曰：'郡国首相皆劝民始耕如仪。'《汉旧仪》曰：'春始耕于藉田，官祠先农。先农即神农炎帝也。祠以一太牢，百官皆从，大赐三辅二百孝弟、力田、三老帛。种百谷万斛，为立藉田仓，置令、丞。谷皆以给祭天地、宗庙、群神之祀，以为粢盛。皇帝躬耕秉耒耜而耕。'"[②]

藉田礼这一盛大的仪式在汉代文学作品中也多有描述。如张衡的《东京赋》描述了藉田耕种的盛大场景："及至农祥晨正，土膏脉起。乘銮辂而驾苍龙，介驭间以剡耜。躬三推于天田，修帝籍之千亩。供禘郊之粢盛，必致思乎勤已。兆民劝于疆场，感懋力以耘耔。"[③]

为什么藉田礼由皇帝亲自主持，而不是由其他的巫代替呢？"这个问题背后隐藏着一个关于国王与上帝关系的神话。为什么藉田礼一定要国王主持？从汉儒以来，人们大多以为是国王做个表率，显示对农业生产的重视。这是用文明人的思维类推远古人的思维。弗雷泽研究了世界各地大量与生产有关的礼俗后认为，类似于藉田礼的仪式核心问题是交感巫术。国王在这种情况下被视为神圣农神的化身，甚至是谷神的化身。他的这种功能是任何别人所替代不了的。"[④] 国王代表人民与神灵进行交流，希望神灵可以降福于人民获得谷物的丰收，同时也体现了皇权的唯一和至尊。

依据《诗经·周颂·载芟序》"载芟，春籍田而祈社稷也"，可知先秦时期藉田礼的祭祀对象为社神和稷神。汉代藉田的祭祀对象则为先农，据《汉旧仪》记载："春始东耕于藉田，官祠先农。先农即

---

① （清）孙星衍等辑：《汉官六种》，中华书局1990年版，第104页。

② （宋）徐天麟：《东汉会要》，上海古籍出版社1978年版，第69页。

③ 费振刚、仇仲谦、刘南平校注：《全汉赋校注》，广东教育出版社2005年版，第681页。

④ 程恭让主编：《天问》（丁亥卷），江苏人民出版社2008年版，第49页。

神农炎帝也。祠以一太牢，百官皆从。”①

汉代人又将炎帝誉为农神，《艺文类聚》引《帝王世纪》：“炎帝神农氏姜姓也，人首牛身，长于姜水，有圣德，都陈，作五弦之琴，始教天下种谷，故号神农氏。”《淮南子·时则训》云：“南方之极……赤帝，祝融之所司者万二千里。”高诱注：“赤帝，炎帝也，少典之子，号为神农，南方火德之帝也。”② 在汉代，炎帝已彻底人神化，这在汉画像石中表现得非常明显，如山东武氏祠西壁画像，第二层自右至左为伏羲、女娲、祝融、神农、黄帝、颛顼、帝喾、尧、舜、禹、桀等古代传说中的帝王图像，画中的炎帝神农氏头戴斜顶进贤冠，手拿耜作翻地状。左边隔栏上的题榜则是“神农氏因宜教田，辟土种谷，以振万民”。③ 在徐州画像石中亦有炎帝之像，画左上方一农夫装扮之人，头戴斗笠，身披蓑衣，赤足，一手持耒耜。一手牵凤凰。④

汉代藉田在时间上有一定的选择。据顾炎武《日知录》记载：“《月令》：‘择元辰，躬耕帝藉。’卢植曰：日，甲至癸也；辰，子至亥也。郊天，阳也，故以日；藉田，阴也，故以辰。蔡邕《月令章句》云：日，干也；辰，支也。有事于天，用日；有事于地用辰。”⑤ 藉田是祭地，应选择在辰日。汉文帝就曾选择正月丁亥进行藉田：“春正月丁亥，诏曰：‘夫农，天下之本也，其开藉田，朕亲率耕，以给宗庙粢盛。”⑥ 而汉明帝则在二月亲耕，据《后汉书·明帝纪》记载，明帝曾两次二月藉田：“四年春二月辛亥，诏曰：‘朕亲耕藉田，以祈农事’”，“十三年春二月，帝耕于藉田。礼毕，赐观者食”。但也有例外的情况，如：“章帝元和中正月，北巡耕于怀县。其籍田仪：正月始耕，常以乙日，祠先农及耕于乙地。昼漏上水初纳，执事

① （清）孙星衍等辑：《汉官六种》，中华书局 1990 年版，第 102—103 页。

② （汉）高诱：《淮南子注》，上海书店 1986 年版，第 84 页。

③ 朱锡禄：《武氏祠汉画像石》，山东美术出版社 1986 年版，图 1。

④ 徐州博物馆，《徐州汉画像石》，江苏美术山版社 1985 年版，图 90。

⑤ （清）顾炎武撰，黄汝成集释：《日知录》，花山文艺出版社 1990 年版，第 281 页。

⑥ （汉）班固撰，（唐）颜师古注：《汉书》，中华书局 1962 年标点本，第 117 页。

告祠先农，已享。”①

同时，藉田用的种子也有一定的要求，是藏在后宫的种子。《周礼·天官·内宰》说：“上春，诏王后帅六宫人而穜稑之种而献之于王。”这可能源于古人的阴阳观念，后宫是女性的代表，是阴性的象征，土地也是阴性的代表，因此种子藏在后宫更利于种子的发芽、生长。郑玄认为：“六宫之人夫人以下分居后之六宫者。古者使后宫藏种，以其有传类蕃孳之祥，必生而献之，示能育之，使不伤财，且以佐王耕事，共禘郊也。”②

藉田礼与汉代农业灾害祭祀有着明显的区别，在藉田祭祀当中可以用乐，而在农业灾害祭祀中不得用乐。《后汉书·礼仪志》：“正月始耕。昼漏上水初纳，执事告先祠先农，已享。耕时，有司请行事，就耕位，天子、三公、九卿、诸侯、百官以次耕。力田种各耰讫，有司告事毕。是月令曰：‘郡国守相皆劝民始耕，如仪。诸行出入皆鸣钟，皆作乐。其有灾眚，有他故，若请雨、止雨，皆不鸣钟，不作乐。’”

三 桑蚕礼

与皇帝主持的藉田礼相对应的就是皇后主持的桑蚕礼。桑蚕礼源于周，周人认为女性是纯阴之物，所以仲春在北郊举行桑蚕礼：“周制，仲春，天官内宰诏后帅外内命妇，始蚕于北郊，以为祭服。天子、诸侯必有公桑蚕室，近川而为之。筑宫仞有三尺，棘墙而外闭之。后妃斋戒，享先蚕而躬桑，以劝蚕事。”③ 汉代在四月举行桑蚕礼，《后汉书·礼仪志》注中谷永认为“四月壬子，皇后蚕桑之日也。则汉桑亦用四月”。皇后亲蚕的地点是东郊，《汉书·元后传》载有“茧馆”。颜师古注曰：“《汉宫阙疏》则云，上林苑有茧观，盖蚕茧之所也。”

桑蚕礼的队伍一般很庞大，《汉仪》曰：“皇后出，……大将军

① （唐）杜佑：《通典》，中华书局2003年版，第1285页。

② （汉）郑玄注，（唐）孔颖达疏：《周礼注疏》，中华书局1980年版，第685页。

③ （唐）杜佑：《通典》，中华书局2003年版，第1288页。

妻参乘，太仆妻御，……洛阳令奉引，亦千乘万骑。车府令设卤薄驾，公卿五营校尉司隶校尉、河南尹妻皆乘其官车，带夫本官绶，从其官属导从皇后。”① 可见，亲蚕是众女性的集体活动。

《后汉书·礼仪志上》“祠先蚕，礼以少牢”。卫宏《汉旧仪》详细记载了桑蚕礼的过程：“皇后春桑，皆衣青，手采桑，以缫三盆茧，春桑生而皇后亲桑，于菀中蚕室，养蚕千薄以上。祠以中牢羊豕，祭蚕神曰菀窳妇人、寓氏公主，凡二神。群臣妾从桑还，献于茧观，皆赐从桑者乐。皇后自行。凡蚕丝絮，织室以作祭服。祭服者，冕服也。天地宗庙群神五时之服。其皇帝得以作缕缝衣，皇后得以作巾絮而已。置蚕官令、丞，诸天下官下法皆诣蚕室，与妇人从事，故旧有东西织室作志。”②

汉代无论是藉田礼还是桑蚕礼，都表现了统治者对农业生产的重视。桓宽《盐铁论·授时篇》中，发表了对县官亲耕藉田的看法：“县官之于百姓，若慈父之于子也；忠焉能勿诲乎？爱之而勿劳乎？故春亲耕以劝农，赈贷以赡不足，通滀水，出轻系，使民务时也。”东汉荀悦则认为兴农桑是国家五政之一，十分重要，其《申鉴·政体篇》述：“兴农桑以养其生，审好恶以正其俗，宣文教以章其化，立武备以秉其威，明赏罚以统其法，是谓五政。”

四　祭祀求雨

在科技不够发达的古代，自然灾害对农业的影响很大，每当有灾害发生时，为了农业的丰收，农事禳灾是必不可少的，可以说农事禳灾是贯穿整个中国古代社会的一种重要的农事祭祀活动。所谓农事禳灾，是指在农业遇到灾害时通过一种非理性的手段，借助对神灵的祈求或施行某种超自然的控制，来预防或驱除产生于自然界的各种农业灾害。比如干旱、水涝、虫灾等。自从人类诞生之日起，干旱就一直影响着人们的生活，直到今日干旱还是时有发生，古代人民对干旱这

① （清）孙星衍等辑：《汉官六种》，中华书局1990年版，第218—219页。

② 同上书，第77页。

种自然灾害的认识还处于低级阶段，尤其是远古先民认为世间万物有灵，认为雨水由神灵掌管，每当旱灾发生的时候，人们只能向冥冥之中的某些神灵进行祭祀求拜。

（一）先秦时期对旱灾的认识及祭祀求雨

1. 驱旱魃求雨

先秦时期人们对自然的认识还处于早期阶段，认为旱灾的发生与某种神灵有关，如《诗·大雅·云汉》："旱既大甚，涤涤山川。旱魃为虐，如惔如焚！"[①] 人们认为旱灾的发生是女魃在作怪，所以要驱逐女魃来达到获雨的目的。

旱魃亦作"女妭"，神话中的旱神。韦曜《毛诗问》："《云汉》之诗，旱魃为虐。传曰'魃，天旱鬼也'。笺云'旱气生魃。天有常神，人死为鬼。不审旱气生魃奈何？答曰：'魃鬼人形，眼在顶上，天地此物，则将旱也，天欲为灾，何所不生，而云有常神者耶。'"[②]《神异经》中也有类似的描述："南方有人，长二三尺，袒身，而目在顶上，走行如风，名曰魃，所见之国大旱，赤地千里，一名狢，遇者得之，投溷中乃死，旱灾消也。"[③]《山海经·大荒北经》有："系昆之山者。……有人衣青衣，名曰黄帝女魃。蚩尤作兵伐黄帝，……纵大风雨。黄帝乃下天女曰魃，雨止，遂杀蚩尤。魃不得复上，所居不雨。叔均言之帝，后置之赤水北。"魃，郝懿行笺注："《玉篇》引《文字指归》曰：'女妭，秃无发，所居之处，天下不雨也，同魃。'"从以上记载可知女魃相传是不长一根头发的光秃女神，眼睛长在头顶之上，她所居住的地方，天不下雨。是黄帝之女，但在这里已经被神话化为旱神。所以当有旱灾发生的时候人们认为是旱魃在作怪，要进行驱逐。于是先秦典籍就有了曝巫的记录。《左传·僖公二十一年》："夏大旱，公欲焚巫。"《山海经·大荒北经》："有系昆之山者，有共工之台，射者不敢北乡（向）。有人衣青衣，名曰黄帝女魃。"[④]《山

---

① （汉）郑玄笺，（唐）孔颖达疏：《毛诗正义》，中华书局1957年版，第1598页。

② （唐）欧阳询撰，汪绍楹校：《艺文类聚》，中华书局1965年版，第1721页。

③ 东方朔：《神异经》，中华书局1991年影印本，第11页。

④ 袁珂：《山海经校注》，上海古籍出版社1983年版，第430页。

海经·大荒西经》："有人衣青，以袂蔽面，名曰女丑之尸。"[①] 共工之台即祭雨之地，女丑之尸即巫，女魃是女丑所扮的旱魃的形象。魃主旱，旱雨为一事之两面，故也能降雨。当大旱发生之时，女丑扮旱魃求雨而被曝死，使旱神得到惩罚，驱走旱神以达到降雨的目的。曝巫一事在汉代仍然存在，在洛阳发掘的西汉壁画墓中的墓门上额背面有曝巫的内容，图中：在一枯枝上挂一红色衣服，天空中飞鸟不敢落树枝，树下有一女子，头发系于树上，双目紧闭，上身裸露，肤色发紫，横躺于地，身旁一翼虎正瞠目张口状，一爪踏于女子身上，欲咬其臂。[②] 图中的女巫当为女魃。另外在南阳汉画中有虎食女魃图，图左刻一虎一熊，右一翼虎，张口展翅扑食女魃。[③]

2. 雩祭求雨

古代人们在旱灾发生时除了驱旱魃外，还要进行祭祀求雨。古籍所记载较早而详细的求雨，是商汤之祷。商汤战胜夏而开始治理天下，天大旱，连续五年农业不能收获，于是商汤在桑林亲自举行祈雨仪式，认为天不降雨都是自己的过错，并且以自己的身体作为祭品，如《吕氏春秋·顺民》所载："昔者汤克夏而正天下，天大旱，五年不收。汤乃以身祷于桑林，曰：'余一人有罪，无及万夫。万夫有罪，在余一人。无以一人之不敏，使上帝鬼神伤民之命'。于是剪其发，鄌其手，以身为牺牲，用祈福于上帝，民乃甚悦，雨乃大至。则汤达乎鬼神之化，人事之传也。"

到了周代，祈雨已有定制，并特称为"雩"。雩祭有两种。一种是天子亲祭的常规性祭祀，这是为了预祝风调雨顺。另一种是遇旱而祭。雩祭一般在孟夏（四月）举行，所谓"四月龙见而雩"，因为此时苍龙（东方七宿）昏见于天，万物开始旺长，需要雨露滋润才能茁壮，所以举行雩祭以求苍天普降甘霖。这种雩祭谓为常雩。另外，大旱时也举行雩祭。春秋时，国君亲临城南郊外主持雩祭，读过祭文

---

① 袁珂：《山海经校注》，上海古籍出版社 1983 年版，第 400 页。

② 《洛阳西汉壁画墓发掘报告》，《考古学报》1964 年第 2 期。

③ 《南阳汉代画像石》编辑委员会：《南阳汉代画像石》，河南美术出版社 1989 年版，第 194 页。

后，使童男童女各八人“舞而呼雩”。秦汉时期对雩祭非常重视，“遇旱则雩”。在雩祭时，文武百官依次行雩礼求雨。

3. 以龙求雨

人们认为旱灾除了旱魃在作怪外，还有一种掌管降雨的神，那就是龙。龙，自古被认为能够兴云布雨，从而成为求雨巫术中的主角。《山海经·西山经》记载：“泰华之上，削成而四方，其高五千仞，其广十里，鸟兽莫居。有蛇焉，名曰肥遗，六足四翼，见则天下旱。”可见这是龙的早期雏形，接着《山海经·大荒东经》又曰“东荒北隅有山名土丘，应龙处南极，杀蚩尤夸父，不得复上，故下数旱，旱而作龙应之，乃得大雨。”裘锡圭先生认为卜辞中至少有两条关于作土龙求雨的记载：“其乍（作）龙于凡田，又（有）雨”①，“十人又五囗囗龙囗田，又（有）雨”②，这正与《淮南子·地形训》“土龙致雨”，高诱注“汤遭旱，作土龙以象龙。云从龙，故致雨也”的记载相互印证。因此可以确定，在商代已经有借龙求雨的巫法。但是，无论卜辞还是文献，关于商代借龙求雨巫术的记载都比较少。

根据巫术思维可知，凡相似的东西可以相互感应，只要通过模仿便可以实现施术者的任何愿望。因此，如果想求得雨水，模拟龙的形貌即可。古人将龙与云、水联系在一起，《吕氏春秋·召类》曰：“以龙致雨，以形逐影。”高诱注：“龙，水物也，故致雨。”天旱时，通过模仿龙形，便能感应真龙求得雨水。不同的求雨日期有不同的要求，《神农求雨书》称：“春夏雨日而不雨，甲乙命为青龙，又为火龙东方，小童舞之；丙丁不雨，命为赤龙南方，壮者舞之；戊已不雨，命为黄龙，壮者舞之：庚辛不雨，命为白龙，又为火龙西方，老人舞之：壬癸不雨，命为黑龙北方，老人舞之。”③

（二）汉代祭祀求雨及其意蕴

1. 阴阳观念对汉代求雨的影响

汉代祭祀求雨受阴阳观念的影响比较大。在西汉时期，先后有黄

---

① 胡厚宣主编：《甲骨文合集释文》，中国社会科学出版社1999年版，第29990片。
② 同上书，第27021片。
③ （唐）欧阳询撰，汪绍楹校：《艺文类聚》，中华书局1965年版，第1723页。

老道家和新儒家被统治者所提倡，形成两股强大的社会思潮，但是除了这两股思潮之外，阴阳之术在社会上也是广泛流行的，司马谈《论六家要旨》把阴阳列为六家之首，并且说："尝窃观阴阳之术，大祥而众忌讳，使人拘而多畏；然其序四时之大顺，不可失也。"① 当时很多学派都受其影响，儒家、道家与其结合，吸收利用形成黄老新道家和新儒学。阴阳的观念影响着人们的思想和行动，汉代的求雨处处留有其影子。

汉代有旱灾发生时，帝王要下诏组织求雨，干旱是由于阴阳失调和政治不明所致。所以除了祭祀求雨外，帝王要自我反省。如顺帝阳嘉元年二月甲戌曾下诏祈雨："政失厥和，阴阳隔并，冬鲜宿雪，春无澍雨。分祷祈请，靡神不禜。深恐在所慢违之义，今遣侍中王辅等，持节分诣岱山东海、荥阳、河、洛，尽心祈焉。"② 明帝十八年四月己未下诏祷雨，组织祷雨，同时认为无雨是由于政治有过失造成的，应减轻刑狱，"自春以来，时雨不降，宿麦伤旱，秋种未下，政失厥中，忧惧而已。其赐天下男子爵，人二级，及流民无名数欲占者人一级；鳏、寡、孤、独、笃癃、贫不能自存者粟，人三斛。理冤狱，录轻系。二千石分祷五岳四渎。郡界有名山大川能兴云致（致）雨者，长吏各絜斋祷请，冀蒙嘉澍"③。

汉代关于农业求雨祭祀主要见于董仲舒《春秋繁露·求雨》和贾谊的《旱云赋》。《春秋繁露》关于汉代的农业求雨记述得较先秦典籍农业求雨详尽。在汉代有一种重要的求雨方式就是用蛙求雨，这在先秦典籍中很少见到，在《春秋繁露·求雨》中记载，春、夏、季夏、秋、冬五个时节求雨都要用到蛙，为什么在求雨中用蛙来祭祀？我认为最基本的原因是古人在农业生产中发现蛙与农业有着密切的关系，故在求雨时用蛙在巫术仪式中扮演重要的角色，用蛙来取得好兆

---

①（汉）司马迁撰，（南朝宋）裴骃集解，（唐）司马贞索引，（唐）张守节正义：《史记》，中华书局1959年版，第3289页。

②（清）严可均：《全上古三代秦汉三国六朝文》，中华书局1958年版，第508页。

③（南朝·宋）范晔撰，（唐）李贤等注：《后汉书》，中华书局1965年标点本，第123页。

头，“取五虾蟇”。《焦氏易林》：“虾蟇群聚，从天请雨，集聚，应时辄雨，得其所愿。”用五只青蛙求雨。阚绪良先生在《汉代的青蛙求雨》（《安徽广播电视大学学报》2000 年第 1 期）中认为“五”在此有祈求雨水充足、粮食丰收、五谷丰登之意。我们认为汉代阴阳五行观念盛行用“五”除了表示五谷丰登之意外，还应该代表东、南、西、北、中五个方位，希望各地都能雨水充沛、风调雨顺。同时蛙在古代被认为是生殖神的象征，用蛙来表示多子，蛙应是女性的象征，用蛙还应该与阴阳观念有关，发生旱灾人们认为是阳胜阴所导致，所以在求雨时“令吏民夫妇皆偶处。凡求雨之大体，丈夫欲藏匿，女子欲和而乐”①。

汉代儒家董仲舒鼓吹“天人感应”学说，认为“龙与风相招，虎与风相致”，所以董仲舒雩祭之法，是设土龙跪拜以请雨。汉代作土龙求雨巫术较先秦兴盛，求雨巫术内容的重点已经转向用龙方面。《春秋繁露·求雨》所记求雨法虽然沿袭了先秦传统的雩祭、曝巫、聚尪等，但是更多的规则在于作土龙、舞龙，同时受阴阳五行观念的影响，每个季节求雨所用龙的颜色及方位的要求是不同的：“春旱求雨……以甲乙日为大苍龙一，长八丈，居中央。为小龙七，各长四丈，于东方，皆东向，期间相去八尺。小童八人，皆斋三日，服青衣而舞之。田啬夫亦斋三日，服青衣而立之……夏求雨……以丙丁日为大赤龙一，长七丈，居中央。又为小龙六，各长三丈五尺，于南方。皆南向，其间相去七尺。壮者七人，皆斋三日，服赤衣而舞之。司空啬夫亦斋三日，服赤衣而立之……季夏……以戊己日为大黄龙一，长五丈，居中央。又为小龙四，各长二丈五尺，于南方。皆南向，其间相去五尺。丈夫五人，皆斋三日，服黄衣而舞之。老者五人，亦斋三日，衣黄衣而立之……秋……以庚辛日为大白龙一，长九丈，居中央。为小龙八，各长四丈五尺，于西方，皆西向。其间相去九尺。鳏者九人，皆斋三日，服白衣而舞之。司马亦斋三日，衣白衣而立之……冬……以壬癸日为大黑龙一，长六丈，居中央。又为小龙五，

① （清）苏舆：《春秋繁露义证》，中华书局 1992 年版，第 437 页。

各长三丈，于北方，皆北向。其间相去六尺。老者六人，皆斋三日，衣黑衣而舞之。尉亦斋三日，服黑衣而立之……四时皆以水日，为龙，必取洁土为之，结盖，龙成而发之。”①

除了作土龙舞龙祭祀外，汉代求雨还要祭祀一些神灵，如：“春旱求雨，……其神共工，祭之以生鱼八，玄酒……祝斋三日，服苍衣……皆东向”；“夏求雨……其神蚩尤，祭之以赤雄鸡七，玄酒……皆南向……祝斋三日，服赤衣”；“季夏祷山陵以助之……其神后稷……祝斋三日，衣黄衣……以戊已日……皆南向”；“秋暴巫尫至九日……其神少昊，祭以桐木鱼九……衣白衣……皆西向”；“冬舞龙六日，祷于名山以助之……其神玄冥，祭之以黑狗子六……皆北向”。②《春秋繁露·五行对》认为：“天有五行，木火土金水是也。木生火，火生土，土生金，金生水。水为冬，金为秋，土为季夏，火为夏，木为春。”可见在求雨时间的选择是按五行的要求进行的。在求雨的时候还要祭祀五祀：门、户、井、灶、中溜。《白虎通·五祀·祭五祀顺五行》：“祭五祀所以岁一徧何？顺五行也。故春即祭户。户者、人所出入，亦春万物始触户而出也。夏祭灶。灶者、火之主，人所以自养也。夏亦火王，长养万物。秋祭门。门以闭藏自固也。秋亦万物成熟，内备自守也。冬祭井。井者、水之生，藏(任)〔在〕地中。冬亦水王，万物伏藏。六月祭中溜。中溜者、象土在中央也。”从《春秋繁露》可知汉代求雨祭祀的神灵比较多，而且不同的季节有不同的神灵祭祀，从祭神的方位东、西、南、北和祭服的五色青、赤、黄、白、黑上看，体现了五行学说观念在人们头脑的根深蒂固。发生旱灾时除了舞龙社祭外，还要祭祀河川：“郡国二千石各祷名山岳渎，遣大夫、诸者诣嵩高、首阳山，并祠河、洛，请雨。”③

2. 阴阳灾异思想影响下的旱灾求雨

古人很早就采用阴阳和灾异的概念来解释“天”“地”“人”之

---

① （清）苏舆：《春秋繁露义证》，中华书局1992年版，第426—436页。

② 同上书，第426—435页。

③ （清）严可均：《全上古三代秦汉三国六朝文》，中华书局1958年版，第510页。

间深刻而神秘的关系。《国语·周语》云："气无滞阴，亦无散阳。阴阳序次，风雨时至"。阴阳之气的和谐会使人间风调雨顺，相反，则会引起灾异。《国语·周语》记载周幽王二年，泾、渭、洛三川发生地震，山川崩竭，其言曰："周将亡矣，夫天地之气，不失其序，若过其序，民乱之也。阳伏而不能出，阴迫而不能烝，于是有地震。"阴阳家的思想经过管子、驺衍等人的发展，到汉代大一统之时已经蔚为大观。灾异思想在汉初也得到了重视和传播，灾异学说是与阴阳学说相伴而行，被儒家学派吸收利用，得到广泛传播。在汉代初期，统治者很迷信神仙方术和阴阳灾异，阴阳灾异学说和思想一度盛行。"武帝初即位，尤敬鬼神之祠。"① 可以说阴阳灾异思想促进了神学的发展，使其又增添了一层神秘的面纱。每当有灾害发生时人们认为是阴阳失调，人的行为违反了天理。如京房《别对灾异》："阴倍阳则地坼，臣判君则义废，此人君不亲，上下不厚，致此灾也。"② 元帝三年夏天发生旱灾，六月下诏曰："盖闻安民之道，本繇阴阳。间者阴阳错谬，风雨不时。朕之不德，庶几群公有敢言朕之过者，今则不然。偷合苟従，未肯极言，朕甚闵焉。"③

东汉质帝本初元年五月发生旱灾，梁后以质帝名义下诏求雨，认为天不降雨是由于自己的政治过失："朕以不德，托母天下，布政不明，每失厥中。自春涉夏，大旱炎赫，忧心京京，故得祷祈明祀，冀蒙润泽。前虽得雨，而宿麦颇伤，比日阴云，还复开霁。寤寐永叹，重怀惨结。将二千石、令长不崇宽和，暴刻之为乎？其令中都官系囚罪非殊死考未竟者，一切任出，以须立秋。郡国有名山大泽能兴云雨者，二千石长吏各洁斋请祷，竭诚尽礼。又兵役连年，死亡流离，或支骸不敛，或停棺莫收，朕甚愍焉。昔文王葬枯骨，人赖其德。今遣使者案行，若无家属，及贫无资者，随宜赐恤，以慰孤魂。"④

不但统治者认为灾害的发生与阴阳失调，也与君主言行有失常道

---

① （汉）班固撰，（唐）颜师古注：《汉书》，中华书局 1962 年标点本，第 1205 页。
② （清）严可均：《全上古三代秦汉三国六朝文》，中华书局 1958 年版，第 369 页。
③ （汉）班固撰，（唐）颜师古注：《汉书》，中华书局 1962 年标点本，第 284 页。
④ （清）严可均：《全上古三代秦汉三国六朝文》，中华书局 1958 年版，第 521 页。

有关，一些儒者也持有此种观点，如贾谊《旱云赋》“惟昊天之大旱兮，失精和之正理”①，揭示夏日大旱的根源在于天地，“失精和之正理”即阴阳之气的失调，为什阴阳会失和呢？贾谊认为：“惜稼穑之旱夭兮，离天灾而不遂。怀怨心而不能已兮，窃讬咎于在位。独不闻唐虞之积烈兮，与三代之风气。时俗殊而不还兮。恐功久而坏败。何操行而不得兮，政治失中而违节。阴气辟而留滞兮……终怨不雨，甚不仁兮。布而不下，甚不信兮。白云何怨，奈何人兮。”② 指天斥地，阐发阴阳灾异之理，抒发责人主伤民生之情，希望统治者能够引以为戒，贾谊的思想里不乏有一定的政治目的，借助阴阳灾异思想达到讽谏的目的。有旱灾发生时帝王下诏祷雨，在其诏书中蕴含着很深的阴阳观念，章帝曾下诏祷雨：“《春秋》书‘无麦苗’，重之也。去秋雨泽不适，今时复旱，如炎如焚。凶年无时，而为备未至。朕之不德，上累三光，震栗忉忉，痛心疾首。前代圣君，博思咨诹，虽降灾咎，辄有开匮反风之应。今予小子，徒惨惨而已。其令二千石理冤狱，录轻系；祷五岳四渎，及名山能兴云致雨者，冀蒙不崇朝遍雨天下之报。务加肃敬焉。”③

阴阳灾异是汉代人认识旱灾求雨的主流思想，当然也有人对此提出批判，如王充，他认为旱涝是自然现象，与政治没有必然的联系，是否下雨不取决于政治的得失，而取决于自然的运行规律：“天之运气，非政所致。夫天之运气，时当自然，虽雩祭求雨，终无补益。”（《论衡·明雩》）王充认为，不采取实际的治水实践，是不会有效果的。而求雨只是一种礼仪或民俗，求雨只是寻求一种心理安慰：“雩祭者之用心，慈父孝子之用意也，无妄之灾，百民不知，必归于主。为政者慰民之望，故亦必雩。”（《论衡·明雩》）可以说，王充从唯物主义哲学和历史两方面总结，来揭露批判雨祭中的政治欺骗和愚昧

① 费振刚、仇仲谦、刘南平校注：《全汉赋校注》，广东教育出版社2005年版，第17页。

② 同上书，第17—18页。

③（南朝宋）范晔撰，（唐）李贤等注：《后汉书》，中华书局1965年标点本，第139页。

迷信。他认为，求雨中唯一合理而有益的机制是，基于古代仪礼文化大背景下的人们的补偿报应心理。即借预酬谢天之意来缓解人们对灾害的恐惧、自我谴责等心理。这一认识有一定的道理。

五　祭祀止雨

农业祭祀中除了旱灾求雨，当洪涝发生时还要进行祭祀止雨，关于汉代止雨祭祀的记载只有董仲舒的《春秋繁露·止雨》篇，其中说：（元光二年）"二十一年八月甲申，朔。丙午，江都相仲舒告内史中尉：'阴雨太久，恐伤五谷，趣止雨。'"江都国秋雨连绵，董仲舒担心伤害五谷，布置内史、中尉赶快止雨。祭祀社神止雨，参加祭祀的有"县邑若丞合史、啬夫三人以上，祝一人；乡啬夫若吏三人以上，祝一人；里正父老三人以上，祝一人"，斋戒三天，"各衣时衣。具豚一，黍盐美酒财足，祭社"。祭祀的过程为："击鼓三日，而祝。先再拜，乃跪陈，陈已，复再拜，乃起。祝曰：'嗟！天生五谷以养人，今淫雨太多，五谷不和。敬进肥牲清酒，以请社灵，幸为止雨，除民所苦，无使阴灭阳。阴灭阳，不顺于天。天之常意，在于利人，人愿止雨，敢告于社。'鼓而无歌，至罢乃止。凡止雨之大体，女子欲其藏而匿也，丈夫欲其和而乐也。开阳而闭阴，阖水而开火。以朱丝萦社十周。衣赤衣赤帻。三日罢。"可见，汉代止雨也受着阴阳观念的影响，认为雨水过多是由于阴胜阳所致，因此举行止雨祭祀时女子要避开祭祀，不准许参加，这和求雨正好相反。

从汉代农业祭祀求雨、止雨的活动可见，人们对自然灾害发生的理解已经较先秦有了长足的发展，但宗教神学思想、阴阳五行、阴阳灾异思想在人们的头脑中仍占据很重要的位置。

六　灵星祭祀

（一）*灵星祭祀溯源*

灵星祭祀是一种人神和星神结合的祭祀。汉代从高祖时期开始下诏祭祀灵星，"或言周兴而邑后稷之祠，至今血食天下。于是高祖制诏史：‘其令天下立灵星祠，常以岁时祠以牛。’”①

灵星祭祀并不是汉代才开始的。杜佑《通典》记载：“周制，仲秋之月，祭灵星于国之东南。”杜佑注：“东南祭之，就岁星之位也。岁星五星之始，最尊，故就其位。王者所以复祭灵星者，为人祈时，以种五谷，故别报其功也。《五经通义》曰‘灵星为立尸’。故云‘丝衣其紑，载弁俅俅。’传言王者祭灵星，公尸所服之衣也。’今按《凫鹥》诗每云尸，据《传》天子诸侯祭社稷尸也。今祀灵星言公尸，未详所出。”② 由此可见，灵星祭祀在周代已经是国家中的一项重要祭祀了。

灵星祭祀当起源于古人农业生产时总结自然规律，总结天象的变化而产生对自然的崇拜，其中包括星神崇拜。据文献记载，灵星即古时的天田星，《汉旧仪》云：“汉五年，修复周家旧祀，祀后稷于东南，常以八月祭以太牢，舞者七十二人，冠者五六三十人，童子六七四十二人，为民祈农报功（缺）。夏则龙星见而始雩。龙星左角为天田，右角为天庭。天田为司马，教人种百谷为稷。灵者，神也。辰之神为灵星，故以壬辰日祠灵星于东南，金胜为土相也。”③ 在灵星祭祀时，要以后稷配祭：“汉兴八年，有言周兴而邑立后稷之祀，于是高帝令天下立灵星祠。言祠后稷而谓之灵星者，以后稷又配食星也。旧说，星谓天田星也。一曰，龙左角为天田官，主谷。”④ 由此可见，灵星的主要神格是主谷物丰收之神。

（二）汉代灵星祭祀意蕴

1. 灵星祭祀时间及祭祀过程

西汉时期从高祖开始祭祀灵星，但未规定祭祀的时间，只记载岁时祠灵星。“高祖制诏史：‘其令天下立灵星祠，常以岁时祠以

---

① （汉）班固撰，（唐）颜师古注：《汉书》，中华书局 1962 年标点本，第 1211 页。

② （唐）杜佑：《通典》，中华书局 2003 年版，第 1240 页。

③ （清）孙星衍等辑：《汉官六种》，中华书局 1990 年版，第 102 页。

④ （南朝宋）范晔撰，（唐）李贤等注：《后汉书》，中华书局 1965 年标点本，第 3204 页。

牛。'"[①]《后汉书·东夷传》载："龙星左角曰天田，则农祥也。辰日祠以牛，号曰零星。《风俗通》曰'辰之神为灵星'，故以辰日祠于东南。"后来又规定在辰日祭祀，《汉旧仪补遗》云："古时岁再祠灵星，灵星春秋之太牢礼也。"[②]《后汉书》也说："言祠后稷而谓之灵星者，以后稷又配食星也。旧说，星谓天田星也。一曰，龙左角为天田官，主谷。"[③] 据此可知，灵星祭祀的时间当为辰日的早晨。

祠灵星在东南方向，为何祠在东南？应劭《风俗通义·祀典》载："祀典，既以立稷，又有先农，无为灵星，复祀后稷也。左中郎将贾逵说，以为龙第三有天田星，灵者神也，故祀以报功。辰之神为灵星，故以壬辰日祀灵星于东南，金胜木为土相。"[④] 据汉时五行说，东南当为苍龙之位，是与龙相对应的"祀用壬辰位祠之。壬为水，辰为龙，就其类也"[⑤]。

在前面提及的求雨祭祀中，汉代求雨要祭土龙，灵星在星象中的位置应与汉时的星相学和龙图腾有关。龙自古就被认为具有施云降雨的功能，祭祀灵星有可能就是祭祀东方的苍龙，《尚书考灵曜》云："二十八宿，天元气，万物之精也。故东方角、亢、氐、房、心、尾、箕七宿，其形如龙，曰'左青龙'。"[⑥] 苍龙七宿的角宿、亢宿两宿便是所谓灵星。天田共有二星，属于角属。蔡邕《独断》有："风伯神，箕星也，……一雨师神，毕星也，……一明星神，一曰灵星，其象在天；旧说曰：灵星，火星也，一曰龙星。火为天田。厉山氏之子柱及后稷能殖百谷，以利天下。故祠此三神，以报其功也。"[⑦] 可见灵星是土的代表，承载万物，祭祀灵星应是对土地的敬仰和祈求丰收

① （汉）班固撰，（唐）颜师古注：《汉书》，中华书局1962年标点本，第1211页。

② （清）孙星衍等辑：《汉官六种》，中华书局1990年版，第102页。

③ （南朝宋）范晔撰，（唐）李贤等注：《后汉书》，中华书局1965年标点本，第3204页。

④ （汉）应劭撰，王利器校注：《风俗通义校注》，中华书局1981年版，第359页。

⑤ 同上书，第358页。

⑥ ［日］安居香山、［日］中村璋八辑：《纬书集成》，河北人民出版社1994年版，第366页。

⑦ （汉）蔡邕：《独断》，中华书局1985年版，第10页。

的愿望。

古人在祭祀灵星时要有尸，《淮南子·主术训》讲："君人之道，其犹零星尸也，俨然玄默，而吉祥受福。"这里的"零星"，应即"灵星"，可见汉代在灵星祭祀中用尸仍然存在。汉代灵星祭祀十分普遍，"武帝灭朝鲜，以高句骊为县，使属玄菟，赐鼓吹伎人。其俗淫，皆洁净自意，暮夜辄男女群聚为倡乐。好祠鬼神、社稷、零星"①。在汉代郡县也进行灵星祭祀，据《三国志·陶谦传》裴松之注，陶谦与张盘有矛盾，张盘想借灵星祭祀一事诬陷陶谦，"谦在官清白，无以纠举，祠灵星，有赢钱五百，欲以臧之。谦委官而去"②。

汉代在祭祀灵星的时候还伴有舞蹈："舞者用童男十六人。舞者象教田，初为芟除，次耕种、芸耨、驱爵及获刈、舂簸之形，象其功也。"③ 从明人朱载堉的《小舞乡乐谱》看，明代还仍表演着《灵星舞》："《灵星》雅乐，汉朝制作，舞象教田，耕种收获。击土鼓，吹苇籥。时人不皆不识，呼为《村田乐》……舞容有谱。童男十六人，两两相对舞。手持各执事，从头次第数。第一队，教芟除，手执镰舞；第二队，教开垦，手执镢舞；第三队，教栽种，手执锹舞；第四队，教耘耨，手执锄舞；第五队，教驱爵，手执竿舞；第六队，教收获，手执杈舞；第七队，教舂梻，手执连耞舞；第八队教簸扬，手执木杴舞。教田既毕，农事已成。讴歌舞蹈，答谢神明。"④

2. 汉代人及后人对灵星祭祀的认识

关于灵星祭祀属于何种祭祀，汉人就已开始讨论，王充认为灵星之祭即雩祭，"灵星之祭，祭水旱也，于礼旧名曰雩。雩之礼为民祈谷雨，祈谷实也。"雩祭先秦时有春秋两祭，到汉时只存秋祭。"春雩之礼废，秋雩之礼存，故世常修灵星之祀，到今不绝。名变于旧，

① （南朝·宋）范晔撰，（唐）李贤等注：《后汉书》，中华书局1965年标点本，第2813页。

② （晋）陈寿撰，（南朝宋）裴松之注：《三国志》，中华书局1959年版，第248页。

③ （南朝·宋）范晔撰，（唐）李贤等注：《后汉书》，中华书局1965年标点本，第3204页。

④ （明）朱载堉：《乐律全书》，文渊阁四库全书本，台湾商务印书馆1986年版，总第214册，经部第208册，第480页。

故世人不识；礼废不具，故儒者不知。世儒案礼，不知灵星何祀，其难晓而不识说，说县官名曰‘明星’，缘明星之名，说曰‘岁星’，岁星，东方也。东方主春，春主生物，故祭岁星，求春之福也。四时皆有力于物，独求春者，重本尊始也。审如儒者之说，求春之福，及以秋祭，非求春也。”“龙星二月见，则雩祈谷雨。龙星八月将入，则秋雩祈谷实。儒者或见其义，语不空生。春雩废，秋雩兴，故秋雩之名，自若为明星也。实曰‘灵星’。灵星者，神也；神者，谓龙星也。”① 清黄中松在《诗疑辨证·灵星》中对王充的观点提出了疑义：“灵星既为农星而即农祥，《左传》龙见而雩，先儒皆谓苍龙之宿，建巳之月昏见于东方则祭龙星，当于其初出之时孟夏之月矣。又房星以霜降晨见于东方即其晨见而祭之，又当在夏之九月也。而王充《论衡》曰春雩，秋八月亦雩。今灵星乃秋之雩。马端临《通考》亦言周制以仲秋之月祭灵星于国之东南，其言祭灵星之时误，谓周时已有，此祭者不误。……灵星龙星即房星，即东方苍龙之宿，蚕为龙种，尸以象之，首言丝衣，蚕为丝也，夫国家农桑并重，诚衣食之原也。诗中言农祭者多矣，惟《召南·采蘩》及此篇有言蚕祭者，或亦说之可通者欤，但所引《月令》天子荐鞠衣于先帝，则在季春，《周礼》内宰诏后率内外命妇治蚕于北郊，又在仲春此时龙尚未见，何以预祭之乎，仍从古说为当。”② 清陈启源的《毛诗稽古编》对王充的观点也提出了质疑：“《后汉书·祭祀志》云汉兴八年，高帝令天下立灵星祠，以后稷配食，谓天田星也。与班书晏注同。案农祥即房星，以霜降晨见东方则祠灵星，当在夏九月矣，《论衡》谓灵星即龙星，又谓周制春雩，秋八月亦雩，今灵星乃秋之雩，此语非是雩，正祭在巳月，祈祭则秋之，三月皆可行，春秋非雩之正期，又雩祭祭

① （汉）王充著，张宗祥校注，郑绍昌标点：《论衡校注》，上海古籍出版社 2013 年版，第 511 页。

② （清）黄中松：《诗疑辨证》，文渊阁四库全书本，台湾商务印书馆 1986 年版，总第 88 册，经部第 82 分册，第 476—477 页。

五精帝，非祭灵星，不得合为一祭，且八月龙星未见安得而祭之。”[①]笔者认为，灵星之祭非雩祭，当是祈求丰收祈谷之祭，从汉代灵星祭祀还伴有舞蹈就可看出，“舞者用童男十六人。舞者象教田，初为芟除，次耕种、芸耨、驱爵及获刈、舂簸之形，象其功也”[②]。其描述的是农业生产过程而非求雨，由此可知，灵星祭祀应当主要用于祈谷。

清人顾栋高在《毛诗类释》中认为灵星祭祀当为蜡祭：“唐以立秋后辰日祀灵星，开元祀于国城东南……谨案后稷已祭于周太庙，此复郡邑立祠，此汉世原庙所由起也。《周礼》《戴记》俱不经见，惟《晋语》有后稷是相之一语，想汉初人因此而生为妄说耳，郡县已有社稷坛，更何烦灵星以祀后稷乎？何氏楷曰：《丝衣》诗有二说，一曰绎宾尸、一曰灵星，究以高子之说为是。陈祥道亦主其说。按灵星为农祥，东方苍龙七宿房心通有农祥之称。《周语》‘农祥晨正’‘土乃脉发’，韦昭以为房心也。于立春之日，农事之候祭之，故曰农祥。《晋语》董因曰：‘大火，阏伯之所在也，是为大辰，后稷是相。’韦昭谓心星所在大辰，辰次为天驷，驷，马也，辰为农祥。合前二说，则房心俱有此号，亦以二星相近故也。而贾陆、应劭、张晏、蔚蔚宗则俱谓龙星左角曰天田，为农祥。考之《星经》则天田二星在角北，故服虔直以灵星为角星，《唐志》又以灵星为岁星，其祭之日或云立春，或云仲秋，或云岁再祭纷纷不一，今以此诗证之，则正孟冬蜡祭时事，其谓祭于仲秋与春秋，再祭者皆误也。蜡祭之礼皮弁素服与他祭不同，据此，《诗》曰：‘丝衣曰载弁’，与礼文正合，则灵星为蜡祭无疑。”[③]顾栋高之观点，仅以祭祀时戴的帽子判定灵星祭祀为蜡祭，不能让人完全信服。蜡祭祭百神是在孟冬之时，聚万物而所飨，

---

① （清）陈启源：《毛诗稽古编》，文渊阁四库全书本，台湾商务印书馆 1986 年版，总第 85 册，经部第 79 分册，第 673 页。

② （南朝·宋）范晔撰，（唐）李贤等注：《后汉书》，中华书局 1965 年标点本，第 3204 页。

③ （清）顾栋高：《毛诗类释》，文渊阁四库全书本，台湾商务印书馆 1986 年版，总第 88 册，经部第 82 分册，第 63—64 页。

与汉代的灵星祭祀时间不符。考察汉代的文献典籍，可以发现，汉代并无蜡祭的记载，《风俗通·祀典》曰："礼传曰：夏曰嘉平，殷曰清祀，周曰大蜡，汉改曰臈，臈者腊也，因腊取兽，祭先祖也，汉火行，衰于戌，故此日腊也。"可知蜡祭与腊祭在先秦文献中不是一回事。

秦蕙田在《五礼通考》中认为："《独断》载四代腊之别名：夏曰嘉平，殷曰清祀，周曰大蜡，汉曰腊，五祖腊祖之别名……蕙田案蜡、腊之祭是二非一，见于经传者甚明。蜡祭有八，所统甚多，有百物万物之说，腊则先祖五祀而已……秦汉遂举腊而废蜡。"① 这两者发展到了汉代才合而为一。詹子庆先生在《蜡祭小议》一文中也认为："从祭祀演变情况来看，在周代蜡、腊二祭可能是先后举行的不同的祭典，而到秦汉以后则合并为一祭了。"② 汉代的腊祭时间是冬至，曹书杰师论述道："汉代的正腊之日在冬至后第三个戌日。"③ 同时，《汉旧仪》记载："汉五年，修复周室旧祀，祀后稷于东南。常以八月祭以太牢，舞者七十二人，冠者五六三十人，童子六七四十二人，为民祈农报功□。夏则龙星见而始雩。龙星左角为天田，右角为天庭。天田为司马，教人种百谷为稷。灵者，神也。辰之神为灵星，故以壬辰日祠灵星于东南，金胜为土相也。"④ 可推测，在夏季可能有灵星祭祀。《汉书·郊祀志》记载："其明年，伐朝鲜。夏，旱。公孙卿曰：'黄帝时封则天旱，干封三年。'上乃下诏：'天旱，意干封乎？其令天下尊祠灵星焉。"由此可以进一步证实，汉代在夏季是有灵星祭祀的，而灵星祭祀只是时岁的壬辰日即可。从时间上看，灵星祭祀与蜡祭的时间不符，

---

① （清）秦蕙田：《五礼通考》，文渊阁四库全书本，台湾商务印书馆1986年版，总第136册，经部第130分册，第260—261页。

② 南开大学历史学院编：《仰止集：王玉哲先生纪念文集》，天津人民出版社2007年版，第94页。

③ 曹书杰：《后稷传说与稷祀文化》，社会科学文献出版社2006年版，第392页。

④ （清）孙星衍等辑：《汉官六种》，中华书局1990年版，第102页。

所以并不能把灵星祭祀归结为蜡祭。

综上所述，汉代灵星祭祀的主要目的是祈谷丰收的一项重要的农业祭祀，虽然在有干旱发生时求雨也要祭灵星，但祭祀其主要目的仍是为了求得农业丰收。

第四章　汉代的神灵崇拜

詹鄞鑫认为："最早的神既不是低眉菩萨或怒目金刚，也不是戴冕着衮的上帝或披甲持戟的天将。神就是灵，就是精，复言之，神就是神灵、精灵或精神，亦即与形体相对立的具有意识的东西，今称为意识或意志。后来逐渐人格化，自然物的神获得了人的形象，于是才有了天神上帝这一类的观念。"[①] 古代人在万物有灵、灵魂不灭观念的作用下，对这些神灵进行祭祀、朝拜。依据詹鄞鑫的《神灵与祭祀——中国传统宗教综论》一书，我国古代神灵主要可以分为以下几类：

（1）天地神祇：日月神、星辰诸神、五方神、昊天上帝、气象诸神、土地五谷神、山川神、"五祀神"、火神、灵物崇拜等。

（2）生物神灵：动物神灵、四灵、十二生肖、植物神灵、图腾、生殖神灵等。

（3）人鬼：祖先神、鬼魂、功臣圣贤等。

（4）人神：伏羲女娲、盘古、黄帝、炎帝、太皞、少皞、颛顼、帝喾、蚩尤、共工、鲧、五帝、五臣等。

汉代巫风盛行，祭祀兴盛，帝王信鬼好祀，这也促使了汉代神灵信仰崇拜的兴盛，汉代被信仰、崇拜的神灵很多，其中有些神灵是由于当时政治需要或受思想潮流影响而兴盛，如太一、西王母等。另外一些重要的远古神灵在汉代祭祀神灵系统中仍然占有重要地位，如伏羲、女娲自古被尊为人类始祖，在汉代伏羲、女娲的始祖神格仍不可

---

① 詹鄞鑫：《神灵与祭祀——中国传统宗教综论》，江苏古籍出版社 2000 年版，第 23 页。

动摇，由于研究经历的有限，本章只选取了汉代具有代表性的四位神灵：太一、伏羲、女娲、西王母作为研究对象。

第一节　汉代太一神略论

“太一”神是先秦已有的祭祀之神，在对两汉祭祀情况的考察中我们发现，汉武帝时期太一神的神格得到提升，被奉为最尊神。本节试图通过“太一”意义的溯源、先秦与汉代的神格演变、汉代对“太一”的祭祀等情况考察，来揭示“太一”在汉代的发展演变及其被奉为最尊神的原因。

一　先秦太一神溯源及其神格

（一）太一意义溯源

“太一”是汉代祭祀中最重要的神，关于“太一”的研究情况前面已有交代，这里不再赘述。关于“太一”一词的最初的原始意义学术界有三种观点：一是认为“太一”是一个哲学概念，另外一种观点认为“太一”源于上古宗教，还有一种观点认为“太一”起源于星名。考察先秦典籍，我们认为“太一”是一个不断发展的概念，在先秦典籍中“太一”具有以下几个意义：

1. 道家思想的太一

郭店楚简《太一生水》篇对“太一”最早的意义进行了阐释。楚简《太一生水》出自荆门市沙洋县郭店一号楚墓，同时出土的还有《老子》《儒书》等。李学勤先生认为一号墓的下葬年代“不会晚于公元前300年，作为公元前4世纪末的墓是妥当的。竹简的制作抄写时间，自然还会更早些，至于简文的著作年代，可能就还要早了”①。郭沂先生也认为：“郭店一号墓的下葬年代在战国中期偏晚，不迟于公元前300年，其随葬书籍的抄写时间自应再早一些，至于著作年代那就更前了。就儒家来说，这是孔门七十弟子及其再传的时

① 李学勤：《郭店楚墓文献的性质与年代》，学苑出版社2002年版，第7—8页。

期，位于孔孟之间；就道家来说，相当于老子后学弟子的时期，位于老庄之间。”① 因此《太一生水》篇当是最早记载“太一”的文献。

《太一生水》一篇的主旨是讲宇宙创生。该组竹简一共十四枚，1—8简文如下：

> 大（太）一生水，水反辅大（太）一，是以成天。天反辅太一，是以成地。天地［复相辅］也，是以成神明。神明复相辅也，是以成阴阳。阴阳复相辅也，是以成四时。四时复［相］辅也，是以成凔（寒）热。凔（寒）热复相辅也，是以成湿燥者……凔热之所生也。凔（寒）热者，〈四时之所生也〉。四时者，阴阳之所生〈也〉。阴阳者，神明之所生也。神明者，天地之所生也。天地者，太一之所生〈也〉……是故太一藏于水，行于时，周而又始，以己为万物母。一缺一盈，以己为万物经。此天之所不能杀，地之所不能埋，阴阳之所不能成。君子知此之谓……②

可见在这里“太一”是宇宙万物生成的根源，是一个抽象的哲学概念。天地生于“太一”；天地摩荡，生出“神明”。李零认为：“‘周而又始，以己为万物母’，是说通过春夏秋冬的循环往复，太一把自己当作万物的源泉。‘一缺一盈，以己为万物经’，是说通过寒热湿燥的盈亏消长，太一把自己当作万物的秩序。”③

《文子》中也有记录：“帝者体太一，王者法阴阳，霸者则四时，君者用六律。体太一者，明于天地之情，通于道德之论，聪明照于日月，精神通于万物，动静调于阴阳，喜怒和于四时。”④“天气为魂，地气为魄，反之玄妙，各处其宅，守之勿失，上通太一，太一之精，

① 郭沂：《郭店楚简与先秦学术思想》，上海教育出版社2001年版，第1页。

② 荆门市博物馆撰：《郭店楚简竹简》，文物出版社1998年版，第125页。

③ 李零：《郭店楚简校读记》，中国人民大学出版社2007年版，第265页。

④ 王利器：《文子义疏》，中华书局2000年版，第421页。

通合于天。”①可见“太一”在这里是“道”的意思，是事物的变化规律，一国之君要治理好一个国家首先应懂得运用世间万事万物的变化规律。

道家的“太一”思想是不断发展的。《吕氏春秋·大乐》篇说：“音乐……本于太一。太一出两仪，两仪出阴阳”；“万物所出造于太一，化于阴阳”；“道也者，至精也。不可为形，不可为名，强为之，谓之太一”。这就是说，“太一”就是“道”，是宇宙阴阳变化的一种规律。《荀子·礼论》篇云：“贵本谓之文，亲用谓之理，两者合而成文，以归太一，夫是之谓大隆。”《易·系辞上》说：“是故《易》有大极，是生两仪，两仪生四象，四象生八卦。”王弼注云：“有，必始于无，故大极生两仪也。大极者，无称之称，不可得而名，取其有之所极，况之大极者也。”《吕氏春秋·大乐》篇谓“太一生两仪”，由此可见“大极”也就是“太一”，就是“道”，可见到了汉代人们对“太一”哲学思想进行了进一步诠释和发扬。

在道家“太一”思想发展的过程中先秦儒家对其加以吸收利用：

《礼记·礼运》曰：“夫礼，必本于太一，分而为天地，转而为阴阳，变而为四时，列而为鬼神”；“故圣人作，则必以天地为本，以阴阳为端，以四时为柄，以日星为纪，月以为量”。

《荀子·礼论》曰：“凡礼，始乎托，成乎文，终乎乐校。故至备，情文俱尽；其次，情文代胜；其下，复情以归太一也。天地以合，日月以明；四时以序，星辰以行；江河以流，万物以昌；好恶以节，喜怒以当；以为下则顺，以为上则明；万物变而不乱，贰之则丧也。”

儒家也赞同“太一”是天地、阴阳、万物的本源，由太一分天地，而日月，而四时，而为鬼神。鬼神是世间变化的一个方面，因此礼的制定也要遵循“太一”这万物的本源。

2. 神学思想的太一

“太一”作为天神祭祀当最早见于《楚辞·九歌·东皇太一》，其中记录了对“太一”的祭祀过程。王逸注：“太一，星名，天之尊

---

① 王利器：《文子义疏》，中华书局2000年版，第361页。

神，祠在楚东，以配东帝，故曰东皇。”[①]《九歌·东皇太一》：“穆将愉兮上皇”。东皇太一亦可称上皇，正合其“天神之尊贵者”的身份。宋玉《高唐赋》云：“进纯栖，祷璇室，醮诸神，礼太一。”刘良注云：“诸神，百神也。太一，天神也。天神尊，敬礼也。”[②]两处“太一”，是指天神。包山2号楚墓出土的占卜简，其祷祠神祇的众神之首“太（大）”，或“蚀太”，据考证应即至上神“太一”。萧兵先生在《“太一生水”的神话学研究》一文中认为：“‘太一生水’不是战国中后期突然冒出来的奇思怪想，《老子》等为它准备了充足的思想文化或文化的材料。它是有神话或民间本体文化之背景或‘基础’的。”[③]原始宗教思想的特点是人类对原始现象认识的一种反映，在对一现象无法理解时，人们把其寄托为冥冥中的一种神奇力量——神，原始的自然崇拜就具有这一特点，笔者认为，神学观念的“太一”应出现得比较早，是否早于道家的“太一”观念则有待考证。

3. 星象说中的太一

《史记·天官书》：“中宫天极星，其一明者，太一常居也。”天极即北极、北辰。司马贞《索引》引《文耀钩》曰：“中宫大帝，其精北极星。”《淮南子·天文训》：“太微者，太一之庭也。紫宫者，太一之居也。”高诱注：“太微，星名也；太一，天神也。”《春秋·元命苞》：“北者，高也，极者，藏也。言太一之星，高居深藏，故名北极也。”[④]《春秋纬·文耀钩》：“中宫大帝，其精北极星，含元出气，流精生一物也。”又云：“中宫大帝，其北极星下一明者，为太一之光，含元气以斗布常。”[⑤]可见认为太一是星神——北极星的观点，在汉代已经形成。

综上所述，“太一”是一个不断发展的概念，最早的“太一”应

---

① 汤漳平译注：《楚辞》，中州古籍出版社2005年版，第34页。

② （南朝·梁）萧统编，（唐）李善注：《文选》，中华书局1981年版，第267页。

③ 萧兵：《“太一生水”的神话学研究》，《华中师范大学学报》（人文社会科学版）2003年第6期。

④ ［日］安居香山、中村璋八辑：《纬书集成》，河北人民出版社1994年版，第649页。

⑤ 同上书，第662页。

该是人们对自然的一种理解，这种理解是先转化为哲学概念还是神学观念有待进一步的考证。而星象说的“太一”产生的比较晚，至少要到战国时期。其实太一无论作为哲学概念还是作为神名、星名，三者之间是有内在联系的。“太一”在宇宙万物生成中其至高地位，无论从哲学角度还是神学角度都是毋庸置疑的，它是古代先民对自然发展规律的一种原始认识。

（二）太一神的神格

太一是先秦时期已有的一位重要的神灵，而对于其神格属性则颇有异说。大体可以分为人神、天神两类。认同人神的有：曹胜高认为太一的原型为女娲；褚斌杰认为是楚国之保护神，“东皇”即楚国之帝。闻一多认为是伏羲，此外还有郭沫若的楚国至上神说，孙常叙的战神说等。

认为“太一”神是天神说的学者有：王逸的星神说，闻一多的天神说，姜亮夫的天神中至尊神说，萧兵的“岁星兼日神”。龚维英的太阳神等。各家之说都言之有据，天神说从者较多。笔者也赞同天神说，楚人尚东，东皇太一当有最尊之义，《楚辞·九歌·东皇太一》：“吉日兮辰良，穆将愉兮上皇。”末句“君欣欣兮乐康”所述，上皇得到了高度的愉悦和满足。由此可见，东君即上皇，为楚之重要天神。

二　汉代太一神的神格及其形成原因

（一）汉代太一神的神格

春秋时期诸侯争霸，礼崩乐坏，各国祭祀主神不一。秦襄公祭白帝，秦宣公祭青帝，秦灵公祭黄帝、炎帝。《史记·封禅书》记载了汉初祭神的变迁：“高祖时，东击项籍而还，问：‘故秦时上帝祠何帝也?’对曰：‘四帝，有白、青、黄、赤帝之祠。’高祖曰：‘吾闻天有五帝，而有四，何也?’莫知其说。于是高祖曰：‘吾知之矣，乃待我而具五也。’乃立黑帝祠，命曰北畤。”可见汉初的祭祀主神是人神——五帝，还没有太一神的身影。到汉武帝时“太一”才得到隆重的祭祀，在众天神中处于重要的位置。谬忌在奏祠太一时说：

“天神贵者泰一，泰一佐曰五帝。”《史记·封禅书》言：“天神贵者太一。”《索隐》：“天一、太一，北极神之别名。”太一又称泰一。故《正义》曰：“泰一，天帝之别名也。刘伯庄云：泰一，天神之最尊者也。”泰一就是泰皇。泰皇即太皇，故《淮南子·精神训》言：“登太皇，冯太一，玩天地于掌握之中。”（《注》：“太皇，天也。”）《史记·秦始皇本纪》有所谓三皇，指天皇、地皇、泰皇，并说“泰皇最尊”。可见到汉武帝时“太一”的神格是最尊天神。对“太一”的一些具体职能《史记》《汉书》有一些记载，如《史记·天官书》《正义》：“天一一星，疆阊阖外，天帝之神，主战斗，知人吉凶。明而有光，则阴阳和，万物成，人主吉；不然，反是。太一一星次天一南，亦天帝之神，主使十六神，知风雨、水旱、兵革，饥馑、疾疫。占以不明及移为灾也。《星经》云：‘天一、太一二星主王者即位，令诸立赤子而传国位者。星不欲微；微则废立不当其次，宗庙不享食矣。’”又如《汉书·李寻传》注引孟康曰：“紫宫，天之北宫也。极，天之北极星也，枢是其回转者也。天文志曰：‘天极其一明者，太一常居也。’太一，天皇大帝也，与通极为一体，故曰通位帝纪也。”可见太一神是主管一切的天神，主宰着人间的一切。

那么“太一”作为汉代的最高神，他在汉代人心中的形象是什么样的呢？较早记载“太一”的文献有《庄子·天下》《吕氏春秋·大乐》等，但这些都只是吉光片羽。稍丰富的记载是汉代的《淮南子》的《天文》《精神》《本经》《主术》《诠言》《要略》；《史记》的《武帝本纪》《礼书》《乐书》《天官书》和《封禅书》；《汉书》的《礼乐志》《郊祀志》《天文志》和《艺文志》；以及各种纬书。但都难窥“太一”形貌。如“（武帝）又作甘泉宫，中为台室，画天、地、太一诸鬼神，而置祭具以致天神”①。我们差点就可以看到太一的形象。1973 年长沙马王堆汉墓 3 号墓出土的帛画《太一将行图》向我们揭开了其神秘面纱。依据太一主要功能的不同，这幅画的名称

① （汉）司马迁撰，（南朝宋）裴骃集解，（唐）司马贞索引，（唐）张守节正义：《史记》，中华书局 1959 年版，第 1388 页。

有争议，但太一的基本功能是一致的，避凶趋吉、避灾求福。周世荣先生称为《神祈图》，李零、李家浩两位先生认为是《太一辟兵图》，钱宗颐先生认为是《太一将行图》。“该图为细绢彩墨画，已残缺不全，经修复，现存长43.5厘米，宽45厘米，接近正方形。”① 此帛画向我们展示的太一是一个男性天神的形象，此图兼有图画和文字，图是用青、赤、黄、白、黑五色绘成，图的上部正中有“大”字形神物，头戴“鹖冠”巨眼圆睁，怒目，张口作吐舌状，上衣模糊不清，双手下垂，着短裤，为青色或黑色，赤足跨腿作骑马状。右腋下书一“社”字，头侧（东）书“大（太）一将行□□□……神从之以……”等字样。根据题记可知应是“太一”。图的下部有三条龙，形状位置略有不同。在“大一”左侧有字形神物，左肩一侧的神物根据题记可知是雨师，仅存头。右侧的神物，据题记可知是雷公。上着赤衣，下着带黑、白、青三色条纹的裳。在“大”字形神物的下身两侧多出的神物，根据题记为四个“武弟子”。

（二）太一神格形成原因

到了汉武帝时期太一为什么会受到如此之高的礼遇，被奉为最尊神呢？张新科先生在《文化视野中的汉代文学》一书中是这样认为的：“由郊祭五帝发展到郊祭太一，不只是祭祀对象的变化，更重要的是体现了汉人宗教观念的变化，是汉代大一统政治的形象展现。众神归一，说明天下一统。”② 彭卫、杨振红在《中国风俗通史·秦汉卷》中对这一问题也进行了阐述：“随着楚势力的扩展，对太一的崇拜也随之向东方和南方沿海地区蔓延。汉王朝的建立者来自东楚，他们入主关中后，也将太一崇拜引入黄河中游地区。大一统的政治统制需要相应的神学说教，因此象征大一统的太一神顺理成章地被汉代统治者所接受。这个事件发生在中央集权得到空前加强的武帝时期有其必然，而以先秦楚人的上帝而不是用黄河流域五帝作为全国的上帝，

---

① 何介钧：《马王堆汉墓》，文物出版社2004年版，第67页。

② 张新科：《文化视野中的汉代文学》，中国社会科学出版社2006年版，第207页。

同样有其必然。"[①] 我认为汉代统治者来自楚地，受楚风的影响推崇"太一"为其政治服务是必然的。对天神的崇拜，维护其大一统的政治思想当是最重要的原因。

太一在西汉被尊为至高天神，并且设立了泰畤祠，进行大型祭祀时首先祭祀太一神，《史记·封禅书》记载了武帝立太一祠的经过："亳人谬忌奏祠太一方，曰：'天神贵者太一，太一佐曰五帝。古者天子以春秋祭太一东南郊，用太牢，七日，为坛开八通之鬼道。'于是天子令太祝立其祠长安东南郊，常奉祠如忌方。其后人有上书，言'古者天子三年一用太牢祠神三一：天一、地一、太一'。天子许之，令太祝领祠之于忌太一坛上，如其方。后人复有上书，言'古者天子常以春解祠，祠黄帝用一枭破镜；冥羊用羊祠；马行用一青牡马；太一、泽山君地长用牛；武夷君用干鱼；阴阳使者以一牛'。令祠官领之如其方，而祠于忌太一坛旁。"《史记·封禅书》还记载汉武帝始立太一神为最高神："十一月辛巳朔旦冬至，昧爽，天子始郊拜太一。朝朝日，夕夕月，则揖；而见太一如雍郊礼。"其后为："为伐南越，告祷太一，以牡荆画幡日月北斗登龙，以象'太一'三星，为'太一锋'，命曰'灵旗'。"[②] 后为"塞南越，祷祠太一、后土"[③]。从此以后太一位居五神之上，是汉代的最高神，郊祭必先祭太一。汉武帝推崇太一，除了方士鼓吹外，还与武帝求仙长生思想有关。从上文所引还可见汉以前罕见的夜祭现象。李大明先生《〈九歌〉夜祭考》一文对汉以前的夜祭情况进行了总结："考之先秦两汉典籍，夏殷两代的祭礼，详情难明；周代祭祀，据《周礼》《礼记》等，不在夜间；诸侯祭祀，除春秋时秦文公祠陈宝可能是在夜间，余未见夜祭的记载；七国及汉文景以前，无夜祭。"[④] 太一为什么要夜祭呢，《汉

① 彭卫、杨振红：《中国风俗通史·秦汉卷》，上海文艺出版社2002年版，第546—547页。

② （汉）司马迁撰，（南朝宋）裴骃集解，（唐）司马贞索引，（唐）张守节正义：《史记》，中华书局1959年版，第1395页。

③ 同上书，第1396页。

④ 《文史》编辑部：《文史》第三十辑，中华书局1988年版，第176页。

书·礼乐志》对夜祭的情况进行了一些介绍："武帝定郊祀之礼，祠太一于甘泉，就干位也；祭后土于汾阴，泽中方丘也。乃立乐府，采诗夜诵，有赵、代、秦、楚之讴。以李延年为协律都尉，多举司马相如等数十人造为诗赋，略论律吕，以合八音之调，作十九章之歌。以正月上辛用事甘泉圆丘，使童男女七十人俱歌，昏祠至明。夜常有神光如流星止集于祠坛。"这些祭歌在夜间演唱，故曰"夜诵"，颜师古注曰："夜诵者，其言辞或秘不可宣露，故于夜中歌诵也。"颜师古的注释指出了"赵、代、秦、楚之讴"的神秘色彩，但对为什么采取夜祭似乎并未说明。笔者认为这与统治者的追求长生观念及其对鬼神的信仰的弥笃有关。正如《汉书》《史记》所载："武帝初继位，尤敬鬼神之祀。"① 而且十分希望得道成仙长生不死，派人入海去蓬莱求仙，后来获宝鼎，希望能像黄帝一样飞升成仙，于是发出了"吾诚得如黄帝，吾视去妻子如脱躧耳"② 的慨叹。《汉书·郊祀志》记载汉武帝病愈："大赦，置寿宫神君。神君最贵者曰太一，其佐曰太禁、司命之属，皆从之。"可见太一掌管人的身体健康和寿命。太一是天神同时也是北极星掌管人寿命的星神，夜晚群星闪耀，这正是与星神交流的最好时机，祭祀太一正是希望达成其长生不死的目的。《史记·乐书》的记载印证了这一点："汉家常以正月上辛祠太一甘泉，以昏时夜祠到明而终，常有流星经于祠坛上，使童男童女七十人俱歌，春歌青阳，夏歌朱明。"《汉书·郊祀志》记载武帝拜祝祠太一的赞飨辞曰："德星昭衍，厥维休祥。寿星仍出，渊耀光明。信星昭见，皇帝敬拜泰祝之享。"可见太一是掌管人的寿命的。太一被奉为最尊神应与统治者追求长生不死有着重要的关系。

太一神的祭祀地位在汉代也是不稳定的，也有被废弃的时候。汉成帝时丞相匡衡对国家的祭祀制度提出了一些建议，认为有些旧祠不

---

① （汉）班固撰，（唐）颜师古注：《汉书》，中华书局 1962 年标点本，第 1215 页。

② （汉）司马迁撰，（南朝宋）裴骃集解，（唐）司马贞索引，（唐）张守节正义：《史记》，中华书局 1959 年版，第 1394 页。

合礼法应废除，成帝允许废除的旧祠其中就包括太一，“又罢高祖所立梁、晋、秦、荆巫、九天、南山、秦中之属……孝武薄忌泰一、三一、黄帝、冥羊、马行、泰一、皋山山君……”① 被罢第二年匡衡被免官，又重修泰畤于甘泉宫，成帝后期又一度废弃泰畤，直到哀帝二年太皇太后下诏才又恢复祭祀“皇帝孝顺，奉承圣业，靡有懈怠，而久疾未瘳。夙夜唯思，殆继体之君不宜改作。其复甘泉泰畤、汾阴后土祠如故”②。泰畤经历了不断的废立，随之而来的是对太一的祭祀也失去了先前的章法而变得不规律了。由此可见汉代的祭祀系统不是很完备，祭祀礼仪的规定不够严格，没有一个完整的、系统的神学理论指导汉代的宗教活动。

对太一的崇拜到了东汉时期渐渐衰落，清人秦蕙田对“太一”的流传进行了考察：“蕙田案，太一之名始见于《楚辞》，不过习俗师巫附会天神之一，而非以为极尊无上之号也，至《史记·封禅书》汉武帝用方士言专祠太一，而以五帝配祀，则直以昊天上帝当之，逮匡衡奏罢泰畤，然后太一之说始息，是当其未罢以前泰畤固若即汉之圆丘也，东汉至隋皆未有言太一者，唐明皇既信术士祀九宫而九宫之神一曰太一，是太一特九宫之一耳，至肃宗又于九宫之外别置太一坛，烦渎不经，日甚一日，宋太宗、真宗复行之，仁宗立西太一，神宗立中太一，加五福之名，增十神之位，徽宗又有北太一，踵事繁文，荒诞已极，元代犹沿其谬，至明而始廓清焉，夫以太一为独尊，亦仅尊于彼八宫之神耳，至增之为十太一，则是九宫皆可称太一，而又余其一，以此拟诸汉武之太一，其为大小尊卑，盖截然其不侔矣。”③ 可见太一神独尊的热潮不只存在于汉代，宋、元也很崇拜太一，但只不过将其权利分化了。

笔者认为除了上述原因外，民族心理也起着一定的作用。汉代的

---

① （汉）班固撰，（唐）颜师古注：《汉书》，中华书局 1962 年标点本，第 1257—1258 页。

② 同上书，第 1264 页。

③ （清）秦蕙田：《五礼通考》，文渊阁四库全书本，台湾商务印书馆 1986 年版，总第 135 册，第 920 页。

统治者和一些大臣都来自楚地，出于民族的自豪感把“太一”立为最尊神也是可能的。汉代太一兴盛的原因是多方面的，既受到儒家大一统思想及道家长生思想的影响，同时也受楚地巫风影响，统治者将其视为统治服务的宗教法宝。也是一个重要的原因。

三　汉代太一神的祭祀及其意蕴

对太一神的祭拜是汉代最为重要的祭祀活动，据史料记载，汉代祭祀太一固定的时间为春季和冬季。《史记·封禅书》记载汉武帝时期对太一祭祀的一些规定：三年一祭，春天祭于东郊，以太牢祠太一。“其后人有上书，言‘古者天子三年一用太牢祠神三一：天一、地一、太一’。天子许之，令太祝领祠之于忌太一坛上，如其方。后人复有上书，言‘古者天子常以春解祠，祠黄帝用一枭破镜；冥羊用羊祠；马行用一青牡马；太一、泽山君地长用牛；武夷君用干鱼；阴阳使者以一牛’。令祠官领之如其方，而祠于忌太一坛旁。”《史记·封禅书》还记载另外一次郊祭太一：“十一月辛巳朔旦冬至，昧爽，天子始郊拜太一。”

《通典·礼典·郊天》对武帝时期郊天祭太一的礼仪进行了补充，记述了武帝郊雍祭祀太一的过程：“祠官宽舒等具太一祠坛，放亳忌太一坛，三垓。五帝坛环居其下，各如其方，黄帝于西南未地。太一所用，如雍一畤物，加醴枣脯，杀一牦牛以为俎豆牢具。而五帝独有俎豆醴进。祠胙余皆燎之。”五帝已经成为祭祀太一时的辅祭之神，在祭祀太一时还要有赞飨之词。“太一祝宰衣紫及绣。五帝祝衣各如其方色。赞飨曰：‘天始以宝鼎神策授皇帝，皇帝敬拜见焉。’而衣尚黄。当祠时，列火满坛。夜有光。及昼，黄气上属天。太史令谈、祠官宽舒等曰：‘神灵之休，兆光此地。宜立泰畤坛以明应。令太祝领，秋及腊间祠。三岁天子一郊。’后嬖臣李延年以好音见，帝善之。下公卿议，曰：‘人间祠尚有鼓舞乐，今郊祀无乐，岂称乎！’公卿曰：‘古者祠天地皆有乐，而神祇可得而礼。’乃立乐府，以延年为协律都尉，论律吕，合八音之调，作十九章之歌。以正月上辛用事甘泉圆丘，使童男女七十人俱歌，昏祠至明。夜常有神光如流星止集于祠坛，天子自竹宫遥拜，百官侍祠者数百人皆肃然心动。”①

除此之外每当有大的祭祀活动时也要祭祀太一。《史记·封禅书》：“其秋，为伐南越，告祷太一。以牡荆画幡日月北斗登龙，以象太一三星，为太一锋，命曰‘灵旗’。为兵祷，则太史奉以指所伐国。”

同时在祭祀太一时要有乐舞进行娱神。《史记·封禅书》：“其春，既灭南越，上有嬖臣李延年以好音见。上善之，下公卿议，曰：‘民间祠尚有鼓舞乐，今郊祀而无乐，岂称乎？’公卿曰：‘古者祠天地皆有乐，而神祇可得而礼。’或曰：‘太帝使素女鼓五十弦瑟，悲，帝禁不止，故破其瑟为二十五弦。’于是塞南越，祷祠太一、后土，始用乐舞，益召歌儿，作二十五弦及空侯琴瑟自此起。”《通典·乐典》对箜篌进行了解释：“箜篌，汉武帝使乐人侯调所作，以祠太一。或云侯晖所作。其声坎坎应节，谓之坎侯，声讹为空侯。侯者，因乐工人姓耳。古施郊庙雅乐，近代专用于楚声。……今按其形，似瑟而小，七弦，用拨弹之，如琵琶也。”② 同时还有巫者诵读赞飨之辞，《史记·封禅书》：“其来年冬，郊雍五帝。还，拜祝祠太一。赞飨曰：‘德星昭衍，厥维休祥。寿星仍出，渊耀光明。信星昭见，皇帝敬拜太祝之享。’”

太一所执掌的神权很多，《史记·天官书》正义：“天一一星，疆阊阖外，天帝之神，主战斗，知人吉凶。明而有光，则阴阳和，万物成，人主吉；不然，反是。太一一星次天一南，亦天帝之神，主使十六神，知风雨、水旱、兵革，饥馑、疾疫。占以不明及移为灾也。”同时据《汉书》记载，开始祭祀太一那一年可以说是多灾多难的一年，日食、蝗旱、水灾、边疆叛乱纷出。从对太一的祭祀可以看出，祭祀的目的主要是为了致福。希望国家的安宁统一，边疆平静，希望得到百姓的支持和爱戴，同时也是统治者追求长生的贪念的表现。

---

① （唐）杜佑撰：《通典》，中华书局2003年版，第1169—1170页。

② 同上书，第3680页。

四　太一崇拜对两汉文学的影响

汉代太一神祭祀崇拜的兴盛对两汉的文学也产生了一定的影响，如两汉的辞赋中多有一些对太一的描述，无不凸显太一的至尊神的地位，太一乘坐的是象拉着用玉装饰的车子，如贾谊《惜誓》“飞朱鸟使先驱兮，驾太一之象舆。苍龙蚴虬于左骖兮，白虎骋而为右騑。建日月以为盖兮，载玉女于后车”[①]；又如崔骃的《东巡颂》“于是乘舆登天灵之威路，驾太一之象车，升九龙之华旗，建扫霓之旌旄，哀胡耇之元老，赏孝行之畯农”[②]。

面对众神中地位最尊的太一，五帝也退居其后，如司马相如《大人赋》“悉征灵圉而选之兮，部署众神于瑶光。使五帝先导兮，反太一而从陵阳”[③]；又如刘向《远逝》“志隐隐而郁怫兮，愁独哀而冤结。肠纷纭以缭转兮，涕渐渐其若屑。情慨慨而长怀兮，信上皇而质正。合五岳与八灵兮，讯九魋与六神。指列宿以白情兮，诉五帝以置词”[④]。

太一为群神所簇拥，黄香《九宫赋》中“征太一而聚群神，趣荧惑而叱太白”[⑤]，太一为群神所环居，火星、太白星与之相处。

祭祀太一是最重大的祭祀活动，文人对太一祭祀也极尽夸耀之能事，如西汉末年扬雄作《甘泉赋》“于是钦柴宗祈，燎熏皇天，招繇泰一。举洪颐，树灵旗。樵蒸焜上，配藜四施。东烛仓海，西耀流沙。北炕幽都，南炀丹厓”[⑥]；又如东汉《东京赋》“尔乃孤竹之管，

---

① （明）张溥阅：《汉魏六朝百三家集·贾长沙集》第一册，四川官印刷局1918年版，第75页。

② （明）张溥阅：《汉魏六朝百三家集·崔亭伯集》第十二册，四川官印刷局1918年版，第48页。

③ 费振刚、仇仲谦、刘南平校注：《全汉赋校注》，广东教育出版社2005年版，第119页。

④ （明）张溥阅：《汉魏六朝百三家集·刘中垒》第七册上，四川官印刷局1918年版，第102—103页。

⑤ 费振刚、仇仲谦、刘南平校注：《全汉赋校注》，广东教育出版社2005年版，第562页。

⑥ 同上书，第232页。

云和之瑟。雷鼓𩏽𩏽，六变既毕。冠华秉翟，列舞八佾。元祀惟称，群望咸秩。飏槱燎之炎炀，致高烟乎太一。神歆馨而顾德，祚灵主以元吉"①。

通过对汉代太一神的研究我们发现，太一神在汉代的兴盛与统治者维护其大一统的政治需要有着密切的关系，同时还与延续帝统、追求长生的愿望及方士的鼓吹、楚文化的民族因素影响有关。汉代祭祀虽然很兴盛，但祭祀没有一个成系统的、完整的神学理论指导。

第二节　汉代伏羲研究

一　先秦及汉代的伏羲称谓

伏羲是我国古代重要的神灵，在我国有着几千年的流传历史，是早期祖先神之一。伏羲古无定名，先秦及汉代伏羲的称谓多种，列举如下：

1. 包牺

《周易·系辞》曰："古者包牺氏之王天下也，仰则观象于天，俯则观法于地，观鸟兽之文，与地之宜，近取诸身，远取诸物，于是始作八卦，以通神明之德，以类万物之情。作结绳而为网罟，以佃以渔。盖取诸离。"

2. 炮牺

《汉书·律历》："言炮牺继天而王，为百王先，首德始于木，故为帝太昊。作罔罟以田渔，取牺牲，故天下号曰炮牺氏。"

3. 庖牺

《列子·皇帝》："庖牺氏、女娲氏、神农氏、夏后氏，蛇身人面，牛首虎鼻：此有非人之状，而有大圣之德。"

4. 包羲

《汉书·郊祀志》："刘向父子以为帝出于《震》，故包羲氏始受

---

①　费振刚、仇仲谦、刘南平校注：《全汉赋校注》，广东教育出版社 2005 年版，第 680—681 页。

木德，其后以母传子，终而复始，自神农、黄帝下历唐虞三代而汉得火焉。”

5. 庖羲

《世本》：“庖羲氏作瑟五十弦。瑟，洁也，使人清洁于心，淳一于行。”

6. 伏牺

《庄子·胠箧》：“昔者容成氏、大庭氏、伯皇氏、中央氏、栗陆氏、骊畜氏、轩辕氏、赫胥氏、尊卢氏、祝融氏、伏牺氏、神农氏，当是时也，民结绳而用之。”

《淮南子·主术训》：“故不言之令，不视之见，此伏牺、神农之所以为师也。”

《淮南子·览冥训》：“辅佐有能，黜谗佞之端，息巧辩之说，除刻削之法，去烦苛之事，屏流言之迹，塞朋党之门，消知能，修太常，隳肢体，绌聪明，大通混冥，解意释神，漠然若无魂魄，使万物各复归其根，则是所修伏牺氏之迹，而反五帝之道也。”

《新序·善谋第九》：“伏牺神农，教而不诛；黄帝尧舜，诛而不怒；及至文武，各当其时而立法因事制礼。”

7. 宓牺

《尸子》：“宓牺氏之世，天下多兽，故教民以猎。”①

《新论·离事》：“宓牺之制杵臼，万民以济，及后世加巧，因延力借身重以践碓，而利十倍杵舂，又复设机关，用驴、骡、牛、马及役水而舂，其利乃且百倍。”

《诗含神雾》：“大迹出雷泽，华胥履之，生宓牺。”②

8. 伏羲

《尸子》：“伏羲始画八卦，列八节而化天下。”③

《庄子·缮性》：“古之人，在混芒之中，与一世而得淡漠焉。当

① （清）汪继培辑校：《尸子》卷下，清嘉庆十七年（1812）刻本，第 32 页。

② ［日］安居香山、［日］中村璋八辑：《纬书集成》，河北人民出版社 1994 年版，第 461 页。

③ （清）汪继培辑校：《尸子》卷下，清嘉庆十七年（1812）刻本，第 33 页。

是时也，阴阳和静，鬼神不扰，四时得节，万物不伤，群生不夭，人虽有知，无所用之，此之谓至一。当是时也，莫之为而常自然。逮德下衰，及遂人、伏羲始为天下，是故顺而不一。”

《春秋命历序》：“羲皇，燧人，始名物虫鸟兽之名。”①

《淮南子·要略》：“今易之干、坤足以穷道通意也，八卦可以识吉凶、知祸福矣，然而伏羲为之六十四变，周室增以六爻，所以原测淑清之道，而捃逐万物之祖也。”

《淮南子·氾论训》：“夫神农、伏羲不施赏罚而民不为非，然而立政者不能废法而治民。”

《论衡·对作》：“易言伏羲作八卦，前是未有八卦，伏羲造之，故曰作也。”

《潜夫论·五德志》：“大人迹出雷泽，华胥履之生伏羲。其相日角，世号太昊。都于陈。其德木，以龙纪，故为龙师而龙名。作八卦，结绳为网以渔。”

《史记·日者列传》：“自伏羲作八卦，周文王演三百八十四丈而天下治。”

9. 宓羲

《世本》：“宓羲作瑟，长八尺一寸，四十五弦。”

10. 虙戏

《礼含文嘉》：“虙戏、燧人、神农，谓之三皇。伏羲始别八卦，以变化天下，天下法则，咸伏贡献，故曰伏羲也。伏者，别也；戏者，献也，法也。伏羲德洽上下，天应之以鸟兽文章，地应之鬼书，伏羲则而象之，乃作易卦。”②

《管子·轻重戊》：“虙戏作造六峜，以迎阴阳，作九九之数，以合天道，而天下化之。”

11. 宓戏

《论衡·自纪》：“没华虚之文，存敦厖之朴；拨流失之风，反宓

① ［日］安居香山、［日］中村璋八辑：《纬书集成》，河北人民出版社1994年版，第880页。

② 同上书，第494页。

戏之俗。”

《战国策·赵策》：“宓戏、神农教而不诛，黄帝、尧、舜诛而不怒。及至三王，观时而制法，因事而制礼，法度制令，各顺其宜；衣服器械，各便其用。”

12. 虙羲

《管子·封禅》：“禅云云，虙羲封泰山。”

《汉书·五行志》：“宋，大辰虚，谓宋先祖掌祀大辰星也。陈，太昊虚，虙羲木德，火所生也。”

《汉书·叙传》：“虙羲画卦，书契后作，虞夏商周，孔纂其业，纂《书》删《诗》，缀《礼》正《乐》，彖系大《易》，因史立法。”

13. 伏戏

《楚辞·大招》：“伏戏驾辩，楚劳商只。”王逸注：“伏戏，古王者也。始作瑟，驾辩、劳商皆曲名也，言伏戏氏作瑟，造驾辩之曲，楚人因之作劳商歌。”

14. 皇牺

《后汉书·律历志》：“尚矣，乃有皇牺。皇牺之有天下也，未有书计。”

可见，对伏羲的名称古无定论，但从有些名称上，似乎可以看到伏羲神话传说流传演变的一些痕迹，如包牺、炮牺、庖牺、包羲、庖羲中包、庖、炮是通假字，《说文解字》：“庖，厨也。”① 《说文解字》：“牺，宗庙之牲也。”② 由此可以推测庖牺的称谓可能与古代茹毛饮血时代的社会环境下对火的使用有关，庖牺教人们如何使用火来烤熟食物，以此来填饱肚子，饲养牲畜。《汉书》亦云：“宋，大辰虚，谓宋先祖掌祀大辰星也。陈，太昊虚，虙羲木德，火所生也。”③

---

① （汉）许慎撰，（清）段玉裁注：《说文解字注》，浙江古籍出版社2006年版，第443页。

② 同上书，第53页。

③ （汉）班固撰，（唐）颜师古注：《汉书》，中华书局1962年标点本，第1514页。

《河图挺辅佐》曰："伏羲禅于伯牛，钻木取火。"[①] 由此可以进一步推论庖羲当是人们对伏羲取火的历史的一种记忆。

《礼含文嘉》对伏羲之名进行了解说："伏者，别也；戏者，献也，法也。伏羲德洽上下，天应之以鸟兽文章，地应之鬼书，伏羲则而象之，乃作易卦。"[②] 司马贞的《补史记·三皇本纪》解释伏羲称谓意蕴时说："太皞庖牺氏，风姓，代隧人氏继天而王。母曰华胥，履大人迹于雷泽而生庖牺于成纪。蛇身人首，有圣德。仰则观象于天，俯则观法于地，旁观鸟兽之文与地之宜。近取诸身，远取诸物，始画八卦，以通神明之德，以类万物之情，造书契以代结绳之政。于是始制嫁娶，以俪皮为礼。结网罟以教佃渔，故曰宓牺氏；养牺牲以庖厨，故曰庖牺，有龙瑞，以龙纪岁，号曰龙师，作三十五弦之瑟。"综合先秦文献记载，春秋战国时期见于史籍的伏羲氏是一位人首蛇身、以龙纪官、教化民众的圣君。总的来说，关于伏羲的各种称谓当与一定的神话传说相联系。

二　先秦及汉代的伏羲形象

伏羲是我国古代诸神中较早的一位，关于伏羲的形象先秦典籍中记载的比较少，到了汉代伏羲的形象似乎明朗了一些。汉代人描述伏羲的形象大致可分为两类：一是认为伏羲是人首蛇身，其描述为："庖牺氏、女娲氏、神农氏、夏后氏，蛇身人面，牛首虎鼻：此有非人之状，而有大圣之德。"（《列子·皇帝》）东汉王延寿《鲁灵光殿赋》云："伏羲鳞身，女娲蛇躯"。在汉代的画像石中伏羲多是与女娲交尾的蛇身，从汉代画像石来看伏羲蛇身的说法应该流传广泛。

另一种观点认为伏羲的形象是龙，《春秋纬·合诚图》："伏牺龙身牛首、渠肩、达掖，山准日角、大目珠衡、骏毫鬣鼠、龙唇龟齿，

---

① ［日］安居香山、［日］中村璋八辑：《纬书集成》，河北人民出版社1994年版，第1108页。

② 同上书，第494页。

长九尺一寸，望之广，视之专。”[①] 此外王符《潜夫论·五德志》：“大人迹出雷泽，华胥履之生伏羲。其相日角，世号太皞。都于陈。其德木，以龙纪，故为龙师而龙名。作八卦，结绳为网以渔。”《孝经·援神契》曰：“伏羲大目，山准，日角，而连珠衡。宋均注曰：‘伏羲木精之人，日角额有骨表，取象日所出。房，所立有星也。珠衡，衡中有骨表如连珠，象玉衡星。’”[②]《白虎通·圣人》云：“伏羲禄衡连珠，唯大目，鼻龙伏，作《易》八卦以应枢。”这里的日角、大目当是龙的特征，《山海经·海内东经》记载：“雷泽中有雷神，龙身而人头，鼓其腹”，“大人迹出雷泽，华胥履之生伏羲”。这可能是伏羲龙的形象的源头。

关于伏羲的形象问题是学者们关注的问题，伏羲的形象是蛇还是龙呢？我赞同伏羲原型是蛇的说法，龙只是古代人们想象的一种图腾，现实生活中并不存在，龙是蛇图腾崇拜发展到一定阶段的产物，龙应当源于蛇。闻一多曾作《伏羲考》一文，对伏羲的形象进行考证，闻先生认为龙是一种图腾，“并且是只存在于图腾中而不存在于生物界中的一种虚拟的生物，因为它是由许多不同的图腾糅合成的一种综合体”[③]。闻一多还认为蛇是古代的一种图腾，是古代各种图腾中最为强大的一种，龙是由蛇演化而来的，龙蛇当为一种图腾，龙是一种大蛇的名字，伏羲由蛇演变为龙是古代社会图腾合并的结果。[④] 有些学者认为伏羲、女娲为蛇图腾产生很早，殷墟侯家庄 1001 号大墓中出土蛇形器为伏羲女娲形象之雏形。河南安阳殷墟侯家庄 1001 号大墓中出土的一件蛇形器，据梁思永遗稿、高去寻补辑的《侯家庄》一文描述：头为饕餮形，左身弯曲成正 S 纹，右身反 S 纹，两相交叠，皆饰同心棱纹，上面全部涂朱红色，发现时头右部、右身之尾已被毁。这一形象，梁、高二先生以及李济诸氏，都认为是一首二

---

① ［日］安居香山、中村璋八辑：《纬书集成》，河北人民出版社 1994 年版，第 762 页。

② 同上书，第 964 页。

③ 闻一多：《闻一多全集》，生活·读书·新知三联书店 1982 年版，第 26 页。

④ 参见《闻一多全集》，生活·读书·新知三联书店 1982 年版，第 26—27 页。

身，李氏并以为此当为“肥遗”。芮逸夫疑为《山海经》中所记的“延维”，也即流传在东汉及隋唐的石刻、绢画上的伏羲、女娲。认为殷代文献——甲骨卜辞中的“烛”字极可能就是伏羲、女娲。认为此即汉代画像的雏形，“烛”字即其象形文字。①

闻一多考察南方少数民族洪水神话兄妹造人，并依据伏羲女娲与匏瓠的语音关系，认为伏羲女娲神话与古代生殖崇拜有关，伏羲的原型是葫芦。今人有些学者依据考古和南方神话传说认为伏羲的原型是鲵。何新《太阳神与远古华夏民族》一文中认为伏羲是太阳神羲和。

三 伏羲的文化学意蕴

（一）创世始祖

《长沙子弹库战国楚帛书·乙篇》记述伏羲女娲的故事：

（粤）故（古）☐赢颛项，出自☐霥，居于鈲☐。㚔田渔渔，☐☐☐女，梦梦墨墨，亡章弼弼，☐☐水☐风雨。是於乃娶虔☐□子之子，曰女娲（娇）。是生子四☐，是襄天踐（践），是各（格）参化。废逃，为禹为契，以司堵，襄咎（晷）天步。途乃上下朕断，山陵不疏。乃命山川四海，☐寮气豁气，以为其疏，以涉山陵，泷汨渊漓，未又（有）日月，四神相隔，乃步以为岁。是惟四时。②

伥（长）曰青（干），二曰未（朱）（单），三曰☐黄难，四曰☐墨干。千又（有）百岁，日月允生，九州岛不平。山陵备泆，四神乃乍（作），至于覆。天方动，扞蔽之青木、赤木、黄木、白木、墨木之精。炎帝乃命祝融以四神降，奠三天；☐思敷，奠四亟（极）。曰：非九天则大泆，则毋敢斁天灵。帝俊乃为日月之行。③

董仲平在《中国上古创世神话钩沉》一文中根据释文对这段帛书的大致意思进行了总结：“天地未形成，世界处于混沌状态之时，先有伏羲、女娲二神，结为夫妇，生了四子。这四子后来成为代表四时

① “中央研究院”历史语言研究所：《中央研究院历史语言研究所集刊》1969年，第41辑4分册。

② 李零：《长沙子弹库战国楚帛书研究》，中华书局1985年版，第64页。

③ 同上书，第69页。

的四神。四神开辟天地，这是他们懂得阴阳参化法则的缘故。由禹与契来管理大地，制定历法，使星辰升落有序，山陵畅通，并使三陵与江海之间阴阳通气，当时未有日月，由四神轮流代表四时，四神的老大叫青干，老二叫朱单，老三叫黄难，老四叫墨干。一千数百年后，帝俊生出日月。从此九州岛太平，山陵安靖。四神还造了天盖，使它旋转，并用木的精华加固天盖。炎帝派祝融以四神奠定三天四极，人们敬事九天，求得太平，不敢蔑视天神，帝俊于是制定日月的运行规则。”① 在这段帛书我们可以看到伏羲、女娲先天地而存在，结为夫妇，生四子而开天辟地、通九州岛、安山陵、协阴阳，制定日月（自然）运行规则和历法，使人间的一切变化有序，这是典型的创世神话，说明伏羲、女娲是共同的创世英雄。

（二）人文始祖

伏羲不但创造了天地和世间万物，同时伏羲对人类实行教化，帮助人类生产、生活，所以说伏羲在古代神话体系中又是人文始祖。

1. 作八卦说

伏羲作八卦之说，大约始于战国时期，最早的文献记载见于《周易·系辞下》：“古者庖牺氏之王天下也，仰则观象于天；俯则观法于地。观鸟兽之文与地之宜；近取诸身远取诸物。于是，始作八卦，以通神明之德，以类万物之情。”认为伏羲作八卦用来沟通神明，指导世间的万事万物。汉代人深信伏羲作八卦，《淮南子·要略》：“今易之干、坤足以穷道通意也，八卦可以识吉凶、知祸福矣，然而伏羲为之六十四变，周室增以六爻，所以原测淑清之道，而攟逐万物之祖也。”王充《论衡·对作篇》认为八卦为伏羲所作，言：“易言伏羲作八卦，前是未有八卦，伏羲造之，故曰作也。”司马迁也认为八卦为伏羲所作，《史记·太史公自序》曰：“余闻先人曰伏羲至纯厚，作易八卦。”又《史记·日者列传》曰：“自伏羲作八卦，周文王演三百八十四爻而天下治。”伏羲作八卦是古代通行的说法，而今人对

① 孟宪范、冯小双主编：《中国社会科学文丛·民族学·人类学·宗教学卷》，中国政法大学出版社 2005 年版，第 1099 页。

伏羲是否作八卦则有着不同的观点。任继愈主编的《中国哲学史》在论及《周易》时断言伏羲作八卦之说未必可信。[①] 王振复《巫术周易的文化智慧》一书认为伏羲时代的文化水平尚达不到创作八卦的程度，在文化机制上，伏羲氏的传说包含着其诞生年代与文化智慧水平的矛盾，因而所谓"伏羲始作八卦"说也只能是一种并无实据的神话传说。[②] 顾颉刚《论易系辞传中观象制器的故事》、郭沫若《周易之制作时代》、李镜池《周易探源》等也认为八卦非伏羲所作。中国台湾学者刘锡哲《大众实用周易》一书认为八卦是集体智慧的结晶，不是伏羲个人所为：上古之人在占卜的时候，所用的道具之一就是人类日常生活中所用的符号。就是后人所说的八卦，既不是个人的功绩，也不是短时间的成果，而是若干术士长期使用，最后由大家公认，或经权威人士认可的结晶，事情大概发生在后人所说的伏羲时代，也就是后人所说的伏羲画卦。[③] 也有人认为伏羲作过八卦，刘雁翔《伏羲传说事迹辨证》一文中认为伏羲作八卦是真实的。[④]

我们赞同八卦是集体创作的结果，八卦是古代人认识自然规律的一种简单的朴素的总结，八卦可以推演出许多事物的变化，预卜事物的发展。用其指导人的活动，这样的规律不可能一人、一时就创作出来的，八卦当是伏羲总结前代人认识自然万物变化规律经验教训的成果。

2. 教民渔猎、制作生产工具

伏羲教民认识自然的同时，还传授他们基本的生存技能。原始社会的早期，任何一种改善人类与自然界抗争手段的发明创造，对人类都具有至关重要的作用。伏羲教民渔猎，这是人类生存的最重要的条件，打猎不但可以解决温饱，还可以战胜野兽，抵御野兽的侵袭，《尸子》说："宓牺氏之世，天下多兽，故教民以猎。"[⑤] 伏羲教民打

---

① 任继愈：《中国哲学史》，人民出版社 1999 年版，第 15 页。

② 王振复：《巫术周易的文化智慧》，浙江古籍出版社 1990 年版，第 33 页。

③ 刘锡哲：《大众实用周易》，中国卓越出版社 1989 年版，第 3 页。

④ 刘雁翔：《伏羲传说事迹辨证》，《西北师范学院学报》1993 年第 2 期。

⑤ （清）汪继培辑校：《尸子》卷下，清嘉庆十七年（1812）刻本，第 32 页。

猎，又教民捕鱼，“太昊帝《易》曰：‘炮牺氏之王天下也。’言炮牺继天而王，为百王先，首德始于木，故为帝太昊。作罔罟以田渔，取牺牲，故天下号曰炮牺氏”①。“大人迹出雷泽，华胥履之生伏羲。其相日角，世号太皞。都于陈。其德木，以龙纪，故为龙师而龙名。作八卦，结绳为网以渔。”② 我们可以发现伏羲教民以网捕鱼，伏羲所处时代应是渔猎比较发达的时代。

伏羲还教民制作生产工具，“宓牺之制杵臼，万民以济，及后人加巧，因延力借身重以践碓，而利十倍杵舂，又复设机关，用驴、骡、牛、马及役水而舂，其利乃且百倍”③。杵臼是舂捣粮食或药物等的工具。应劭曰：“黄帝、尧、舜祖述伏羲、神农，结网耒耜，以日中为市。交易之业，因其所利，变而通之，使民知之，不苦倦也。”④ 可见当时农业不但发达而且还有了剩余，人们懂得了基本的交易形式，伏羲教民制杵臼，以市交易的传说应当出现得比较晚。

3. 结束结绳时代，创造文字

传说伏羲出于远古的结绳时代，《文子》说：“伏羲氏之王天下也，枕石寝绳，杀秋约冬。”《庄子·胠箧》说：“子独不知至德之世乎？昔者容成氏、大庭氏、伯皇氏、中央氏、栗陆氏、骊畜氏、轩辕氏、赫胥氏、尊卢氏、祝融氏、伏牺氏、神农氏，当是时也，民结绳而用之。”伏羲创造文字结束了结绳时代：“虙羲画卦，书契后作，虞夏商周，孔纂其业，纂《书》删《诗》，缀《礼》正《乐》，彖系大《易》，因史立法。”⑤ 伏羲造字说并不成立，文字是古代劳动人民集体智慧的结晶。

4. 礼乐人伦教化

原始社会一切无秩序，处于混沌状态：“及世之衰也，至伏羲氏，

---

① （汉）班固撰，（唐）颜师古注：《汉书》，中华书局1962年标点本，第1011—1012页。

② （汉）王符著，（清）汪继培笺，彭铎校正：《潜夫论笺》，中华书局1979年版，第384页。

③ （汉）桓谭撰，（清）孙冯翼辑：《桓子新论》，中华书局1985年版，第26页。

④ （汉）班固撰，（唐）颜师古注：《汉书》，中华书局1962年标点本，第169页。

⑤ 同上书，第4244页。

其道昧昧芒芒然，吟德怀和，被施颇烈，而知乃始昧昧晽晽，皆欲离其童蒙之心，而觉视于天地之间，是故其德烦而不能一。”① 处于知母不知父的早期社会时期，十分混乱，《论衡·齐世篇》：“宓牺之前，人民至质朴，卧者居居，坐者于于，群居聚处，知其母不识其父。至宓牺时，人民颇文，知欲诈愚，勇欲恐怯，强欲凌弱，众欲暴寡，故宓牺作八卦以治之。”伏羲制作法规，规范人们的行为，形成正常的人伦规范。“古之时，未有三纲六纪，民人但知其母，不知其父。能复前而不能复后。卧之法法，起之吁吁。饥即求食，饱即弃余，茹毛饮血，而衣皮韦。于是伏羲仰观象于天，俯察法于地，因夫妇，正五行，始定人道。画八卦以治下，下伏而化之，故谓之伏羲也。”② 扬雄曰：“法始乎伏羲，而成乎尧，匪伏匪尧，礼义哨哨，圣人不取也。”③

伏羲用礼制规范人们的同时，制作音乐来教化人民，《风俗通》引《世本》曰：“‘宓羲作瑟，长八尺一寸，四十五弦。’”④《楚辞·大招》：“伏戏驾辩，楚劳商只。”王逸注：“伏戏，古王者也。始作瑟，驾辩、劳商皆曲名也，言伏戏氏作瑟，造驾辩之曲，楚人因之作劳商歌。”在汉代的一些画像石如四川及河南南阳等地的汉画中已有伏羲女娲执乐器的形象。⑤

（三）国家政治宗教意蕴

三皇是我国古代的重要神灵，汉代关于三皇的说法不一，王符《潜夫论·五德志》：“世传三皇五帝，多以为伏羲、神农为二皇；其一者或曰燧人，或曰祝融，或曰女娲。其是与非，未可知也。我闻古有天皇、地皇、人皇，以为或即此谓，亦不敢明。凡斯数，其于五经，皆无正文。故略依易系，记伏羲以来，以遗后贤。虽多未必获

① 刘文典撰，冯逸、乔华点校：《淮南鸿烈集解》，中华书局1989年版，第64—65页。

② （清）陈立撰，吴则虞点校：《白虎通疏证》，中华书局1994年版，第50—51页。

③ （汉）扬雄撰，（晋）李轨注，（唐）柳宗元注：《扬子法言》，（清）乾隆四十七年（1782）抄本，文渊阁四库全书台湾故宫博物院·儒家类，第93页。

④ （汉）应劭撰，王利器校注：《风俗通义校注》，中华书局1981年版，第285页。

⑤ 牛天伟：《四川“伏羲女娲”画像略考》，《音乐探索》2006年第2期。

正，然罕可以浮游博观，共求厥真。大人迹出雷泽，华胥履之生伏羲。其相日角，世号太皞。都于陈。其德木，以龙纪，故为龙师而龙名。作八卦，结绳为网以渔。”三皇五帝之说出现于战国，形成于秦汉。顾颉刚说：“三皇是战国末的时势造成的，至秦而见于政府的文告，至汉而成为国家的宗教。他们是介于神与人之间的人物，自初有此说时直至纬书，此义未尝改变。自从王莽们厕‘三皇’于经和传，他们的名称始确立了。”[①] 汉代的主流观点认为伏羲是三皇之一。汉代将伏羲与太昊连文，伏羲是至高神灵之一。太昊与伏羲是一个人还是两个人呢？据文献记载：“伏羲姓风，其后封任、宿、须朐、颛臾四国，实司大皞与有济之祀，且为东蒙主”[②]；《竹书纪年·太昊庖羲氏》：“太昊之母居于华胥之渚，覆巨人迹，意有所动，虹且远之，因而始娠，生帝于成纪。以木德王，为风姓。以龙纪官，立九相六佐治九州岛。造书契，作甲历，造琴瑟，作立基之乐。制嫁娶，以俪皮为礼，造干戈。在位一百一十五年陟。”太昊亦作太皞、太皓，传说中东夷部族的首领。风姓，秦汉阴阳家以五帝配四时，认为太昊以德王天下，故配东方，为司春之神。高诱注《吕氏春秋·孟春纪》：“甲乙，木日也。太皞，伏羲氏以木德王天下之号，死，祀于东方，为木德之帝。”[③] 伏羲和太昊都有东方神的神格，《汉书·律历志》：“炮犠继天而王，为百王先，首德始于木，故为帝太昊。”依《汉书》伏羲与太昊似当为一人，太昊当为伏羲的号。

孙作云认为，“伏羲原是东夷族一个氏族的酋长，以凤凰为图腾”[④]。《左传·僖公十一年》：“太皋风姓”。“风”与“凤”相通，二字相同，太皋是东夷集团氏族的一支，太昊与伏羲同姓，太昊与伏羲是同一个氏族。杨复竣著《中华民族始祖太昊伏羲》指出伏羲、

---

① 吕思勉、童书业：《古史辨》（第七册中编），开明书店 1947 年版，第 51 页。

② （汉）王符著，（清）汪继培笺，彭铎校正：《潜夫论笺》，中华书局 1979 年版，第 401 页。

③ （汉）高诱注：《吕氏春秋》，上海书店 1992 年版，第 1 页。

④ 孙作云：《孙作云文集——美术考古与民俗研究》，河南大学出版社 2003 年版，第 201 页。

太昊为一人。伏羲是风姓以凤为图腾，为何汉代画像石中伏羲是蛇躯呢，这可能是图腾崇拜发展的结果，东夷人早期崇拜鸟，后来图腾崇拜发展到高级阶段，东夷人以动物中比较凶猛的一种大蛇为图腾。“他们认为万物皆有灵性，他们崇拜太阳、月亮和星辰，山石、河川和大地，他们把鸟、蛇等作为部落的图腾，把祖先作为自己的保护神。”①

屠武周在《伏羲非太昊考》一文中认为蛇、龙是不同的图腾，所以伏羲、太昊非一人。龙是古代不存在的一种动物，多数学者考证龙是多种动物的结合体，闻一多认为龙是一种图腾，“并且只存在于图腾中而不存在于生物界中的一种虚拟的生物，因部落兼并而产生的混合图腾”；“龙只是一种大蛇，这种蛇的名字便叫做‘龙’，后来有一个以这种大蛇为图腾的团祖兼并了、吸收了许多别的形形色色的团祖……于是就成为了我们现在所知道的龙了”。② 依据龙蛇图腾不能完全说明伏羲、太昊并非一人，二者似乎有着千丝万缕的联系。

伏羲与太昊当为一人吗？王剑认为：“伏羲传说本始于南方楚地，而太昊是东方夷族的先祖，随着战国、秦汉时民族血脉和文化大交流融汇，伏羲与太昊的传说合流成为可能，司马迁仅以华夏先祖黄帝为全体中华民族的人文始祖已不能完全反映当时民族和合、文化融汇的实际情况，而以太昊伏羲为百王之祖，表现了当时民族统一、文化主脉已经形成。”③ 邹文生认为：“伏羲的产生，是东夷神话与南方苗蛮神话结合的产物。”④ “陈，太昊之墟，是东夷文化的腹地。楚文化北上，从楚灭陈到楚亡国几百年间，陈为楚国北方重镇，并为楚都三十八年，一直处于两种文化相碰撞、交融的前沿。太昊与伏羲两个始祖在这里也经历了从对立、到并行，再到合称的过程。也就是说，在汉

① 邱文山：《齐鲁文化与中华文化》，齐鲁书社2006年版，第17页。

② 闻一多：《闻一多全集》，生活·读书·新知三联书店1982年版，第26页。

③ 王剑：《太昊伏羲考辨——兼及古史帝王世系研究中的问题》，《周口师范学院学报》2005年第4期。

④ 邹文生等：《陈楚文化》，辽宁教育出版社1998年版，第34页。

代以前，陈地已将太昊与伏羲混同为一。”① 当是两种神话混而合一的结果。长沙子弹库战国楚帛书的出土证明在战国中晚期，在南方楚地已有关于伏羲的创世神话流行。太昊在神话中是东方夷族的先祖神，可能是两种神话交融，南北文化民族融合，民间对其加工创造将二者合而为一。同时，汉代是一个民族融合的时代，汉代是一个受楚文化影响比较深的国家，可以这样说，汉代是一个楚文化胜利的时代，汉代楚文化已经深入到中原各地，所以伏羲太昊神话为中原认识并接受。在先秦的典籍中伏羲、太昊是分开记载的，如《荀子》，在《成相篇》中提及伏羲，在《正论篇》中提到太昊，两个称谓共见一本书中，所以在当时伏羲、太昊当为两人。最早将伏羲与太昊合称的《世本·帝系篇》称："太昊伏羲氏。"汉代文献典籍中最早将太昊、伏羲连在一起的是刘歆，《汉书·律历志》引刘歆《世经》曰："《易》曰'炮犧氏之王天下也'。言炮犧继天而王，为百王先，首德始于木，故为帝太昊。作罔罟以田渔，取牺牲，天下号曰炮犧氏。"刘歆将太昊伏羲列为最古帝王有其政治目的。旬悦认为："及至刘向父子，乃推五行之运，以子承母，始自伏羲；以迄于汉，宜为火德，其序之也，以为《易》称'帝出乎震'，故太昊始乎震，为木德，号曰伏羲氏。"所以笔者认为太昊伏羲二者合二为一的年代当在战国末期或者更晚。

汉代人认为太昊伏羲是泰皇，泰皇是秦汉时期地位最尊贵的神灵之一。"古有天皇，有地皇，有泰皇，泰皇最贵。"② 关于泰帝即太昊伏羲氏的观点，后人学者对此提出了疑义："这大概是因为那时公卿们既把泰帝放在黄帝之前，而在黄帝前的泰昊之'泰'与泰帝字同的缘故。但沈钦韩《汉书疏证》则以为即是黄帝。他的理由是：(1)《韩非·十过》'黄帝合鬼神于泰山之上，作为清角'。《淮南·览冥训》'昔者师旷（黄帝臣）奏白雪之音而神物为之下降'。(2)《抱朴子·极言篇》'黄帝论道养则质玄素二女'。既云使素女鼓之，则

① 邹文生等：《陈楚文化》，辽宁教育出版社1998年版，第38页。

② （汉）司马迁撰，（南朝宋）裴骃集解，（唐）司马贞索引，（唐）张守节正义：《史记》，中华书局1959年版，第236页。

黄帝也。王先谦也赞成这一说，于《汉书补注》中为他加上两条证据。(3)《世本》'庖羲瑟五十弦，黄帝损之为二十五弦'。(4)王嘉《拾遗记》'黄帝使素女鼓庖羲之瑟，满席悲不能已，后破为七尺二寸，二十五弦。'则为黄帝不疑，颜说误也。"① "我对于这事的意见，以为泰帝这个人是临时由天上拉下来的，这些故事也是临时拼凑起来的。(看汉武帝于汾阴得鼎之后，齐人公孙卿的札书就会有'黄帝得宝鼎宛朐，仙登于天'的故事，司马迁作《五帝本纪》时就采用了，可以推见。'武王诛纣，以妲己赐周公'的'想当然而'使曹操之间，岂不成真事实。)那时的人见泰一是一个天神，总觉得应使他下凡才好。那时黄帝故事正风行，而泰一的地位在黄帝之上，所以就定他的时代前于黄帝。对于天帝的泰一越尊敬，则人间的泰帝的故事亦将以应时代的需要而制造不已。到泰一没有新发展的时候，泰帝的历史也就停止产生了。"②

司马贞《索隐》曰："按：天皇、地皇之下即云泰皇，当人皇也。而《封禅书》云'昔者太帝使素女鼓瑟而悲'，盖三皇已前称泰皇。一云泰皇，太昊也。"③ 因此汉代帝王尊崇太昊伏羲的权威地位，并且利用太昊伏羲为政治服务，正朔、易服色。《史记·历书》："王者易姓受命，必慎始初，改正朔，易服色，推本天元，顺承厥意。"汉高祖时期也进行定正朔改服色，"刘向父子以为帝出于《震》，故包羲氏始受木德，其后以母传子，终而复始，自神农、黄帝下历唐虞三代而汉得火焉。故高祖始起，神母夜号，着赤帝之符，旗章遂赤，自得天统矣"④。汉高祖初期尚赤色，认为是对伏羲、神农、黄帝下历唐虞三代的继承，宣扬其帝统的合法性。伏羲是古代人们心中重要的神灵、始祖，汉及以前的官方祀典对太昊伏羲祭祀的记载并不明

① 吕思勉、童书业：《古史辨》第七册中编，开明书店1947年版，第91—92页。

② 同上。

③ (汉)司马迁撰，(南朝宋)裴骃集解，(唐)司马贞索引，(唐)张守节正义：《史记》，中华书局1959年版，第237页。

④ (汉)班固撰，(唐)颜师古注：《汉书》，中华书局1962年标点本，第1270—1271页。

晰，在一些文献中只见吉光片羽，如《汉旧仪》："祭三皇、五帝、九皇、六十四民，皆古帝王，凡八十一姓也。"[①] 从现在的历史遗迹可见汉代民间对伏羲的祭祀还是很兴盛的，后人为了祭祀伏羲，在河南淮阳建了伏羲陵。伏羲陵又名太昊陵，陵在河南淮阳县城郊的蔡河之滨，淮阳，春秋时为陈国地，相传伏羲曾在此建都，因此有陵。"据'朝祖'碑记载，太昊陵最早是孔子做陈大夫时建的。《陈州府志》记载：春秋时这里已有陵墓。汉代在陵前建祠，汉梁武祠画像石有伏羲赞：'伏羲苍精，初造工业，画卦结绳，以理海内。'"[②] 另一处是河北新乐伏羲台，"伏羲台上有羲皇古庙，相传始建于汉代。近年来，伏羲台及其周围出土有新石器时代石斧、汉代瓦当、战国青铜器和不同时期的陶器等文物"[③]。汉代以后历代对伏羲的祭祀从未间断过。曹植曾写过《伏羲赞》纪念伏羲"木德风姓，八卦创焉。龙瑞名官，法地象天。庖羲祭祀，网罟鱼佃。琴瑟以作，时通神轩"[④]。元朝开始伏羲祭祀逐渐兴盛。

伏羲神话是我国古代文化的瑰宝，在中国有着悠久的流传历史，伏羲神话对我们的历史、文化、文学、民族学等研究具有重要的价值。

第三节　女娲研究

一　女娲神话演变历程

（一）先秦时期的女娲神话

女娲是中国古代神话传说中最伟大的女性神之一。袁珂认为：女娲之名，首见于《楚辞·天问》，云："女娲有体，孰制匠之?"。先

---

① （清）孙星衍等辑：《汉官六种》，中华书局1990年版，第100页。

② 王彪：《中州风物记》，新华出版社1986年版，第233页。

③ 政协石家庄市委员会编：《石家庄建筑精览》，中国对外翻译出版公司2001年版，第186页。

④ 霍想有主编：《伏羲文化》，中国社会出版社1994年版，第184页。

秦典籍中关于女娲的记载主要有：《列子·汤问》曰："然则天地亦物也。物有不足，故昔者女娲氏炼五色石以补其阙；断鳌之足以立四极。其后共工氏与颛顼争为帝，怒而触不周之山，折天柱，绝地维；故天倾西北，日月星辰就焉；地不满东南，故百川水潦归焉。"这当是女娲补天故事的最早记录。

李学勤认为："从考古上看，'女娲'这二字最早的古文字材料见于战国中晚期之间的楚国帛书。"1942年，在湖南长沙子弹库盗掘发现一座楚墓，其中有一件完整的帛书，其帛书的乙篇有一部分讲的是伏羲女娲的故事。"20世纪60年代末台湾大学学者金祥恒释读出伏羲，现在我们又确定了女娲的释读。这是有关女娲的最早的文物。'文革'时期，湖南省博物馆清理了这座墓，判定其年代在战国中晚期之间，即公元前300年左右。"①（帛书的具体内容请参见伏羲研究一节）这段帛书讲述的是关于伏羲、女娲的创世神话，伏羲、女娲是共同的创世英雄。同时这也是先秦时期最早最完整记载女娲故事的材料。

《山海经·大荒西经》说："有神人十人，名曰女娲之肠，化为神，处栗广之野，横道而处。"从《长沙子弹库战国楚帛书·乙篇》和《山海经·大荒西经》这两则材料看，女娲在战国时期是造物主，具有无上的权威，甚至可以造神。可能在屈原时代关于女娲造神、造万物的传说已经存在，因此屈原发出了"女娲有体，孰制匠之"的疑问。可见在先秦时期女娲的神格应当是世间万物的造物主，至尊天神、万物始祖。到秦汉，伏羲、女娲交尾化生人类，乃至宇宙的神话流行广泛。

（二）汉代的女娲神话及神格

到了汉代，女娲的故事传说得到进一步发展，同时女娲的形象也开始丰富起来。

1. 补天神话

女娲是中国古代神话传说中流传最为久远的一个神灵，在汉代的

---

① 李学勤：《女娲传说及其在文化史上的意义》，《中国文物报》2004年12月10日第7版。

传说中女娲继续演绎战胜自然补天止水的壮举。《淮南子·览冥训》云：“往古之时，四极废，九州岛裂，天不兼覆，地不周载，火爁炎而不灭，水浩洋而不息，猛兽食颛民，鸷鸟攫老弱。于是女娲炼五色石以补苍天，断鳌足以立四极，杀黑龙以济冀州，积芦灰以止淫水。”古籍记载女娲补天又多与共工神话相连，如《论衡·谈天》篇云：“共工与颛顼争为天子，不胜，怒而触不周之山，使天柱折，地维绝。女娲销炼五色石以补苍天，断鳌足以立四极。天不足西北，故日月移焉；地不足东南，故百川注焉。”其后《史记》司马贞补《三皇本纪》因袭了这种说法，也说女娲补天，是因为共工触山而使天地残毁之故，不过改变了共工所争斗之对象由颛顼变为了祝融。“诸侯有共工氏，任智刑，以强霸而不王，以水乘木，乃与祝融战，不胜而怒，乃头触不周山，崩，天柱折，地维缺。女娲乃炼五色石以补天，断鳌足以立四极，聚芦灰以止滔水，以济冀州，于是地平天成，不改旧物。”依据《列子·汤问》和《淮南子·览冥训》女娲补天与共工触山当是两事，互不相干，而且补天是在共工触山之前。《博物志》中的记载与《列子·汤问》相同：“天地初不足，故女娲氏炼五色石以补其阙，断鳌足以立四极。其后共工氏与颛顼争帝，而怒触不周之山，折天柱，绝地维，故天后倾西北，日月星辰就焉；地不满东南，故百川水注焉。”①

袁珂也认为补天神话在共工触山之前：“女娲所补之‘天’，乃洪古时代，由于今已不能详悉之某种原因——自然界大变动或神国大扰乱——所导致之‘四极废、九州岛裂’之天地大残毁之‘天’，故有‘断鳌足以立四极’等语。而共工触山所造成之毁坏，则局面较小，仅‘天倾西北，地不满东南’，且毁坏以后，至今未闻修复，故始日月西移，百川东注，不周坏而不帀。且不周，天柱也，共工触山‘折天柱’者，折天之一柱也，又何用女娲‘断鳌足以立四极’为？则触山与补天之不相涉也明矣。补天神话自应在触山神话之前。”②

---

① 史仲文主编：《中国文言小说百部经典》，北京出版社 2004 年版，第 319 页。

② 袁珂：《山海经校注》，上海古籍出版社 1983 年版，第 390—391 页。

2. 女娲造人传说

关于女娲造人神话有两种说法。一种是《风俗通义》佚文云："俗说天地开辟，未有人民，女娲抟黄土作人，务剧力不暇供，乃引絙于泥中，举以为人。故富贵者黄土人，贫贱者絙人也。"[①] 贫富贵贱的差别，是阶级社会存在的问题，并非神话主旨，在此明显具有作者附会之意，同时也具有很强的唯心主义色彩，认为人生来就存在三六九等的差别，为维护统治阶级的利益服务。另外一种说法见于《淮南子·说林篇》："黄帝生阴阳，上骈生耳目，桑林生臂手，此女娲所以七十化也。"高诱注云："黄帝，古天神也，始造人之时，化生阴阳。上骈、桑林皆神名。"[②] 则是以女娲为主之诸神造人神话也。《说文解字》："娲，古之神圣女，化万物者也。"[③] 从先秦时期的造万物、造神转化为造人，由此看来女娲的神格似乎在降低。

3. 生殖神、媒神

女娲神话，后来发展为与伏羲神话相结合，人们认为伏羲、女娲是兄妹，属于兄妹婚。女娲是女性神的象征，具有主婚姻和生殖的神格，关于女娲此种神格最早见于汉代文献。《风俗通》佚文云："女娲，伏希之妹。"[④]《风俗通》佚文又云："女娲祷神祠祈而为女媒，因置婚姻。"[⑤] 汉代石刻画像与砖画中，伏羲、女娲多是人面蛇身交尾像。王延寿《鲁灵光殿赋》亦云："伏羲鳞身，女娲蛇躯。"[⑥] 从中可知伏羲、女娲兄妹结婚之说由来已久。（唐）李冗《独异志》云："昔宇宙初开之时，只有女娲兄妹二人在昆仑山，而天下未有人民。议以为夫妻，又自羞耻。兄即与其妹上昆仑山，咒曰：'天若遣我兄妹二人为夫妻，而烟悉合；若不，使烟散。'于烟即合，其妹即来就

---

① （汉）应劭撰，王利器校注：《风俗通义校注》，中华书局1981年版，第601页。

② （汉）高诱：《淮南子注》，上海书店1986年版，第292页。

③ （汉）许慎撰，（清）段玉裁注：《说文解字注》，浙江古籍出版社2006年版，第617页。

④ （汉）应劭撰，王利器校注：《风俗通义校注》，中华书局1981年版，第599页。

⑤ 同上。

⑥ 费振刚、仇仲谦、刘南平校注：《全汉赋校注》，广东教育出版社2005年版，第852页。

兄，乃结草为扇，以障其面。今时人取妇执扇，象其事也。”① 如今在西南少数民族地区仍留有伏羲女娲通婚的神话，伏羲女娲兄妹入葫芦逃避洪水而结婚而再造人类。《礼记·明堂位》中有关于“女娲之笙簧”的记载，李建认为：“神话中女娲所作之笙簧有着深刻的象征意义，作笙簧乃是一种乞生巫仪，整则神话正象喻性地表达着先民对两性交合方能生人的认识。后世种种与笙簧有关的民俗事象恰恰是生殖母题的世俗化流变。”② 如果此说成立的话，女娲作为生殖神的神格开始年代可能还会向前推一步。此说的依据是，笙簧的制作材料葫芦，葫芦在古代具有生殖崇拜的意蕴，民俗中有许多葫芦的神话传说，但无文献佐证，还需进一步考证。所以关于女娲作为生殖神的神格只能暂定为汉代。

后来将女娲作为媒神进行祭祀，《风俗通》佚文曰：“女娲祷祠神祈而为女媒，因置昏姻，行媒始行明矣。夫昏以昏时，而昏繇此；因以因娅，而因乎人。姻者，姻之始，媒者，姻之聚，所谓昏因姻媒如此。”③《说文》对“媒”是这样解释的：“禖，祭也……媒言禖，神之也。”④ “媒，谋也，谋合二姓也。从女，某声。”⑤ 可见汉代“媒”有祭祀之意，《汉书·武五子传》：“武帝二十九年乃得太子，甚喜，为礼禖，使东方朔、枚皋作禖祝”。据《后汉书·礼仪志》记载：“仲春之月，立高禖祠于城南，祀以特牲。”媒神把男女结合在一起，使其神生儿育女，繁衍后代，媒神其实也是古代的生殖神。闻一多《伏羲考》谓延维、委蛇，即汉画像中交尾之伏羲、女娲，就是南方苗族祖神。同时在汉代画像石中又很多伏羲、女娲的画像，多与日月结合，“江安画像石棺后档头刻二人首蛇身像，长尾相交，女娲在左，一手托月轮，一手执乐器似为排萧，伏羲在右，一手托日

① （唐）李冗撰：《独异志》，中华书局1983年版，第79页。

② 李建：《“女娲作笙簧”神话的文化解读》，《南通师范学院学报》（哲学社会科学版）2004年第1期。

③ （汉）应劭撰，王利器校注：《风俗通义校注》，中华书局1981年版，第599页。

④ （汉）许慎撰，（清）段玉裁注：《说文解字注》，浙江古籍出版社2006年版，第7页。

⑤ 同上书，第613页。

轮，一手执便面。原文说明为二人手执规矩”①。日月在汉代被视为阴阳的象征，伏羲、女娲是人间阴阳两性的代表，这也正是其生殖神的表现。何新《女娲与大禹故事的真相》指出：“在汉墓出土砖画中，女娲常与伏羲连体交尾，两者都具有人首蛇身的形象。但伏羲的手中常捧着太阳，而女娲手中则常捧着月亮。伏牺持规，因其是日神，日行圆，象天。女娲持矩，因其是阴神（地母），地方。‘日’在古代称‘太阳’，而‘月亮’在古代又名‘太阴’。由此看来，女娲应是月神。在古传说中，女娲还被尊奉为人类之母。”②

4. 主管长生之神

在汉墓画像的考古材料中发现女娲多与月像结合，有时女娲与伏羲同时出现。比如洛阳浅井头汉壁画墓中的女娲图，洛阳北郊石油站汉壁画墓中的女娲图，都是与月像组图的，这与汉画像石的构图有了一些区别。月在先秦和两汉时期常常与长生联系在一起，如张衡《灵宪》这样描写：“羿请不死之药于西王母，娥窃之以奔月……姮娥遂托身于月，是为蟾蜍。”③ 汉代人认为月中有蟾蜍，有玉兔，有桂木，后来又有了窃药奔月的嫦娥。这样女娲在汉代又具有长生女神的神格。汉画像中的女娲图像除了与月像结合外还与芝草结合，如河南唐河针织厂汉画像石墓发掘中有一幅伏羲、女娲的画像，“该图配置于北室石壁上，图右刻三人，左刻女娲，右刻伏羲，皆人首蛇尾，手执灵芝，相向而立。中刻一巨人，将伏羲、女娲紧紧搂抱在一起，二神蛇尾缠绕于巨人胯下”④。灵芝在汉代已被认为是长生的灵物，所以可以进一步断定汉代女娲已具有了长生女神的神格。李陈广在《汉画伏羲女娲的形象特征及其意义》一文中对汉代女娲画像作了总结：“在形象系统方面，各地的伏羲女娲像则表现出了较明显的地域性差

① 高文、高成英：《汉画瑰宝——四川新出土的八个画像石棺》，《文物天地》1998年第3期。

② 何新：《诸神的起源——中国远古神话与历史》，北京工业大学出版社2007年版，第49页。

③ 严可均辑：《全上古三代秦汉三国六朝文》，中华书局1958年版，第777页。

④ 汪小洋：《汉壁画墓中西王母、女娲图像的辨析与意义》，《艺苑》2008年第2期。

异。构成形象系统的典型附属物为规矩、日月、芝草三大类。山东地区以执规矩者居多，间或存在捧日月和执便面的形态，河南地区的以执芝草和捧日月者居多，不见规矩，四川地区的以捧日月者居多，有少数执规矩的。其他如徐州和陕北的画像，目前所见多为捧日月或无附属物的形态。"① 女娲到东汉时期被视为长生女神的象征，当与东汉时期道教的兴起，而求仙长生是道教思想的核心有关。

5. 三皇说之一的部落女神

三皇最早，初见于《周礼·春官·外史》："外史掌书外令，掌四方之志，掌三皇五帝之书，掌达书名于四方。"但未指出三皇具体指何。关于三皇的说法不一，汉代人认为女娲是古代传说中的三皇之一，关于三皇五帝有多种说法，大多认为伏羲、神农为二皇；其一者或曰燧人，或曰祝融，或曰女娲，众说纷纭无从考证。《风俗通义》记载了一些纬书对三皇的说法："《春秋运斗枢》说：'伏羲、女娲、神农，是三皇也。'……《礼号谥记》说：'伏羲、祝融、神农。'《礼含文嘉》记：'虑戏，燧人，神农。'"② 《古微书·春秋斗运枢》对三皇说进一步进行了补充："按郑玄《六艺论》以伏羲、女娲、神农为三皇，引《运斗枢》之说也。宋均引《甄耀度数》燧人、伏羲、神农为三皇。《礼含文嘉》《尚书大传》谯周《古史考》并同，惟《白虎通义》取伏羲、神农、祝融为三皇，而孔安国则以伏羲、神农、黄帝为三皇皆与郑异。"《吕氏春秋·用众篇》高诱注："三皇：伏羲，神农，女娲也。"大概是依据了《春秋纬》的说法。王符在其《潜夫论·五德志》中对汉代三皇的流传情况作了介绍："世传三皇五帝，多以为伏羲、神农为二皇；其一者或曰燧人，或曰祝融，或曰女娲。其是与非，未可知也。我闻古有天皇、地皇、人皇，以为或即此谓，亦不敢明。凡斯数，其于五经，皆无正文。故略依易系，记伏羲以来，以遗后贤。虽多未必获正，然罕可以浮游博观，共求厥真。"

从汉代关于女娲是三皇之一的说法，可见女娲当是原始部落的一

---

① 李陈广：《汉画伏羲女娲的形象特征及其意义》，《中原文物》1992年第11期。

② （汉）应劭撰，王利器校注：《风俗通义校注》，中华书局1981年版，第2—3页。

名首领，因为其部落族人作出了很多贡献，死后为本部落奉为祖先神。司马贞《补史记·三皇本纪》可为女娲为部落首领这一观点印证："女娲氏，亦属风姓，蛇身人首，有神圣之德，代宓牺立，号曰女希氏。"认为女娲是继伏羲之后的部落首领。《史记索隐·三皇本纪》对女娲被列为三皇之一的缘由进行了推测："一曰女娲亦木德王，盖宓牺之后已经数世，金木轮环周而复始，特举女娲以其功高而充三皇，故频木王也，当其末年也。诸侯有共工氏，任智刑以强，霸而不王，以水乘木，乃与祝融战，不胜而怒，乃头触不周山崩，天柱折，地维缺，女娲乃炼五色石以补天，断鳌足以立四极，聚芦灰以止滔水，以济冀州，于是地平天成，不改旧物。女娲氏没，神农氏作。"

二　女娲原型及发源地考察

女娲原型和发源地是学术界关于女娲神话研究的热议问题，至今尚无定论，笔者将其几种具有代表性的观点总结如下：

（一）女娲原型之争

关于女娲形象在先秦文献中没有记载，有的学者认为女娲氏部族，以蛙为图腾，或者认为女娲原型应为蛙神；何星亮也认为，"娲即蛙当无疑义，而女与雌义同，所谓女娲，其实就是'雌蛙'。大概雌蛙原是某氏族部落的图腾，后来图腾演化为神，雌蛙也演变成女娲"①。叶舒宪也赞同这类观点，指出，蛙与人类比的另一重要原因是婴儿出生与蛙相类似，婴儿哭声也酷似蛤蟆叫，所以汉语称小儿为"娃"，发音恰恰与"蛙"相同，两者皆为拟声词。根据音近义通的语用原则，蛙与娃、蛙与人也就自然联系起来了。② 杨利慧认为女娲的原型来自于鲵鱼，并对其名字的流变进行了分析："由于鲵鱼的叫声似小儿啼哭声'呱呱呱'或'哇哇哇'，所以上古无文字社会中的人们，只称其为 Gua。以后，她的鲵鱼形象，渐渐向着相似的人首蛇身形象演化，并最终形成汉代及以后墓刻壁画上的人首蛇身的形象。

---

① 何星亮：《中国图腾文化》，中国社会科学出版社 1992 版，第 74 页。

② 叶舒宪：《千面女神》，上海社会科学院出版社 2004 年版，第 148 页。

而她的名字，在进入文字社会以后，便被用一个表示性别是‘女’旁，加上了一个既表示原来的发音、又表示有‘屈曲盘旋’之意以状其形的‘呙’字，合成了一个专有的名词‘娲’。”① 有人则认为女娲应为娲神②或者葫芦神③。何新在《诸神起源——中国远古神话与历史》中根据对汉墓出土的砖画的研究，以及“娲”字的考据，大胆提出假设：嫦娥—嫦羲—女和—嫘母—女娲—西王母本来是同一个神（月神）的异名分化。④ 郭铁娜在《“女娲蛇躯”考辨》一文中认为女娲原型并非人首蛇身，依据楚文化崇凤等特点认为女娲原形态是鸟形。⑤ 司马贞《补史记·三皇本纪》：“女娲氏，亦属风姓，蛇身人首，有神圣之德，代宓牺立，号曰女希氏。”认为女娲是风姓，这有可能是凤的谐音，同时楚地崇凤，女娲原形如果为鸟形，那当是楚地的凤图腾的遗留。

关于女娲形象的记述最早出现在汉代的文献中：“伏羲牛首，女娲蛇躯，皋繇鸟喙，孔子牛唇，是圣贤异貌也。”⑥ 后来的《文选》中也有记录：“伏羲鳞身，女娲蛇躯。女娲，亦三皇也。善曰：列子曰：伏羲、女娲，蛇身而人面，有大圣之德，玄中记曰：伏羲龙身，女娲蛇躯。鸿荒朴略，厥状睢盱。”《广弘明集》也认为女娲为人首蛇身“庖牺氏蛇身人首。大庭氏人身牛头。女娲氏亦蛇身人头。秦仲衍鸟身人面”⑦。汉代王延寿《鲁灵光殿赋》中也有关于女娲形象的

---

① 杨利慧：《女娲溯源——女娲信仰起源地的再推测》，北京师范大学出版社 2006 年版，第 103—104 页。

② 王孝廉：《中国的神话世界》，作家出版社 1991 年版，第 192 页。

③ 闻一多：《伏羲考》，巴蜀书社 2002 年版，第 20 页。

④ 何新：《诸神的起源——中国远古神话与历史》，生活·读书·新知三联书店 1986 年版，第 40—46 页。

⑤ 郭铁娜：《“女娲蛇躯”考辨》，《山西大学学报》（哲学社会科学版）2008 年 1 期。

⑥ （南朝·宋）范晔撰，（唐）李贤等注：《后汉书》，中华书局 1965 年标点本，第 1742 页注。

⑦ （唐）释道宣撰：《广弘明集》册三，上海中华书局据明刻本校勘影印本（年代不详），第 79 页。

描述："五龙比翼，人皇九头。伏羲鳞身，女娲蛇躯。"① 在汉代文献中关于女娲蛇躯人身的记载很少，但在出土的汉代画像中，女娲的形象一般都是蛇躯。女娲的原型问题是学术争论的热点，还无确切定论，有待进一步考察和分析。

（二）女娲神话发源地之争

女娲神话发源地历来有两种主张，一是南方说，二是西北或中原说。

持南方说的学者主要有芮逸夫、常任侠、闻一多、徐旭生、吕思勉、胡小石、蒙文通、徐中舒、袁珂、邓少琴、刘起釪、冯天瑜、饶宗颐、萧兵、（日本）白川静、（日）本谷野典之、（俄国）李福清等。杨利慧对南方说总结为两种："一是'苗瑶说'，即主张女娲、伏羲起源于南方的苗瑶民族，这派学说以芮逸夫、徐旭生等为代表。另一种是'巴蜀说'，即主张女娲、伏羲产生于古代巴蜀，以胡小石、蒙文通、邓少琴等为代表。"② 从文献典籍对女娲的记载情况来看笔者赞同南方说，因为偏南一隅的楚地，有着最早的关于女娲的记录，如《长沙子弹库楚帛书乙篇》和《楚辞·天问》中有着关于女娲最早的记载。而中原地区出现女娲的记录比较晚，可以说已经是汉代的事情。

西北说或中原说的学者有：茅盾、张光直、王孝廉、张自修、杨利慧等。杨利慧从民俗学的角度考察认为女娲神话发源地是中原或西北。《风俗通义》佚文中有关女娲造人的记录："俗说天地开辟，未有人民。女娲抟黄土造人。"③ 杨利慧认为："在中国，黄土的分布是十分广阔的，而最典型的黄土正在西北的黄土高原……据此推测，也许女娲抟黄土做人的神话想象，也产生于中国北方、很可能是西北黄土高原的现实土壤中吧？"④ 关于此推测笔者持有疑义，因为在《长

① 费振刚、仇仲谦、刘南平校注：《全汉赋校注》，广东教育出版社2005年版，第852页。

② 杨利慧：《女娲溯源：女娲信仰起源地的再推测》，北京师范大学出版社2006年版，第11页。

③ （汉）应劭撰，王利器校注：《风俗通义校注》，中华书局1981年版，第601页。

④ 杨利慧：《女娲溯源：女娲信仰起源地的再推测》，北京师范大学出版社2006年版，第93页。

沙子弹库战国楚帛书·乙篇》中已有伏羲女娲创世神话的最早传说，而汉代的《风俗通义》中的造人故事有可能是先秦时期伏羲女娲创世神话的一个衍生物，所以我们认为以“女娲抟黄土造人”来作为女娲神话发源于西北这条论据还值得商榷。

三　汉代对女娲的祭祀及其认识

王充在《论衡·顺鼓篇》中言：“雨不霁，祭女娲”。可见汉代在止雨的时候要祭祀女娲，那为何要祭祀女娲呢？当发生雨不霁的时候要祭社止雨，董仲舒认为雨不霁是阴阳失调的缘故，正如《春秋繁露·止雨》篇中所载的祝词所云：“嗟！天生五谷以养人，今淫雨太多，五谷不和。敬进肥牲清酒，以请社灵，幸为止雨，除民所苦，无使阴灭阳。阴灭阳，不顺于天。天之常意，在于利人，人愿止雨，敢告于社。”认为雨水过多是阴灭阳所致，因此祭祀止雨的时候女人要躲避或藏匿，要开阳而毕阴，阖水而开火。汉人在止雨的时候“令民夫妇皆偶处。凡求雨之大体，丈夫欲藏匿，女子欲和而乐”。在祭祀中还要用蛙，蛙是阴性的代表。那么止雨为什么要祭祀女娲呢？有人认为女娲的娲即蛙，女娲是古代生殖崇拜之神，如汉代祭祀求雨用蛙，蛙产卵代表阴性，是生殖的象征。同时汉画像和汉以前的文献中记载的女娲又多是人首蛇身，蛇是产卵的动物，有些人认为女娲蛇躯这也正是生殖崇拜的遗迹。因此在止雨时要祭祀女娲，希望女娲能使阴阳调和。另外一点原因是汉代流传女娲补天止洪水的故事。正因为女娲具有如此之大的本事，在汉代人心中女娲应该是一个威力无比的神，而且女娲是女性神是阴性的代表，在阴阳观念占据汉代主流思想的时代，在求雨中要祭祀女娲是情理之中的事情。

王充对汉代水旱祭祀女娲的意蕴进行了分析：“夫水旱，犹雷风也，虽运气无妄，欲令人君高枕幄卧，以俟其时，无恻怛忧民之心。尧不用牲，或时上世质也。……俗图画女娲之象为妇人之形，又其号曰‘女’。仲舒之意，殆谓女娲古妇人帝王者也。男阳而女阴，阴气为害，故祭女娲求福佑也。……本有补苍天、立四极之神，天气不和，阳道不胜，傥女娲以精神助圣王止雨湛乎！”[①]

因此女娲被汉代人视为媒神祭祀，《风俗通义·阴教佚文》云：“女娲祷祠神祇而为女媒，因置婚姻，行媒始行明矣。夫婚以婚时，而婚繇此；因以因娅，而因乎人。姻者，姻之始，姻之聚，所谓婚因姻媒如此。”[②]

女娲是汉代拥有神格较多的女神之一，但有关文献只记录求雨和媒神两个方面的祭祀，这似乎表示女娲在先秦时期所具有的造万物，甚至神灵中的万能至高天神的地位发生了动摇。这可能与汉代的天人感应和大一统观念有关，汉代人认为天是百神之君，皇帝是天的儿子，皇帝利用天的权威来维护和宣扬其地位的至高无上，天下人都要听从上天的安排，这是出于政治目的的需要，因此女娲的神格降低就可以理解了。

第四节　西王母神格演变与汉代西王母崇拜

西王母神话传说在我国有着悠久的流传历史，在汉代祭祀文学中西王母是一位重要的神灵，尤其是东汉时期其神格地位不逊于太一神。从今天出土的汉代画像砖和铜镜铭文可以发现，汉代对西王母的祭祀和信仰十分兴盛，信仰的群体上至最高统治者，下至民间百姓，人们对西王母的祭祀崇拜十分坚贞和弥笃。

一　先秦至汉代西王母形象的演变

（一）先秦典籍中的西王母形象

在先秦典籍中西王母的形象在《山海经》中是这样记载的：“西王母，梯几而戴胜杖（袁珂考证此‘杖’字为衍文），其南有三青鸟，为西王母取食。在昆仑虚北”[③]；“西王母其状如人，虎齿而善

---

① （汉）王充著，张宗祥校注，郑绍昌标点：《论衡校注》，上海古籍出版社2013年版，第321页。

② （汉）应劭撰，王利器校注：《风俗通义校注》，中华书局1981年版，第599页。

③ 袁珂：《山海经校注》，上海古籍出版社1983年版，第306页。

啸，蓬发戴胜，是司天之厉及五残”[1]；“有人，戴胜、虎齿、有豹尾，穴处，名曰西王母”[2]。这些记述，指出了西王母的一些基本特征：西王母的形状——半人半兽（人面虎身豹尾等）；西王母的处所——昆仑山的洞穴；西王母的神性——则是掌管瘟疫刑罚的凶神。《山海经》中所描绘的西王母，显然带有野蛮时代的氏族神或部族神的特点，基本上是一位近似野兽的神人。

《竹书纪年》中也有一些关于西王母的记载：“十七年，王西征昆仑邱，见西王母。”[3] 同时《穆天子传》西王母的形象较《山海经》中发生了很大变化。《穆天子传》比较详细记载着周穆王与西王母相见的情景。西王母与周穆王互赠礼品：“乃执白圭玄璧，以见西王母，好献锦组百纯，□组三百纯，西王母再拜受之。”[4] 在瑶池的筵宴上西王母对穆天子应酬自如，彬彬有礼，是一位具有君王气质的妇人。“西王母为天子谣曰：‘白云在天，尚能复来。’天子答曰：‘予归东土，和治诸夏。万民平均，君顾见汝。比及三年，将复而野。’”[5] 在神格上，她自称是“嘉命不迁”的“帝女”（即上帝的女儿）。

（二）汉代的西王母形象

汉以来，随着道教的日益发展，西王母神话进一步出现道教化的倾向。这种倾向在《淮南子》《博物志》《汉武帝内传》等著作中已经十分鲜明。《淮南子·览冥训》中将西王母说成是长生不老之药的所有者，并且已与嫦娥奔月的神话传说联系起来——“譬若羿请不死之药于西王母，姮娥窃以奔月，怅然有丧，无以续之。”

除上述著作外，《汉书》《史记》《风俗通义》《论衡》等文本中对民间崇信西王母的活动也有所反映。此时，西王母的形象发生了很大的变化。到了托名班固撰的《汉武帝内传》中出现的西王母，竟

---

① 袁珂：《山海经校注》，上海古籍出版社1983年版，第50页。

② 同上书，第407页。

③ 范祥雍：《古本竹书纪年辑校订补》，上海人民出版社1965年版，第27页。

④ 王贻梁、陈建敏：《穆天子传汇校集释》，华东师范大学出版社1994年版，第161页。

⑤ 同上。

成“着黄金褡襡，文采鲜明，光仪淑穆，带灵飞大绶，腰佩分景之剑，头上太华髻，戴太真晨婴之冠；覆元璚凤文之舄。视之可年三十许，修短得中，天姿掩蔼，容颜绝世”[①] 的女仙了。她的妆饰和随行酷似人间的帝后。她操有的不死之药，是3000年结一次果实的仙桃。以后，西王母主持天上的蟠桃盛会，会上用这种食之长生不老的仙桃宴请群仙的神话，广为流传。在这个神话的流传过程中，西王母的神性进一步扩大，她不但是仙界管理众女仙的领袖，民间祈求长寿和平安的对象，也在民间信仰上成为男女婚配，妇女祈求授子的信仰对象。在嫦娥奔月等神话故事及各地众多的民间故事和地方风物传说中，都有不少关于西王母的情节。到了东汉时期人们还给西王母加了一个配偶那就是东王父，一般东王父与西王母同时出现，东汉时期的铜镜铭文中如建宁元年变形四叶兽首镜铭文：“建宁元年九月九日丙午，造作尚方明镜，幽湅三商，上有东王父，西王母，生如山石，长宜子孙，八千万里，富且昌，乐未央，宜侯王，师命长……”[②]《金石索》中的汉代铜镜铭文：“张氏作竟大无伤，湅已银锡清且明，上有天守传相受，东王父西王母，令君□遂宜孙子，明如日月。”[③] 汉蒙氏竟铭文：“蒙氏作竟真大工，东王公西王母，青龙在左，白虎居右，山人子高赤容。”[④]

从先秦至汉代西王母的形象，大体可以理解为从早期图腾崇拜的氏族神到人格天神的转化，复杂的神话背景展示了古代人对西王母形象的创造，这个创造过程不是简单地描述西王母本身，而是以西王母女神为中心，创造了古代人向往的一个理想精神空间。是以西王母为圆心，创造了一个不断扩大的西王母神话故事的圆。通过这些描写，西王母形象得到不断的丰满，使西王母与人们的生活更加接近。同时西王母的文本内容也不断地得到充实，作为艺术母题形象，母题所附带的内容除了象征的神话意义，也附带了人们对西王母的崇拜意义。

---

① 史仲文：《中国文言小说百部经典》，北京出版社2004年版，第126页。

② 孔祥星、刘一曼：《中国铜镜图典》，文物出版社1997年版，第377页。

③ （清）冯云鹏、冯云鹓辑：《金石索》，书目文献出版社1996年版，第791页。

④ 孔祥星、刘一曼：《中国铜镜图典》，文物出版社1997年版，第793页。

二　西王母神格的演变

在西王母形象不断丰满的同时从先秦到汉代西王母的神格也发生了很大的变化。在先秦时期人们认为："西王母其状如人，虎齿而善啸，蓬发戴胜，是司天之厉及五残。"①"五残"，星名。《史记·天官书》："五残星，出正东东方之野。其星状类辰星，去地可六丈。"司马贞索隐引孟康曰："星表有青气如晕，有毛，填星之精也。"张守节正义："五残，一名五锋，出正东方之分野。状类辰星，去地可六七丈。见则五分毁败之征，大臣诛亡之象。"可见西王母是一个主掌灾异、刑罚的凶神。

在西汉时初期西王母的神格已经发生变化，如哀帝四年春的旱灾，"关东传行西王母筹，经历郡国，西入关至京师。民又会聚祠西王母，或作夜持火上屋，击鼓号呼相惊恐"②。人们面对旱灾发生的无助，希望通过祭祀、击鼓恐吓走旱灾。说明西王母是可以帮助人们禳灾，达到降雨目的的一个吉神。

同时西王母也是一个可以增寿的神灵，在先秦时期就有记载："西王母得之，坐乎少广，莫知其始，莫知其终。"③汉代由于汉武帝十分迷恋长生之道，手握长生之药的西王母也成为人们追求长生信仰的对象。一向追求长生之术的汉武帝曾七次西巡回中（神话传说中的西王母降临的圣地，即位于今天的甘肃省泾川县境内）以求长生不死之药。扬雄的《甘泉赋》也写道："想西王母欣然而上寿兮，屏玉女而却虙妃。"④《淮南子·览冥训》也有记载："譬如羿请不死之药于西王母，姮娥窃以奔月，怅然有丧，无以续之"，西王母拥有的很多长生之药：《艺文类聚》引《汉武内传》："西王母曰：'仙之上药，

① 袁珂：《山海经校注》，上海古籍出版社1983年版，第50页。

② （汉）班固撰，（唐）颜师古注：《汉书》，中华书局1962年标点本，第342页。

③ （清）王先谦：《庄子集解》，中华书局1987年版，第60页。

④ 费振刚、仇仲谦、刘南平校注：《全汉赋校注》，广东教育出版社2005年版，第232页。

有九色凤颈。次药有蒙山白凤之肉’”[①]；“西王母之仙上药，有大真红芝草”[②]；“西王母曰：‘仙次药，有昆丘神雀’”[③]；“西王母曰：‘仙药次有白水灵蛤’”[④]。从汉代的一些铜镜铭文和画像砖中可见对西王母长生思想的信仰和崇拜在汉代十分兴盛，如元兴元年环状乳神兽镜外区铭文：“元兴元年五月丙午日天大赦，广汉造作尚方竟，幽湅三商，周得无极，世得光明，长乐未央，富且昌，宜侯王，师命长生如石，位至三公，寿如东王父西王母，仙人子立（位）至公侯”[⑤]；中平四年环乳状神人兽禽镜铭文：“中平四年，五月午日，幽湅白同（铜），早（造）作明竟，买者大富，长宜子孙，延年命长，上入王府，西王母兮，大乐未央，长生大吉，天王日月，太师命长”[⑥]。“山东嘉祥宋山出土的祠堂画像石上，戴胜的西王母身穿交领长袍凭几端坐在豆形悬圃之上，身侧有长耳羽人给她打着华盖。玉兔在侧捣制仙药；蟾蜍在另一侧忙碌。肩生双翼的长发仙人手执灵芝向西王母走来，鸟首人身者跪坐一旁，双手捧物作奉献状。”[⑦] 东汉时期，在广大的西部地区出现了大量的西王母祠、西王母石室等建筑，《吴越春秋》云“立西郊以祭阴，名西王母”[⑧]。可见西王母信仰的兴盛。这也为后来小说的发展提供了重要的题材，东汉时期的小说《汉武内传》《洞冥记》《吴越春秋》等文献中都有关于西王母的故事。

在东汉时期除了西王母的增寿长生职能得到崇拜外，西王母神格得到提升，职能也得到了增加。如月神的代表，《淮南子·览冥训》说嫦娥窃药奔月“托身于月，是为蟾蜍”，张衡《灵宪》：“月者阴精

---

① （唐）欧阳询撰，汪绍楹校：《艺文类聚》，中华书局1965年版，第1558页。

② 同上书，第1700页。

③ 同上书，第1712页。

④ 同上书，第1676页。

⑤ 孔祥星、刘一曼：《中国铜镜铭文》，文物出版社1997年版，第410页。

⑥ 同上书，第413页。

⑦ 杨爱国：《不为观赏的画作——汉画像石和画像砖》，四川教育出版社1998年版，第145页。

⑧ 史仲文主编：《中国文言小说百部经典》，北京出版社2004年版，第241页。

之宗，积而成兽，象土蛤焉”①，兔和蟾蜍已成为月亮的象征。《论衡·说日篇》“月中有兔蟾蜍”，汉墓中也有很多刻有西王母与蟾蜍(月亮)，蟾蜍和兔在西王母身边多作捣药状，可以说西王母是不死之药的保护者和制造者，《相和歌辞·董逃行》云：“采取神药若木端，白兔长跪捣药虾蟆丸。”② 古人认为月是阴的代表，是母亲神，有保护子孙的职能，同时也是生殖神的象征。汉代一些铜镜铭文就有相关记载：“张氏作竟大无伤，湅已银锡清且明，上有天守传相受，东王父西王母，令君□遂宜孙子，明如日月。”③ 中平四年环乳神人禽兽镜铭文：“中平四年，五月五日，幽湅白同（铜），早（造）作明竟，买者大富，长宜子孙，延年命长，上如王父，西王母兮，大乐未央，长生大吉，天王日月，太师命长。”④ 汉盍氏仙人镜铭文：“盍氏作竟兮真大好，上有东王公西王母，仙人子高赤寀子，绛即云右，长保二亲兮利孙子吉。”⑤

西王母还具有增禄送吉祥的职能，在汉代可以说是一个吉祥的神。东汉时期的铜镜铭文记载：永康元年环状乳钟神人禽兽镜铭文：“永康元年，正月午日，幽湅黄白，早作明竟，买者大富，延寿命长，上如王父，西王母兮，君宜高位，立至公侯，长生大吉，太师命长。”⑥ 初平元年四兽镜铭文：“初平元年正月戊午日，吾作明竟自有已，除去不羊宜古市，来而东王父西王母，右同赤公（松）子，千秋万年不失志，买者大贵昌。”⑦ 建宁元年四叶兽首镜铭文：“建宁元年九月九日丙午，造作尚方明镜，幽湅三商，上有东王父，西王母，生如山石，长宜子孙，八千万里，富且昌，乐未央，宜侯王，师命长，买者太吉羊，宜古市，君宜高官，位至三公，长乐未央□。”⑧

---

① （清）严可均：《全上古三代秦汉三国六朝文》，中华书局1958年版，第777页。

② （宋）郭茂倩：《乐府诗集第二册》，中华书局1998年版，第505页。

③ （清）冯云鹏、冯云鹓辑：《金石索》，书目文献出版社1996年版，第791页。

④ 孔祥星、刘一曼：《中国铜镜图典》，文物出版社1997年版，第413页。

⑤ （清）冯云鹏、冯云鹓辑：《金石索》，书目文献出版社1996年版，第767页。

⑥ 孔祥星、刘一曼：《中国铜镜图典》，文物出版社1997年版，第411页。

⑦ 同上书，第490页。

⑧ 同上书，第377页。

东汉时期在汉画像石和铜镜等器物上，在西王母身边出现了一个所谓的配偶神东王父的形象，有人认为这样西王母的神格降低了，答案应该是否定的。出现东王父的形象可以说是汉代人民的一种良好愿望，给西王母配上一个伴侣，只是汉代人阴阳和谐观念的一种反映，西王母是月神，是阴的代表，于是制造了一个代表阳的东王父的形象。在先秦典籍中未见有东王父的记载，在汉代的文献典籍和铭文中也未见有东王父具体神格的记载，笔者只在东汉赵晔撰的《吴越春秋》中见有关于东皇公的材料。东皇公是和西王母以一对配偶神的身份出现的，所以我认为东皇公就是汉画像石中的东王父："立东郊以祭阳，名曰东皇公；立西郊以祭阴，名曰西王母；祭陵山于会稽，祀水泽于江汉州。"[①] 观察东汉时期的汉画像可以发现东王父是模仿西王母的形象基础上发展而来的，并无明显的创造。李淞在《论汉代艺术的西王母形象》中提到东汉中期以前的画像石中几乎只有西王母。《史记·赵世家》司马贞《索引》引谯周语："代地以东西阴阳所出入，宗其神，谓之王父母。"汉代人注重阴阳和谐，东王父的出现也是新儒学董仲舒阴阳思想在汉代民间的反映："凡物必有合。合，必有上，必有下，必有左，必有右，必有前，必有后，必有表，必有里。有美必有恶，有顺必有逆，有喜必有怒，由寒必有暑，有昼必有夜，此皆其合也。阴者阳之合，妻者夫之合，子者父之合，臣者君之合。物莫无合，而合各有阴阳。阳兼于阴，阴兼于阳，夫兼于妻，妻兼于夫，父兼于子，子兼于父，君兼于臣，臣兼于君。君臣、父子、夫妇之义，皆取诸阴阳之道。"[②] 同时也是汉代经学神学化的表现，汉代鬼神思想盛行，经学与政治结合，经学是"政治的宗教"，出于阴阳和谐的观念人们为西王母寻找了一个伴侣东王父。东方朔的《神异经·中荒经》也可以为证："（昆仑山）上有大鸟，名曰希有，南向，张左翼覆东王公，右翼覆西王母。背上小处无羽，一万九千里。西王母岁登翼上，会东王公也。其《鸟铭》曰：有鸟希有，碌赤煌煌。不

---

① 史仲文主编：《中国文言小说百部经典》，北京出版社 2004 年版，第 241 页。

② （清）苏舆：《春秋繁露义证》，中华书局 1992 年版，第 350 页。

鸣不食，左覆东王公，右覆西王母。王母欲东，登之自通。阴阳相须，唯会益工。”①

三 西王母信仰在汉代兴盛的原因

（一）与统治者求仙长生愿望契合

长生成仙从秦始皇开始就是古代帝王执着追求的梦想，秦始皇派人海上寻仙，到了汉代的帝王同样执着于此。尤其汉武帝，正如《汉书》《史记》所记载：“武帝初继位，尤敬鬼神之祀”（《汉书·郊祀志》），希望祭祀求神帮助其达到长生不死的目的。武帝十分希望成仙，长生不老，曾派人入海去蓬莱求仙。后来获宝鼎，希望能像黄帝一样成仙，发出了“吾诚得如黄帝，吾视去妻子如脱跚耳”② 的慨叹。而西王母手中持有九色凤颈、蒙山白凤之肉、大真红芝草、白水灵蛤等不死之药，同时还有吃了让人长生的仙桃，还能给人带来福禄、太平、吉祥，这样的神灵不能不让汉代的帝王对之信仰弥笃。

（二）与道家及道教的紧密结合

道家是我国先秦思想的一个重要流派，道家思想在汉代初期兴盛，道家思想主张清静无为，长生不老，对汉代的帝王也产生了影响，如汉武帝曾派人海上寻仙，希望找到长生不老之药。道教是产生于东汉末期我国固有的一种本土宗教，它是在中国古代道家思想理论的基础上吸收神仙方术、民间鬼神崇拜观念和巫术活动而形成。它主张清静无为，长生不老，得道成仙。道教以长生不老之道为最高信仰，用长生不死之道教化信仰者，劝人通过养生修炼和道德品行的修养而最后得道成仙。西王母手中持有不死之药，所以西王母为一些道教信徒所热衷，希望通此捷径达到成仙的目的。可以说东汉末期西王母信仰的兴盛不能不与道教的产生具有一定的关系。西王母在道家信仰的众仙中也具有很高的地位，唐代杜光庭的道教神仙传记《墉城集仙录》里所收的皆是古今女仙，西王母在其中是地位极高的女仙，她

---

① 王根林等校点：《汉魏六朝笔记小说大观》，上海古籍出版社1999年版，第57页。

② （汉）司马迁撰，（南朝宋）裴骃集解，（唐）司马贞索引，（唐）张守节正义：《史记》，中华书局1959年版，第1394页。

统领着众仙女。

（三）适应王莽改制的政治需要

西汉末至东汉时谶纬之学兴盛，统治者利用谶纬为其政治服务，以西王母在民间的影响力为其帝统的合法性大造声势，汉哀帝建平四年正月发生了这样的事情："民惊走，持托槀或棷一枚，传相付与，曰行诏筹。道中相遇逢多至千数，或披发徒践……京师郡国民聚会里巷仟佰，设（祭）张博具，歌舞祠西王母。又传书曰：'母告百姓，佩此书者不死。不信我言，视门枢下，当有白发。'至秋止。是时帝祖母传太后骄，与政事……后哀帝崩，成帝母王太后临朝，王莽为大司马，诛灭丁、傅。一曰丁、傅所乱者小，此异乃王太后、莽之应云。"① 古人认为白发是衰老体尊性弱的象征。门是人每天必须经过的地方，枢是门最为重要的部分，对人每天的出入起着十分重要的作用，暗示着国家将由一位年老的妇女掌权。此事为后来成帝母王太后参政作了符瑞之象，同时也为王莽改制所利用。"太皇太后肇有元城沙鹿之右，阴精女主圣明之祥，配元生成，以兴我天之符，遂或西王母之应，神灵之征，以佑我帝室，以安我大宗，以绍我后嗣，以继我汉功。"② 认为太皇太后参政是顺应天意的，同时也为王莽摄政的合法性提供了依据，为王莽新政提供了有利的思想基础。

可以说，先秦及西汉前期是西王母信仰的萌生期，西汉中期以后开始建立以西王母为核心的神仙世界，东汉中期以后随着西王母的地位不断得到提高，西王母的信仰系统也不断完善，最后取代西汉时期太一神的至上天神的地位，而成为东汉后期的至上神。同时汉代西王母神话受道家、道教的影响逐渐流向仙话。其迎合了统治者长生不老思想，方士们的鼓吹，得以广泛传播，被塑造成了长生的神灵偶像，最后发展成为女仙的首领。这是历史流变的必然结果，人们不断认识周围的世界，为了达到自身的私欲（比如长生、求吉祥等）不断地将历史传说的神灵丰满化、人格化，为其自身服务。

---

① （汉）班固撰，（唐）颜师古注：《汉书》，中华书局 1962 年标点本，第 1476—1477 页。

② 同上书，第 3432 页。

西王母神话家喻户晓、流传深远，其内容纷繁、复杂。西王母除了其神话和宗教价值影响之外，还涉及上古史、民族史、原始文化、地理沿革等方面的问题。在中国古代文化史、文学史上具有一定的价值和意义。

结　语

“国之大事，在祀与戎”。在中国古代社会，祭祀无论是在政治生活还是社会生活中都有着十分重要的作用。祭祀是我国最古老的宗教礼仪，早在人类社会的早期，人们就产生了万物有灵和灵魂不灭的观念，因而人们对死去的祖先进行祭祀、祈福。有些传说中的祖先最后幻化成一个部族或国家的祖先神，由于远古人们的思想还不够发达，并在万物有灵观念、图腾崇拜观念的作用下，人们对一些自然物、自然现象也进行祭祀。祭祀活动除了具有纪念意义外，从本质上说最重要的是人本身的功利性，就是古人把人与人之间的求酬报关系，推广到人神之间而产生的活动。对人类无法理解和无法达到的目的寻求一种心灵上的自慰和满足。所以，具体的表现形式是向神献礼、致敬、祈祷。这种功利性与人们对自然界和人类社会的认识程度有关，人们把自身无法办到的事情寄托于神灵。早期祭祀的内容是这些。随着人类社会的发展，阶级和国家的出现，祭祀与国家的政权联系在一起，使其在国家社会生活的地位逐渐提高成为古代五礼之首。詹鄞鑫先生在《神灵与祭祀——中国传统宗教综论》一书中认为：古人之所以看重祭祀，有两方面的原因。一方面是出于对神灵所代表的自然力的崇拜。另一方面，随着文明的发展，在鬼神崇拜逐渐淡化的同时，由于神权与政权的合一，祭祀的政治意义日益显得浓厚起来。这又导致祭祀不仅没有随鬼神崇拜的淡化而逐渐衰落，相反地却越来越强化了。①

在汉代各种思潮兴盛，帝王好祭祀，信鬼神、巫风盛行，神学思

---

① 詹鄞鑫：《神灵与祭祀——中国传统宗教综论》，江苏古籍出版社 2000 年版，第 181 页。

想发达，这样的社会环境必然对文学和文化产生一定的影响，祭祀的兴盛促进了汉代祭祀诗的发展，产生了《郊祀歌》十九章、《安世房中歌》等，在祭祀诗发展的同时也促进了古代诗体的发展，古代的三言诗体最终在汉代发展完备，而汉代的三言诗主要以祭祀中的三言诗为代表。汉代阴阳、灾异、谶纬、求仙长生等各种思想盛行，这些思想必然会影响到祭祀活动，有些思想如阴阳五行、灾异、谶纬、天人感应等思想成为祭祀的指导思想，尤其是阴阳五行和天人感应思想直接影响并指导帝王的祭祀。汉代祭祀兴盛也有着一定的政治原因，汉代人尊天，认为天的权力至高无上，统领百神，掌控监视人间的一切，皇帝是天的儿子，通过祭祀宣扬帝统天授，高不可攀，维护其统治地位的合法化。

两汉祭祀文化与文学内容广博，由于自己才疏学浅和种种主客观条件的限制，笔者的书稿虽然经过多次修改，但还存在一些欠缺和不足，诸多疏漏不当之处有待今后进一步修改、完善。同时，也期望各位方家对笔者的书稿给予批评指正。

参考文献

A. 古籍文献

1. （汉）班固撰，（唐）颜师古注：《汉书》，中华书局1962年标点本。
2. （汉）司马迁：《史记》，中华书局1982年版。
3. （汉）王符著，（清）汪继培笺，彭铎校正：《潜夫论笺》，中华书局1979年版。
4. （汉）荀悦，（晋）袁洪著，张烈点校：《两汉纪》，中华书局2002年版。
5. （汉）应劭撰，王利器校注：《风俗通义校注》，中华书局1981年版。
6. （南朝·宋）范晔撰，（唐）李贤等注：《后汉书》，中华书局1965年标点本。
7. （唐）杜佑著，王文锦、刘俊文等点校：《通典》，中华书局2003年版。
8. （唐）欧阳询撰，汪绍楹校：《艺文类聚》，上海古籍出版社1965年版。
9. （宋）郭茂倩：《乐府诗集》，中华书局1979年版。
10. （宋）王钦若等撰：《册府元龟》，中华书局1960年版。
11. （宋）章樵：《古文苑》，北京图书馆出版社2003年版。
12. （清）马国翰：《玉函山房辑佚书》，上海古籍出版社1990年版。
13. （清）秦蕙田：《五礼通考》，文渊阁四库全书本，台湾商务印书馆1986年版。

14. （清）沈德潜：《古诗源》，中华书局1977年版。
15. （清）苏舆：《春秋繁露义证》，中华书局1992年版。
16. （清）严可均：《全上古三代秦汉三国六朝文》，中华书局1958年版。
17. （清）阮元：《十三经注疏》，中华书局1957年版。
18. ［日］安居香山、［日］中村璋八：《纬书集成》，河北人民出版社1994年版。
19. （清）陈立撰，吴则虞点校：《白虎通疏证》，中华书局1994年版。
20. 费振刚、仇仲谦、刘南平校注：《全汉赋校注》，广东教育出版社2005年版。
21. 何宗鲁：《说苑校证》，中华书局1987年版。
22. 刘盼遂：《论衡集解》，古籍出版社1957年版。
23. 刘文典撰，冯逸、乔华点校：《淮南鸿烈集解》，中华书局1989年版。
24. 逯钦立：《先秦汉魏晋南北朝诗》，中华书局1983年版。
25. 石声汉：《四民月令校注》，中华书局1965年版。
26. 史仲文：《中国文言小说百部经典》汉代文言小说部分，北京出版社2004年版。
27. 隋树森：《古诗十九首集释》，中华书局1955年版。
28. 王利器：《盐铁论校注》，中华书局1992年版。
29. 王洲明、徐超校注：《贾谊集校注》，人民文学出版社1996年版。
30. 吴树平：《东观汉记校注》，中华书局1987年版。
31. 徐志啸：《历代赋论辑要》，复旦大学出版社1991年版。
32. 张震泽：《扬雄集校注》，上海古籍出版社1993年版。
33. 张震泽：《张衡诗文集校注》，上海古籍出版社1986年版。
34. 赵仲邑：《新序详注》，中华书局1997年版。
35. 周天游：《八家后汉书辑注》，上海古籍出版社1986年版。
36. 周绍良校点：《古谣谚》，中华书局1958年版。

B. 现代论著

1. ［法］爱弥尔·涂尔干：《宗教生活的基本形式》，渠东、汲喆译，上海人民出版社 1999 年版。
2. 曹胜高：《汉赋与汉代制度——以都城、校猎、礼仪为例》，北京大学出版社 2006 年版。
3. 曹书杰：《后稷传说与稷祀文化》，社会科学文献出版社 2006 年版。
4. 陈文新：《文言小说审美发展史》，武汉大学出版社 2007 年版。
5. 陈戍国：《秦汉礼制研究》，湖南教育出版社 1993 年版。
6. 陈友冰：《新时期中国古典文学研究述论》，商务印书馆 2006 年版。
7. 程德和：《汉赋管窥》，中州古籍出版社 2003 年版。
8. 丁山：《中国古代宗教与神话考》，上海龙门联合书店 1961 年版。
9. 董乃斌等著：《中国文学史学史》，河北人民出版社 2003 年版。
10. 杜希宙、黄涛：《中国历代祭礼》，北京图书馆出版社 1998 年版。
11. 冯良方：《汉赋与经学》，中国社会科学出版社 2004 年版。
12. 冯天瑜：《上古神话纵横谈》，上海文艺出版社 1983 年版。
13. 傅亚庶：《中国上古祭祀文化》，高等教育出版社 2007 年版。
14. 龚鹏程：《汉代思潮》，商务印书馆 2005 年版。
15. 顾颉刚：《汉代学术史略》，东方出版社 2005 年版。
16. 郭延礼：《中国文学精神》，山东教育出版社 2003 年版。
17. 何星亮：《中国图腾文化》，中国社会科学出版社 1992 年版。
18. 何星亮：《中国自然崇拜》，江苏人民出版社 2008 年版。
19. 侯外庐、赵继彬、杜国庠、邱汉生：《中国思想通史》，人民出版社 1957 年版。
20. 胡适：《中国古代思想史长编》，中华书局 1991 年版。
21. 黄霖主编：《20 世纪中国古代文学研究史（总论卷）》，东方出版中心 2006 年版。
22. 蒋英炬：《汉代画像石与画像砖》，文物出版社 2001 年版。
23. 金春峰：《汉代思想史》，中国社会科学出版社 2006 年版。
24. 李发林：《汉画考释和研究》，中国文联出版社 2000 年版。
25. 李立：《文化嬗变与汉代自然神话演变》，汕头大学出版社 2000

年版。

26. 李零:《郭店楚简校读记》,中国人民大学出版社 2007 年版。
27. 李零:《简帛古书与学术源流》,生活·读书·新知三联书店 2004 年版。
28. 李振宏:《居延汉简与汉代社会》,中华书局 2003 年版。
29. 李中华:《神秘文化的启示——纬书与汉代文化》,新华出版社 1993 年版。
30. 林富士:《礼俗与宗教》,中国大百科全书出版社 2005 年版。
31. 刘城淮:《中国上古神话》,上海文艺出版社 1988 年版。
32. 刘厚琴:《儒学与汉代社会》,齐鲁书社 2002 年版。
33. 刘慧:《泰山宗教研究》,文物出版社 1994 年版。
34. 刘毓庆:《从经学到文学》,商务印书馆 2001 年版。
35. 龙文玲:《汉武帝与西汉文学》,社会科学文献出版社 2007 年版。
36. 鲁迅:《鲁迅全集》,人民文学出版社 2005 年版。
37. 吕思勉:《吕思勉说史》,上海古籍出版社 2000 年版。
38. 陆思贤:《神话考古》,文物出版社 1995 年版。
39. 吕振羽:《史前期中国社会研究(外一种)》,河北教育出版社 2000 年版。
40. 彭林:《中国古代礼仪文明》,中华书局 2005 年版。
41. 彭卫、杨振红:《中国风俗通史(秦汉卷)》,上海文艺出版社 2002 年版。
42. 蒲慕洲:《追寻一己之福——中国古代的信仰世界》,上海古籍出版社 2007 年版。
43. 瞿明安、邓萍:《沟通人神——中国祭祀文化象征》,四川人民出版社 2005 年版。
44. 曲德来:《汉赋综论》,辽宁人民出版社 1993 年版。
45. 沈从文:《中国古代服饰研究》,北岳文艺出版社 2002 年版。
46. [美] 斯特伦:《人与神——宗教生活的理解》,金泽等译,上海人民出版社 1991 年版。
47. 孙作云:《美术考古与民俗研究》,河南大学出版社 2003 年版。

48. 孙作文：《中国古代神话传说研究》，河南大学出版社 2003 年版。
49. 陶阳、牟钟秀：《中国创世神话》，上海人民出版社 2006 年版。
50. 田天：《秦汉国家祭祀史稿》，生活·读书·新知三联书店 2015 年版。
51. 王柏中：《神灵世界秩序的构建与仪式的象征——两汉国家祭祀制度研究》，民族出版社 2005 年版。
52. 王焕然：《汉代士风与赋风研究》，中国社会科学出版社 2006 年版。
53. 王洲明：《诗赋论稿》，山东大学出版社 2006 年版。
54. 闻一多：《闻一多全集》，生活·读书·新知三联书店 1982 年版。
55. 文镛盛：《中国古代社会的巫觋》，华文出版社 1999 年版。
56. 吴晗：《吴晗全集》，中国人民大学出版社 2009 年版。
57. 熊良智：《辞赋研究》，商务印书馆 2006 年版。
58. 熊铁基：《秦汉文化史》，东方出版中心 2007 年版。
59. 信立祥：《汉代画像石综合研究》，文物出版社 2000 年版。
60. 徐国康：《中国宗教与中国文化》，中国社会科学出版社 2005 年版。
61. 徐旭生：《中国古史的传说时代》，文物出版社 1985 年版。
62. 徐兴无：《谶纬文献与汉代文化构建》，中华书局 2003 年版。
63. 许结：《中国文化史论纲》，广西师范大学出版社 2003 年版。
64. 杨利慧：《女娲的神话与信仰》，中国社会科学出版社 1998 年版。
65. 杨利慧：《女娲溯源——女娲信仰起源地的再推测》，北京师范大学出版社 2006 年版。
66. 叶舒宪：《中国神话哲学》，陕西人民出版社 2005 年版。
67. 于迎春：《汉代文人与文学观念的演进》，东方出版社 1997 年版。
68. 阮忠：《两汉诗歌与传统文化》，中国文联出版社 2001 年版。
69. 詹鄞鑫：《神灵与祭祀——中国传统宗教综论》，江苏古籍出版社 2000 年版。
70. 张恩富：《汉赋的历史》，重庆出版社 2006 年版。
71. 张立文：《中国学术通史》，人民出版社 2004 年版。

72. 张松辉：《先秦两汉道家与文学》，东方出版社 2004 年版。
73. 张新科：《文化视野中的汉代文学》，中国社会科学出版社 2006 年版。
74. 张一兵：《明堂制度研究》，中华书局 2005 年版。
75. 张永鑫：《汉乐府研究》，江苏古籍出版社 2000 年版。
76. 赵化成、高崇文：《秦汉考古》，文物出版社 2002 年版。
77. 赵明：《两汉大文学史》，吉林大学出版社 1998 年版。
78. 赵维江：《中国古代文学研究新视野》，中国社会科学出版社 2004 年版。
79. 周仁政：《巫觋人文——沈从文与巫楚文化》，岳麓书社 2005 年版。
80. 周耀明、万建中等：《汉族风俗史（第二卷）》，学林出版社 2004 年版。
81. 朱炳祥：《中国诗歌发生史》，武汉出版社 2000 年版。
82. 朱光潜：《诗论》，生活・读书・新知三联书店 1998 年版。
83. 朱晓海：《汉赋史略新证》，陕西人民出版社 2004 年版。
84. 踪凡：《汉赋研究史论》，北京大学出版社 2007 年版。

C. 论文集

1. 劳干：《汉代社祀的源流》，“中央研究院”历史语言研究所集刊第十一本，商务印书馆 1943 年版。
2. 李大明：《〈九歌〉夜祭考》，中华书局编辑部《〈文史〉第三十辑》，中华书局出版社 1988 年版。
3. 李家浩：《论〈太一避兵图〉》，北京大学中国传统文化研究中心《国学研究》第一卷，北京大学出版社 1993 年版。
4. 李零：《“太一”崇拜的考古研究》，载《北京大学百年国学文粹・语言文献卷》，北京大学出版社 1993 年版。
5. 宁可：《汉代的社》，中华书局编辑部《文史》第九辑，中华书局 1980 年版。
6. 芮逸夫：《苗族的洪水故事与伏羲女娲的传说》，“中央研究院”历史语言研究所《人类学集刊》第一卷，南天书局有限公司1978年版。

D. 发表在期刊及报纸上的论文

1. 边家珍：《汉代经学与文学之关系的宏观考察》，《辽宁师范大学学报》2006年第3期。
2. 曹胜高：《太一考》，《洛阳大学学报》2002年第3期。
3. 曹书杰：《禝祀与民间射日研究》，《山西大学学报》2007年第2期。
4. 常金仓：《伏羲女娲神话的历史考察》，《陕西师范大学学报》（哲学社会科学版）2002年第11期。
5. 陈碧：《“太极”相关概念之哲学内涵》，《湖南社会科学》2006年第4期。
6. 陈春保：《贾谊〈旱云赋〉新探——关于汉赋传播研究的个案之一》，《现代语文》2005年第10期。
7. 陈二峰：《论汉代的籍田礼》，《南都学坛》2009年第3期。
8. 陈丽：《论“高禖”祭祀的文化意蕴》，《黑龙江教育学院学报》2005年第4期。
9. 陈松青：《汉代经学与文学之关系反思》，《湖南文理学院学报》2004年第2期。
10. 陈晓红：《对何新有关人类起源观点的女性主义批评》，《海南师范学院学报》（社会科学版）2005年第3期。
11. 陈振民：《后土文化探论》，《运城高等专科学校学报》2002年第1期。
12. 陈佐邦：《“西王母国”再考》，《昆仑文化论坛》2002年第3期。
13. 褚斌杰：《屈原〈九歌〉“东皇太一”解》，《荆州师范学院学报》1995年第1期。
14. 崔华、牛耕：《从汉画中的水旱神画像看我国汉代的祈雨风俗》，《中原文物》1996年第3期。
15. 丁光勋：《简论秦汉时期的封禅》，《上海师范大学学报》（哲学社会科学版）1992 年第 3 期。
16. 杜鹃：《东汉祭祀中的乐舞》，《兰州学刊》2006 年第 3 期。
17. 杜鹃：《汉代宗庙仪式乐》，《淮南师范学院学报》2008 年第 1 期。
18. 樊淑敏：《祀地仪式的演化与万荣后土祭祀》，《运城学院学报》2004 年第 1 期。
19. 方蕴华：《阴阳在宗教祭祀文化中的动态功能》，《人文杂志》2006 年第 4 期。
20. 冯维林：《论谶纬与汉赋创作的关系》，《兰州学刊》2008 年第 6 期。
21. 付俊：《礼制文化与中国古代服饰》，《艺术教育》2007 年第 1 期。
22. 高臻、贾艳红：《略论秦汉时期民间的社神信仰》，《聊城大学学报》2003 年第 4 期。
23. 郭冉：《巫——儒的早期萌芽及社会形态》，《天府新论》2006 年第 2 期。
24. 龚维英：《〈九歌〉诸神本系女性神考辨》，《荆州师专学报》1995 年第 1 期。
25. 郭善兵：《汉代皇帝宗庙祭祖制度考论》，《史学月刊》2007 年第 1 期。
26. 韩东育：《〈郭店楚墓竹简·太一生水〉与〈老子〉的几个问题》，《社会科学》1999 年第 2 期。
27. 韩敬：《西汉时期学术思想发展概述》，《云南社会科学》1999 年第 1 期。
28. 何新：《诸神的起源——中国上古神话新探·三皇考》，《中国社会科学院研究生院学报》1985 年第 2 期。
29. 胡敏：《略论汉赋时代精神的流变》，《高等函授学报》2004 年第 2 期。
30. 黄震云：《汉赋与儒家思想》，《北方论丛》2005 年第 1 期。
31. 黄康斌、何江凤：《“太一”源流考——简论〈太一生水〉中

"太一"之涵义》，《沙洋师范高等专科学校学报》2004 年第 6 期。
32. 黄留珠：《秦汉祭祀综义》，《西北大学学报》（哲学社会科学版）1984 年第 4 期。
33. 霍彦儒：《黄帝祭祀的文化意蕴》，《华夏文化》2004 年第 2 期。
34. 霍志军：《女娲神话的原型研究》，《天水行政学院学报》2008 年第 4 期。
35. 贾贵荣：《儒家文化与秦汉封禅》，《齐鲁学刊》2000 年第 4 期。
36. 贾艳红：《略论汉代民间的西王母信仰》，《山东师范大学学报》（人文社会科学版）2003 年第 3 期。
37. ［美］简·詹姆斯撰：《汉代西王母的图像志研究下》，贺西林译，《美术研究》1997 年第 3 期。
38. 蒋文燕：《汉颂：汉代颂扬主题的另一种表现——兼谈汉颂与汉赋的关系》，《南都学刊》2003 年第 1 期。
39. 昝风华：《汉代信仰风俗与班固〈汉书〉》，《西华师范大学学报》2006 年第 3 期。
40. 昝风华：《汉代风俗文化与汉诗》，《德州学院学报》2008 年第 3 期。
41. 昝风华：《汉赋器物文化因素初探》，《求索》2006 年第 4 期。
42. 具圣姬：《汉代的鬼神观念与巫者的作用》，《史学集刊》2001 年第 2 期。
43. 阚绪良：《汉代的青蛙求雨》，《安徽广播电视大学学报》2000 年第 1 期。
44. 李东峰、杨文艳：《汉代西王母与东王公神话的历史考察》，《宝鸡文理学院学报》（社会科学版）2007 年第 2 期。
45. ［俄］Б. 李福清：《从比较神话学角度看闻一多〈伏羲考〉》，《岱宗学刊》2001 年第 4 期。
46. 李建新：《从汉画像看汉代的祭祀礼俗》，《开封大学学报》2008 年第 1 期。
47. 李梅：《西汉郊庙歌的宗法思想与世俗情怀》，《黑龙江社会科学》2006 年第 1 期。
48. 李倩：《楚辞、汉赋之巫技巫法综探》，《江汉论坛》2005 年第 12 期。
49. 李秋香：《官方祀典与民间信仰中伏羲女娲地位探微》，《洛阳师范学院学报》2002 年第 3 期。
50. 李欲晓：《“农事”与“祭祀”》，《语文学刊》2005 年第 11 期。
51. 李真玉：《汉画中的农事习俗》，《南都学刊》2004 年第 5 期。
52. 李智信：《伏羲日祝说》，《青海社会科学》2006 年第 6 期。
53. 廖小东、丰凤：《中国古代国家祭祀的政治功能及其影响》，《求索》2008 年第 2 期。
54. 林野：《女娲神话传说的历史学思考》，《漳州师范学院学报》（哲学社会科学版）2008 年第 4 期。
55. 刘冰清：《巫文化与傩文化关系新探》，《怀化学院学报》2004 年第 3 期。
56. 刘凌：《汉代封禅的文化特色》，《泰安师专学报》1998 年第 3 期。
57. 刘瑞明：《古代雩祭的文化内涵是生殖崇拜》，《北京社会科学》1995 年第 1 期。
58. 刘文杰、余德章：《祭祀灵星舞的画象砖质疑》，《农业考古》1985 年第 2 期。
59. 刘旭青：《汉代郊庙歌之文化意义》，《山东省青年管理干部学院学报》2004 年第 5 期。
60. 刘雁翔：《伏羲传说事迹辨证》，《西北民族学院学报》1993 年第 2 期。
61. 刘宗迪：《西王母信仰的本土文化背景和民俗渊源》，《杭州师范学院学报》2005 年第 3 期。
62. 卢军伟：《伏羲氏被神化的过程及民众信仰心理浅析》，《黑龙江史志》2008 年第 12 期。
63. 罗世平：《关于汉画中的太一图像》，《美术》1998 年第 4 期。
64. 马小晖、龙华：《汉代祭祀、丧葬礼俗及演变》，《徐州教育学院学报》1999 年第 2 期。
65. 马新：《论两汉时代的乡村神祇崇拜》，《山东社会科学》2004 年第 1 期。
66. 马宗昌：《扬雄〈逐贫赋〉与汉代民俗》，《昭通师范高等专科学校学报》2006 年第 3 期。
67. 齐昀：《从上古洪水神话看女娲补天的文化内涵》，《青海师范大学学报》（哲学社会科学版）2004 年第 6 期。
68. 孙玮、孙海洲：《伏羲考论》，《临沂师范学院学报》2002 年第 1 期。
69. 汪小洋：《画像石中西王母中心的形成与宗教意义》，《南方文物》2004 年第 3 期。
70. 王柏中：《试论传统祭祀的社会功能——以两汉国家祭祀为例》，《社会科学战线》2005 年第 5 期。
71. 王长华、许倩：《汉〈郊祀歌〉与汉武帝时期的郊祀礼乐》，《文学评论》2007 年第 1 期。
72. 王贵生：《从"圭"到"鼃"：女娲信仰与蛙崇拜关系新考》，《中国文化研究》2007 年第 2 期。
73. 王健：《祠灵星与两汉农事祀典的几个问题》，《中国农史》2008 年第 4 期。
74. 王健：《汉代祈农与籍田仪式及其重农精神》，《中国农史》2007 年第 2 期。
75. 王青：《〈汉武帝内传〉研究》，《文献》1998 年第 1 期。
76. 王培峰、聂玮：《试论汉赋对汉乐府诗歌的影响》，《商洛学院学报》2008 年第 1 期。
77. 王伟章：《西王母形象考》，《雪莲》2005 年第 3 期。
78. 王卫东、曾煜：《西王母原型新探——上古巫文化研究之四》，《民族艺术研究》2003 年第 6 期。
79. 王艳丽：《古代求雨仪式的女性主义思考》，《长春大学学报》2007 年第 9 期。
80. 王振军：《汉代赋家与封禅祀礼》，《南通纺织职业技术学院学报》2007年第1期。

81. 王振军:《山岳信仰与汉赋》,《语文学刊》2006年第5期。
82. 王子今:《汉代“蚩尤”崇拜》,《南都学刊》2006年第4期。
83. 魏晓虹:《试论西王母形象的演变》,《太原大学学报》2006年第4期。
84. 吴贤哲:《汉代神学思潮与汉乐府郊庙、游仙诗》,《西南民族大学学报》2003年第6期。
85. 吴泽:《女娲传说史实探源》,《学术月刊》1962年第4期。
86. 武文:《伏羲——原始生殖祖神》,《西北民族研究》1993年第1期。
87. 萧兵:《“太一生水”的神话学研究》,《华中师范大学学报》(人文社会科学版)2003年第6期。
88. 谢谦:《大一统宗教与汉家封禅》,《四川师范大学学报》(社会科学版)1995年第2期。
89. 徐迎花:《东汉光武帝时期郊祀制度研究》,《中共福建省委党校学报》2008年第3期。
90. 许安娇:《伏羲女娲神话与阴阳哲学观》,《琼州大学学报》2003年第3期。
91. 许富宏:《汉代祠太一的方位与“东皇太一”名称的来源》,《云梦学刊》2008年第1期。
92. 许结:《汉赋祀典与帝国宗教》,《南京大学学报》(哲学、人文科学、社会科学版)2004年第4期。
93. 杨华:《“五祀”祭祷与楚汉文化的继承》,《江汉论坛》2004年第9期。
94. 杨宽:《楚帛书的四季神像及其创世神话》,《文学遗产》1997年第4期。
95. 杨兴华、马婧:《汉代政治文化与文学观念的嬗变》,《船山学刊》2005年第4期。
96. 杨燕民:《中国古代籍田礼仪种种》,《内蒙古社会科学》(文史哲版)1990年第6期。

97. 杨英：《东汉郊祀考》，《天津师范大学学报》（社会科学版）2000 年第 4 期。
98. 杨子荣：《汉武帝与汾阴后土祠》，《文物世界》2004 年第 4 期。
99. 禹平：《西汉太常的祭祀礼事职能问题考述》，《学术交流》2006 年第 9 期。
100. 曾祥旭：《补充和换位：早期道教神祇发展中的一个环节——论西王母仙化和泰山神灵信仰的兴起》，《湖北民族学院学报》2007 年第 5 期。
101. 张春丽：《汉赋与文学自觉》，《河南教育学院学报》2006 年第 3 期。
102. 张从军：《画像石中的西王母》，《民俗研究》2004 年第 2 期。
103. 张金涛、徐才金：《略谈道教对西王母的崇拜》，《中国道教》2007 年第 1 期。
104. 张强：《贾谊赋考论四题》，《文学遗产》2006 年第 4 期。
105. 张强：《西汉帝王与经学及文学》，《淮阴师范学院学报》2006 年第 1 期。
106. 张晟：《“祭”“祀”音义探源》，《青海民族学院学报》2005 年第 3 期。
107. 张树国：《汉至唐郊祀制度沿革与郊祀歌辞研究》，《陕西师范大学学报》2008 年第 1 期。
108. 赵东升：《复杂的祭祀行为》，《中国文化遗产》2005 年第 6 期。
109. 赵逵夫：《我国古代一个以农业生产为题材的大型舞蹈——汉代〈灵星舞〉考述》，《西北师范大学学报》（社会科学版）1998 年第 3 期。
110. 赵民：《秦汉之际神仙观念的演变》，《齐鲁学刊》2006 年第 6 期。
111. 赵容俊：《浅析巫术对中国文化的影响》，《文博》2008 年第 2 期。
112. 赵容俊：《中国古代社会的巫术活动》，《中州学刊》2004 年第 4 期。

113. 郑明璋：《汉代道家的阶段性特征及其与汉赋的关系》，《山东社会科学》2006 年第 8 期。
114. 郑先兴：《汉画中的西王母神话与西王母崇拜》，《古代文明》2008 年第 3 期。
115. 郑先兴：《论汉代的伏羲女娲信仰》，《宁夏师范学院学报》2008 年第 2 期。
116. 周静：《两汉时期的西王母信仰》，《四川文物》1998 年第 6 期。
117. 周群华：《文学与经学的交流——以汉赋为例》，《广西师范学院学报》2006 年第 2 期。
118. 周涛：《司马相如与汉赋神话》，《四川戏剧》2005 年第 6 期。
119. 朱学忠：《董仲舒的“开阴”求雨与女性诱雨的人类学经验》，《学术月刊》1999 年第 6 期。
120. 踪凡：《班固对汉赋的研究》，《南京师范大学文学院学报》2006 年第 2 期。

E. 学位论文

1. 侯艳：《唐前封禅文献研究》，硕士学位论文，郑州大学，2006 年。
2. 荆荣娜：《秦汉封禅研究》，硕士学位论文，山东师范大学，2007 年。
3. 昝风华：《汉代风俗文化与汉代文学》，硕士学位论文，山东大学，2007 年。
4. 马睿：《董仲舒〈春秋繁露〉研究》，硕士学位论文，山东师范大学，2008 年。
5. 潘中华：《汉画“太一”像——对象征图像的一次具体考察》，硕士学位论文，东南大学，2005 年。
6. 汪海：《汉唐封禅比较研究》，硕士学位论文，华东师范大学，2008 年。
7. 王汇：《试论先秦两汉时期的泰山封禅活动》，硕士学位论文，郑州大学，2006 年。

8. 王曦彤：《思想与图像：汉代西王母艺术母题的视觉表现模式》，硕士学位论文，西北师范大学，2007 年。
9. 王振军：《汉赋与汉代国家宗教研究》，硕士学位论文，南京师范大学，2006 年。
10. 邬可晶：《先秦西汉封禅研究》，硕士学位论文，浙江大学，2007 年。
11. 许倩：《汉〈郊祀歌〉与汉武帝时期的郊祀》，硕士学位论文，河北师范大学，2005 年。
12. 杨晓芳：《封禅文学研究》，硕士学位论文，四川师范大学，2006 年。
13. 詹苏杭：《谶纬与汉乐府》，硕士学位论文，陕西师范大学，2005 年。
14. 张宇：《两汉生死观与两汉文学关系研究》，硕士学位论文，福建师范大学，2006 年。
15. 赵颖畅：《西汉郊庙乐府研究》，硕士学位论文，北京师范大学，2008 年。
16. 边家珍：《两汉之际的学术演变》，博士学位论文，山东大学，2003 年。
17. 高一农：《汉赋专题研究》，博士学位论文，陕西师范大学，2003 年。
18. 胡常学：《汉赋与两汉政治》，博士学位论文，南开大学，1999 年。
19. 申柱锡：《汉乐府民歌之研究》，博士学位论文，北京师范大学，1997 年。
20. 金前文：《汉赋与汉代〈诗经〉学》，博士学位论文，华中师范大学，2006 年。
21. 汪小洋：《汉画像石宗教思想研究》，博士学位论文，南京艺术学院，2004 年。
22. 王焕然：《两汉士风与赋风研究》，博士学位论文，河北大学，2002 年。

23. 徐醒生：《汉代经学与文学》，博士学位论文，北京大学，1995 年。
24. 张侃：《汉代四言诗流变研究》，博士学位论文，西北师范大学，2001 年。
25. 张文安：《周秦两汉神仙信仰研究》，博士学位论文，郑州大学，2005 年。
26. 郑明璋：《汉代文化视角下的汉赋研究》，博士学位论文，山东大学，2006 年。
27. 踪训国：《汉赋研究史论稿》，博士学位论文，山东大学，2000 年。

后　　记

本书是我工作多年后，在博士学位论文基础上增修而成的。回顾当年初涉先秦两汉文献，惊叹其数量的庞大和文字语句的古奥，感到无从入手，这种窘困，经导师的点拨，使我茅塞顿开，逐渐走上了古代文学的学术之路。由于个人对祭祀文化有好奇之心，最后和导师商定以“汉代祭祀文化与文学”为题撰写博士学位论文。后来论文在开题的时候又得到开题组的诸位先生的指导，最后形成了以汉代祭祀文化与汉代文学为研究对象的构想。这个题目本身研究具有广度与深度，但囿于个人学力尚浅，在撰写论文过程中迷茫与困惑时而有之。文稿初成后，仍有可商榷之处，故而权且作为阶段性的学习总结，以待日后增补。

执教多年，仍不忘初心，时刻铭记未竟之研究目标，故而坚持蒐集相关文献，力争弥补曾经的遗憾。随着当今汉代文学研究的深入，认识不断更新，逐渐意识到较于先秦文学，汉代文学呈现出的是多元化的发展趋势，这是历史的因素所致。有汉一代，经济繁荣、国力昌盛，疆域广阔，古往今来、天上人间的万事万物被置于作家的笔端，加以艺术的再现，如恢弘的大赋，可谓“赋家之心，包括宇宙，总揽人物”。就是篇幅有限的郊祀歌，也具有兼容并包的性质。汉代文学的巨丽之美，体现的是对大一统帝国辉煌业绩的充分肯定，它的表现对象、领域和范围都达到了前所未有的广度。本书的研究揭示的汉代文学和文化仅是冰山一角，期待以本书作为个人对于汉代文学和文化深入研究的更强动力。

跋涉学术之路，良师益友时时相扶。感谢东北师范大学文学院曹师书杰博导，引导我踏上学术研究之路，先生多年来对我的学习研究帮助极大。感谢东北师范大学文学院张师世超博导，先生不以吾之愚钝而弃之，耳提面命，谆谆教导，令我受益匪浅。凡此，感谢铭肺腑，非言而喻。

张　影

2016 年 6 月 6 日于哈尔滨